최소한의
# 고사성어
# 300

# 최소한의 고사성어300

(초등학교에서 중고등학교까지 한 번에 통하는 고사성어의 모든 것)

**[최소한의 교양지식®] 시리즈 No.01**

지은이 | 국밥연구소
발행인 | 김경아

2024년 12월 18일 1판 1쇄 인쇄
2024년 12월 25일 1판 1쇄 발행

**이 책을 만든 사람들**
기획 | 홍종남
북 디자인 | 김효정
출판 마케팅 | 김경아
교정 교열 | 좋은글
경영 지원 | 홍종남
제목 | 구산책이름연구소

**종이 및 인쇄 제작 파트너**
JPC 정동수 대표, 천일문화사 유재상 실장

펴낸곳 | 행복한미래
출판등록 | 2011년 4월 5일. 제 399-2011-000013호
주소 | 경기도 남양주시 도농로 34, 301동 301호(다산동, 플루리움)
전화 | 02-337-8958  팩스 | 031-556-8951
홈페이지 | www.bookeditor.co.kr
도서 문의(출판사 e-mail) | ahasaram@hanmail.net
내용 문의(지은이 e-mail) | gookbaab@gmail.com
※ 이 책을 읽다가 궁금한 점이 있을 때는 지은이 이메일을 이용해 주세요.

ⓒ 국밥연구소, 2024
ISBN 979-11-86463-73-4 (13370)
〈행복한미래〉 도서번호 : 104

# 최소한의 고사성어 300

|국밥연구소 지음|

가족　가치　관계　노력
공부　지혜　친구　행복　형제

행복한미래

# 최소한의 고사성어,
# 교양 쌓고 상식을 넓히는 일석이조 효과!

　　만화영화 시리즈 〈개구리중사 케로로〉에는 항상 자기 생각을 네 글자로 표현하는 '모아'라는 캐릭터가 등장한다. 모아는 어떤 상황에서도 항상 '네 글자로 표현한다. 정확하게 이야기할 때도 있고, 황당하게 이야기할 때도 있지만 아무튼 '모아'는 '네 글자 표현법'을 자유자재로 사용한다. 반면 우리 학생들은 오랫동안 '네 글자 표현법(고사성어 또는 사자성어)'을 배우지만 일상에서 '네 글자 표현법'에 익숙한 학생들은 별로 없다. 학교에서 열심히 배우고, 시험에도 꾸준히 나오지만 제대로 쓸 줄 모른다.

● 중·고등학생들이 고사성어를 어려워하는 이유는 암기만 시키기 때문이다
　　중·고등학생들이 고사성어를 어려워하는 첫 번째 이유는 일상생활에서 쓰

지 않고 그냥 암기만 하기 때문이다. 일상생활에서 써야만 익숙해지는데, 시험 공부를 하거나 간혹 어려운 책을 읽을 때만 암기를 하기 때문에 제대로 익히기가 어렵다. 학교에서도 학생들이 실제 생활에 직용할 수 있는 고사성어를 가르쳐주지는 않고, 현실과 동떨어져 있거나 책에서만 나오는 고사성어를 익히게 한다. 학생들은 선생님들이 알려주는 것, 교과서에 실려 있는 것만 겨우 암기해서 시험을 볼 때만 쓴다.

서점에 나온 고사성어 책들도 비슷하다. 대부분 많은 고사성어를 나열해 놓고 모두 외우라고 강요하는 듯한 느낌을 준다. 한자 실력이 어느 정도 수준에 이르지 못하면 무슨 말인지 이해하기조차 어렵다. 우리말보다 훨씬 어려운 고사성어를 암기 과목을 공부하는 방식으로 익히는 것은 '암기 노동'일 뿐이다. 언어는 생활을 하면서 사용하기 위해 배우는 것이지 암기 자체를 목적으로 배우는 것은 아니다.

고사성어가 학생들에게 익숙하지 않은 두 번째 이유는, 고사성어가 만들어진 유래를 모르기 때문이다. 그냥 막연하게 외우면 잘 외워지지 않지만 이야기가 곁들여지면 잘 외워진다. 그런데 학교나 책에서 고사성어를 다룰 때는 이야기 없이 그냥 뜻만 알려주고 외우라고 하는 경우가 많다. 설령 고사성어의 유래를 알려준다고 하더라도 어려운 한자어와 모르는 중국 사람들의 이름이 많이 등장하기 때문에 이야기 자체를 이해하기가 어렵다. 낯선 역사도 이해를 가로막는 데 한몫을 한다. 고사성어는 대부분 중국 고대시대를 배경으로 탄생했는데, 중국 고대시대에 대해 잘 모르는 학생들은 이야기가 선뜻 다가오지 않는다.


● 이 책을 읽다보면 자연스럽게 고사성어의 달인이 될 수 있다

학생들이 고사성어를 제대로 이해하지 못하거나 쓰지 못하는 것은 한자 실력이 부족한 탓도 있다. 고사성어를 완전하게 익히려면 한자 공부가 필요하다. 그러나 한자 공부를 하지 않았다고 해서 고사성어를 제대로 익히지 못하는 것은 아니다. 한자어를 제대로 몰라도 어려운 한자 어휘 익히는 법은 『국어 어휘력 만점공부법, 시작은 한자다』을 통해 이미 배웠다. 고사성어도 마찬가지다. 어려운 한자어, 한문 문장을 제대로 배우지 않고도 고사성어를 능수능란하게 사용하는 수준에 도달할 방법은 얼마든지 있다.

필자도 한자를 그렇게 많이 아는 편이 아니다. 그런데도 웬만한 고사성어는 자유롭게 사용한다. 『최소한의 고사성어300』을 통해 고사성어를 익히는 방법만 제대로 익히면 누구나 고사성어의 달인이 될 수 있다.

『최소한의 고사성어300』에서 소개한 고사성어는 일상에서 자주 사용하는 것이고, 중·고등학교 시험에서 자주 출제되는 것이다. 『최소한의 고사성어300』에서 소개한 정도의 고사성어만 알면 중·고등학교 과정에서 필요한 고사성어는 충분하다. 이보다 더 많은 고사성어는 대학 졸업 후 사회에서 치르는 자격증 시험 정도에서나 필요할 것이다.

## ● 이 책을 읽은 후에 고사성어 사용하기 게임을 해 보자

『최소한의 고사성어300』의 최대 장점은 일상생활에서 적절하게 사용하는 능력에 초점을 맞추어 고사성어를 익히게 한다는 것이다. 옛 이야기와 대화를 중심으로 고사성어를 소개한 이유도 일상생활에서 고사성어를 사용하는 능력을 기르기 위함이다. 고사성어를 익히는 가장 좋은 방법은 최대한 일상에서 많이 써보는 것이다. 그래서 제안하는 것이 '고사성어 사용하기 게임'이다.

이것은 바로 〈개구리중사 케로로〉에 등장하는 '모아'처럼 틈만 나면 고사성어를 사용해보는 게임을 말한다. 다만 그냥 하면 재미가 없으므로 일정한 시간을 정해서 고사성어를 누가 더 많이 사용하는지 내기를 하는 것이다. 물론 앞뒤 상황에 맞지 않게 막무가내로 말하는 고사성어는 제외해야 한다. 누가 최대한 더 많이, 적절하게 고사성어를 말하는지 내기를 하면 게임의 재미와 공부의 유익함을 한꺼번에 누릴 수 있다. 이것이야말로 일석이조(一石二鳥)다. 물론 내기를 하였다면 이긴 사람은 일석삼조(一石三鳥)다. 부모와 자녀가 함께 함으로써 부모 자식 간에 사이에 친밀함이 더 커진다면 일석사조(一石四鳥)다. 이번 기회에 가족이 둘러앉아 '고사성어 사용하기 게임'을 해보자.

국밥연구소 박기복 연구원

# 과학적이고 체계적으로
# 고사성어를 배울 수 있는
# 이 책의 구성

**1** 8개 분야 35가지 상황을 300개의 고사성어로 분류하였다

이 고사성어 분류법은 학생들의 일상생활에서 일어날 수 있는 상황을 기준으로 하였다. 따라서 이 분류법은 필자 나름대로의 방법일 뿐이며, 학생들이 처한 상황에서 사용할 수 있는 방법을 보여주기 위한 분류일 뿐이다. 필자가 분류한 것과는 전혀 다른 원리로 분류하거나 전혀 다른 상황에서 고사성어를 써도 아무런 문제가 되지 않는다.

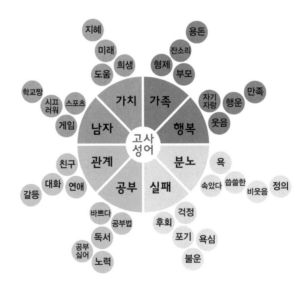

**2** 캐릭터와 함께 이야기로 배우는 고사성어

『최소한의 고사성어300』의 고사성어 이야기는 소심한 남동생과 대담하고 똑똑한 누나, 그리고 깐깐한 엄마와 즐거운 아빠가 대화를 하면서 이끌어 간다.

**소심남**　소심하고 평범한 중1 남학생

**똑똑녀**　대담하고 잘난 척하고 부모의 기분을 잘 맞추는 중3 여학생

**즐건빠**　술과 친구를 좋아하고 가능하면 즐겁게 살기 위해 노력하는 아빠

**깐깐맘**　자유롭고 활발하지만 꼼꼼하고 정확해서 약간 깐깐한 엄마

　고사성어란, 말 그대로 옛날에 일어난 어떤 사건으로 인해 만들어진 말이다. 한자 자체의 뜻도 있지만 사건이 말을 만든 경우도 많다. 기우(杞憂)라는 말이 그 대표적인 예다.

　여기서 '기(杞)'는 옛날 중국에 있었던 '기나라'를 말한다. '우(憂)'는 '걱정'을 뜻한다. 그러니까 말 그대로 하면 '기나라의 걱정'이다. 한자만 읽으면 도대체 무슨 말인지 짐작하기 어렵다. 하지만 이 말이 만들어진 유래를 알고 나면 쉽게 이해가 된다.

『최소한의 고사성어300』은 고사성어의 유래를 엄마아빠가 들려주고, 소심남과 똑똑녀가 대화를 나누는 형식으로 구성되어 있다. 고사성어의 유래를 재미난 옛 이야기를 듣듯이 읽으면 된다. 기존 이야기를 알기 쉽고 재미있게 꾸미기 위해 일정 부분 각색하기도 하였다.

또 단순히 유래를 듣는 것에서 끝나지 않고 대화 속에서 자연스럽게 고사성어를 사용하는 상황을 연출했다. 고사성어에는 생겨난 유래가 있는 것도 있지만 그냥 한자어의 뜻 자체에서 나온 말도 있다. 유래가 없는 말도 대화 속에서 뜻을 설명하고, 상황에 맞게 배치하여 뜻을 정확히 이해하도록 했다.

---

**01**
**형제로 살아갈 때**

 엄마아빠, 누나보다 제가 더 낫죠?

무슨 소리 엄마아빠, 당연히 동생보다는 누나인 제가 더 낫죠?

너희는 '아빠가 좋으냐 엄마가 좋으냐'고 물으면 뭐라고 대답할래?

두 분이 모두 계시는 데서 그런 질문을 받으면 당황스럽죠~

옛날에도 너희처럼 누가 더 뛰어난지를 두고 다툰 애들이 있었던 모양이야. 사촌끼리 자기 아빠가 더 뛰어나다고 싸우다가 결판이 안 나니까 할아버지께

024

『최소한의 고사성어300』을 공부할 때는 굳이 억지로 암기하거나 한 자어가 무엇인지 일일이 공부할 필요는 없다. 대화와 이야기를 재미있게 읽기만 하면 된다. 물론 한 번만 읽어서 모든 것을 기억하기는 어려울 것이다. 읽는 것이 어렵지 않고, 실려 있는 이야기도 재미있으므로 여러 번 반복해서 읽는 것이 좋다. 반복보다 좋은 공부법은 없다.

### ❸ 고사성어 메모지

고사성어 이야기가 끝나면 〈고사성어 메모지〉를 통해 고사성어의 뜻을 간단하게 정리하였다. 〈고사성어 메모지〉를 보면서 고사성어의 본래 뜻을 명확하게 기억하기 바란다.

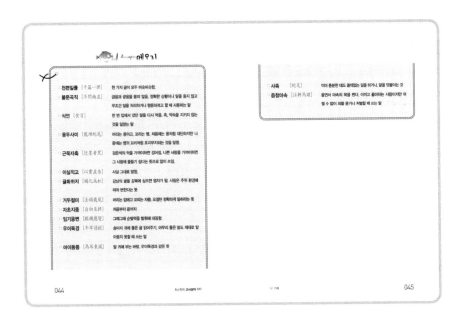

# 이 책을 읽기 전
## 알면 도움이 되는
### 중국의 역사

『최소한의 고사성어300』에 실린 옛 이야기를 제대로 이해하려면 중국의 역사를 조금은 알아야 한다. 역사를 조금이라도 알면 이야기를 이해하기가 훨씬 편하다. 고사성어가 가장 많이 출현했던 시기는 '춘추전국시대'다. 수십 개의 나라로 쪼개져서 다투던 때였던 만큼 사건이 많았다. 고사성어가 많이 출연하는 중국의 역사를 대략 정리하면 다음과 같다.

> **주나라 → 춘추전국시대 → 진나라 → 한나라 → 위진남북조시대 → 수나라 → 당나라**

춘추전국시대 이전에는 〈주나라〉가 있었다. 주나라는 지금 우리들이 생각하는 국가의 모습과는 많이 달랐다. 임금의 권력이 그리 크지 않았고, 교통도 발달하지 못했기 때문에 임금이 나라 전체를 완전하게 지배하거나 다스리지 못했다. 임금은 일정한 지역만 다스리고, 나머지 지역은 임금의 친척들이나 임금에게 충성스러운 장군들이 다스리도록 했다. 이들을 '제후'라고 했고, 제후들은 해당 지역의 실질적인 왕이었다. 다만 제후들은 주나라 임금에게 충성을 다하고, 일정한 충성의 증거를 보여주기만 하면 되었다.

지금부터 약 2,700년 전, 북방 민족의 침입으로 인해 주나라의 임금이 죽는 사건이 발생했다. 이 사건으로 인해 주나라는 수도를 동쪽으로 옮겨야만 했다. 임금이 죽고 수도를 옮기자 주나라의 힘은 크게 약화되었다. 그리고 그동안 각 지역을 다스리고 있던 제후들이 스스로 임금이 되어 그 지역을 지배하게 되었다. 바야흐로 중국 역사상 가장 혼란한 시기인 〈춘추전국시대〉가 시작된 것이다.

고사성어 이야기를 읽다보면 익숙하지 않은 여러 나라의 이름이 많이 등장하는데, 거의 대부분이 춘추전국시대에 존재했던 나라들이다. 춘추전국시대는 크게 〈춘추시대〉와 〈전국시대〉로 나뉜다. 춘추시대는 주나라가 나름대로 존경을 받았고, 나라도 한때 수백 개가 존재하기도 했다. 전국시대는 주나라가 무너지고 7개의 강력한 나라가 천하를 지배하기 위해 죽느냐, 사느냐 하는 싸움을 벌이던 시기다. 전국시대에 가장 강력한 나라는 진(秦)나라였으며, 고사성어를 보면 이 진나라와 얽힌 이야기가 제법 많다.

진시황은 천하를 통일하고 처음으로 황제의 지위에 올랐다. 〈진나라〉는 중국을 완전하게 통일한 첫 번째 국가였다. 진나라가 천하를 통일하면서 수백 년 동안 이어지던 춘추전국시대는 막을 내렸다. 천하를 지배했던 진나라는 진시황이 죽고 얼마 지나지 않아 항우와 유방에 의해 멸망당한다.

진나라를 멸망시킨 항우와 유방은 천하를 제패하기 위해 치열한 싸움을 벌였고, 이 싸움에서 유방은 한신, 장량, 소하 등과 같은 뛰어난 부하들의 도움을 받아 천하를 통일한다. 이때 세워진 〈한나라〉는 중간에 잠깐 망하기도 하지만 거의 400년 동안 이어지면서 중국의 문화와 전통을 만들어낸다. 우리가 흔히 중국 민족을 '한족'이라고 하는데 한족의 '한'이 바로 '한나라'의 '한'과 같은 글자다. 한나라는 중국인에게 뿌리와 같은 나라다. 참고로 한나라는 우리 역사 최초의 국가인 '고조선'을 멸망시킨 장본인이다. 그때가 지금부터 2,100여 년 전이다.

한나라가 무너지자 중국 대륙은 다시 혼란에 빠지고 위나라, 오나라, 촉나라로 나누어 서로 다투게 된다. 이때가 그 유명한 삼국지의 역사적 배경이다. 조조, 유비, 제갈공명, 손권, 관우, 여포 등이 당시의 인물이다.

치열한 다툼 끝에 위나라의 뒤를 이은 진(晉)나라가 통일을 하지만 진(晉)나라에 의한 통일은 얼마가지 못하고 또다시 중국은 여러 나라로 나뉘어 극심하게 서로 다투는 혼란한 시기가 이어진다. 이때를 가리켜 〈위진남북조시대〉라고 한다. 이때는 우리나라도 고구려, 신라, 백제로 나뉘어 다투던 시기였다. 고구려가 만주로 진출해서 강력한 국가로 성장할 수 있었던 이유는 당시의 중국이 혼란스러웠기 때문이다.

위진남북조시대의 혼란을 끝내고 중국을 또다시 통일한 나라가 〈수나라〉다. 수나라는 고구려와의 싸움에 패하면서 무너지고, 뒤이어 들어선 국가가 〈당나라〉다. 당나라로 인해 백제, 고구려가 무너지고, 발해가 들어선다.

중국의 고사성어를 알기 위해서는 이 정도의 역사까지만 알면 된다. 이후의 역사는 굳이 알지 않아도 고사성어를 이해하는 데 어려움이 없다.

Prologue. 최소한의 고사성어, 교양 쌓고, 상식을 넓히는 일석이조 효과! ● 004

과학적이고 체계적으로 고사성어를 배울 수 있는 이 책의 구성 ● 008

이 책을 읽기 전 알면 도움이 되는 중국의 역사 ● 012


# 1부 가족

**01** 형제로 살아갈 때   024

**02** 부모와 함께 살아갈 때   029

**03** 잔소리가 괴롭고 귀찮을 때   037

**04** 용돈이 더 많이 필요할 때   046


# 2부 행복

**05** 자기자랑을 하고 싶을 때   056

**06** 웃음이 넘쳐날 때   067

**07** 행운이 찾아올 때   072

**08** 만족을 느낄 때   081


# 5부 공부

**19** 바쁘다고 느껴질 때   166

**20** 공부법이 궁금할 때   173

**21** 독서의 매력에 빠질 때   180

**22** '공부 싫어'를 외치고 싶을 때   187

**23** 노력하겠다고 결심할 때   194


# 6부 관계

**24** 친구와 우정을 나눌 때   206

**25** 연애로 가슴이 뛸 때   220

**26** 대화가 치열해질 때   230

**27** 갈등이 생길 때   237

차례

## 3부 분노

**09** 욕을 해주고 싶을 때  090

**10** 속았다고 느낄 때  097

**11** 쓸쓸한 마음이 들 때  103

**12** 비웃음을 날려주고 싶을 때  109

**13** 정의를 실현하고 싶을 때  118

## 4부 실패

**14** 걱정이 찾아올 때  128

**15** 후회가 밀려올 때  137

**16** 포기하고 싶은 마음이 들 때  144

**17** 욕심에 사로잡혔을 때  152

**18** 불운하다고 느낄 때  159

## 7부 남자

**28** 스포츠를 즐길 때  250

**29** 게임을 즐길 때  258

**30** 시끄러운 교실에서 지낼 때  267

**31** 학교 짱이 부러울 때  274

## 8부 가치

**32** 도움의 가치를 발견할 때  284

**33** 희생의 의미를 생각할 때  289

**34** 미래의 내 모습을 생각할 때  298

**35** 지혜로운 삶을 꿈꾸며  306

Epilogue. 내 마음에 새기는 고사성어 • 316

# 고사성어
# 찾아보기

| | |
|---|---|
| 가렴주구 苛斂誅求 | 096 |
| 각골난망 刻骨難忘 | 288 |
| 각주구검 刻舟求劍 | 117 |
| 간담상조 肝膽相照 | 218 |
| 감개무량 感慨無量 | 087 |
| 감언이설 甘言利說 | 102 |
| 감탄고토 甘呑苦吐 | 108 |
| 갑남을녀 甲男乙女 | 229 |
| 갑론을박 甲論乙駁 | 235 |
| 개과천선 改過遷善 | 052 |
| 개권유익 開卷有益 | 186 |
| 거두절미 去頭截尾 | 044 |
| 건곤일척 乾坤一擲 | 257 |
| 격물치지 格物致知 | 179 |
| 격세지감 隔世之感 | 305 |
| 견강부회 牽強附會 | 235 |
| 견리사의 見利思義 | 158 |
| 견마지로 犬馬之勞 | 297 |
| 견물생심 見物生心 | 158 |
| 견원지간 犬猿之間 | 108 |
| 결자해지 結者解之 | 245 |

| | |
|---|---|
| 결초보은 結草報恩 | 288 |
| 경거망동 輕擧妄動 | 096 |
| 경국지색 傾國之色 | 229 |
| 경세제민 經世濟民 | 305 |
| 계란유골 鷄卵有骨 | 163 |
| 계륵 鷄肋 | 245 |
| 고군분투 孤軍奮鬪 | 257 |
| 고립무원 孤立無援 | 136 |
| 고육지계 苦肉之計 | 297 |
| 고진감래 苦盡甘來 | 203 |
| 곡학아세 曲學阿世 | 102 |
| 과유불급 過猶不及 | 158 |
| 관포지교 管鮑之交 | 218 |
| 괄목상대 刮目相對 | 179 |
| 교각살우 矯角殺牛 | 143 |
| 교언영색 巧言令色 | 102 |
| 교학상장 敎學相長 | 179 |
| 구밀복검 口蜜腹劍 | 108 |
| 구상유취 口尙乳臭 | 117 |
| 군계일학 群鷄一鶴 | 065 |
| 군자삼락 君子三樂 | 071 |

| | | | | | |
|---|---|---|---|---|---|
| 권불십년 | 權不十年 | 281 | 당랑거철 | 螳螂拒轍 | 117 |
| 권선징악 | 勸善懲惡 | 125 | 대기만성 | 大器晩成 | 065 |
| 권토중래 | 捲土重來 | 281 | 대의멸친 | 大義滅親 | 297 |
| 귤화위지 | 橘化爲枳 | 044 | 도원결의 | 桃園結義 | 218 |
| 근묵자흑 | 近墨者黑 | 044 | 독서백편의자현 | 讀書百遍義自見 | 186 |
| 금상첨화 | 錦上添花 | 080 | 독서삼도 | 讀書三到 | 186 |
| 금시초문 | 今時初聞 | 266 | 독서삼매 | 讀書三昧 | 186 |
| 금지옥엽 | 金枝玉葉 | 036 | 독서상우 | 讀書尚友 | 186 |
| 기사회생 | 起死回生 | 080 | 동가식서가숙 | 東家食西家宿 | 229 |
| 기우 | 杞憂 | 136 | 동고동락 | 同苦同樂 | 028 |
| 기호지세 | 騎虎之勢 | 257 | 동문서답 | 東問西答 | 235 |
| 난형난제 | 難兄難弟 | 028 | 동병상련 | 同病相憐 | 028 |
| 남가일몽 | 南柯一夢 | 143 | 동분서주 | 東奔西走 | 172 |
| 남아수독오거서 | 男兒須讀五車書 | 186 | 동상이몽 | 同床異夢 | 108 |
| 낭중지추 | 囊中之錐 | 065 | 동족상잔 | 同族相殘 | 028 |
| 내우외환 | 內憂外患 | 136 | 두주불사 | 斗酒不辭 | 036 |
| 노마지지 | 老馬之智 | 315 | 등하불명 | 燈下不明 | 036 |
| 노심초사 | 勞心焦思 | 136 | 마부작침 | 磨斧作針 | 203 |
| 누란지위 | 累卵之危 | 136 | 마이동풍 | 馬耳東風 | 044 |
| 다다익선 | 多多益善 | 158 | 막상막하 | 莫上莫下 | 257 |
| 다사다난 | 多事多難 | 172 | 막역지우 | 莫逆之友 | 219 |

| | | |
|---|---|---|
| 만당홍소 滿堂哄笑 | 071 | 백전백승 百戰百勝 | 257 |
| 맥수지탄 麥秀之嘆 | 143 | 백절불굴 百折不屈 | 203 |
| 맹모삼천지교 孟母三遷之教 | 036 | 백중지세 伯仲之勢 | 257 |
| 멸사봉공 滅私奉公 | 297 | 백척간두 百尺竿頭 | 136 |
| 명경지수 明鏡止水 | 065 | 본말전도 本末顛倒 | 235 |
| 명명백백 明明白白 | 125 | 부화뇌동 附和雷同 | 281 |
| 명실상부 名實相符 | 281 | 분서갱유 焚書坑儒 | 246 |
| 모사재인성사재천 謀事在人成事在天 | 319 | 불구대천 不俱戴天 | 108 |
| 모순 矛盾 | 245 | 불문곡직 不問曲直 | 044 |
| 목불인견 目不忍見 | 117 | 불치하문 不恥下問 | 179 |
| 무릉도원 武陵桃源 | 087 | 붕정만리 鵬程萬里 | 066 |
| 무용지물 無用之物 | 266 | 비분강개 悲憤慷慨 | 125 |
| 무위도식 無爲徒食 | 052 | 사면초가 四面楚歌 | 136 |
| 문경지교 刎頸之交 | 218 | 사상누각 砂上樓閣 | 143 |
| 문일지십 聞一知十 | 065 | 사소취대 捨小就大 | 297 |
| 문전성시 門前成市 | 229 | 사족 蛇足 | 044 |
| 미인박명 美人薄命 | 229 | 사필귀정 事必歸正 | 125 |
| 박장대소 拍掌大笑 | 071 | 산해진미 山海珍味 | 087 |
| 발본색원 拔本塞源 | 125 | 살신성인 殺身成仁 | 297 |
| 배은망덕 背恩忘德 | 096 | 삼고초려 三顧草廬 | 246 |
| 백가쟁명 百家爭鳴 | 273 | 삼십육계주위상계 三十六計走爲上計 | 281 |
| 백골난망 白骨難忘 | 288 | 삼일천하 三日天下 | 281 |
| 백년가약 百年佳約 | 036 | 상부상조 相扶相助 | 288 |
| 백년해로 百年偕老 | 036 | 상전벽해 桑田碧海 | 305 |
| 백면서생 白面書生 | 117 | 새옹지마 塞翁之馬 | 080 |
| 백문불여일견 百聞不如一見 | 193 | 선견지명 先見之明 | 305 |
| 백아절현 伯牙絶絃 | 218 | 선공후사 先公後私 | 297 |

| | | |
|---|---|---|
| 설상가상 雪上加霜 | 163 | 역지사지 易地思之 | 315 |
| 설왕설래 說往說來 | 235 | 연목구어 緣木求魚 | 193 |
| 소문만복래 笑門萬福來 | 071 | 염화미소 拈華微笑 | 229 |
| 소탐대실 小貪大失 | 297 | 영고성쇠 榮枯盛衰 | 080 |
| 속수무책 束手無策 | 245 | 오리무중 五里霧中 | 245 |
| 수어지교 水魚之交 | 218 | 오매불망 寤寐不忘 | 229 |
| 수주대토 守株待兔 | 117 | 오비이락 烏飛梨落 | 273 |
| 순망치한 脣亡齒寒 | 028 | 오십보백보 五十步百步 | 151 |
| 술이부작 述而不作 | 236 | 오월동주 吳越同舟 | 028 |
| 승승장구 乘勝長驅 | 257 | 오합지중 烏合之衆 | 273 |
| 시우 時雨, 詩友 | 319 | 온고지신 溫故知新 | 315 |
| 식언 食言 | 044 | 와신상담 臥薪嘗膽 | 203 |
| 식자우환 識字憂患 | 193 | 외유내강 外柔內剛 | 066 |
| 신출귀몰 神出鬼沒 | 065 | 용두사미 龍頭蛇尾 | 044 |
| 실사구시 實事求是 | 193 | 우공이산 愚公移山 | 203 |
| 십시일반 十匙一飯 | 288 | 우왕좌왕 右往左往 | 245 |
| 아비규환 阿鼻叫喚 | 273 | 우유부단 優柔不斷 | 245 |
| 아전인수 我田引水 | 315 | 우이독경 牛耳讀經 | 044 |
| 안빈낙도 安貧樂道 | 087 | 위기일발 危機一髮 | 257 |
| 안하무인 眼下無人 | 096 | 위편삼절 韋編三絶 | 186 |
| 암중모색 暗中摸索 | 266 | 유구무언 有口無言 | 273 |
| 앙천대소 仰天大笑 | 071 | 유비무환 有備無患 | 305 |
| 양두구육 羊頭狗肉 | 125 | 유유상종 類類相從 | 219 |
| 양상군자 梁上君子 | 096 | 읍참마속 泣斬馬謖 | 044 |
| 어부지리 漁父之利 | 080 | 이실직고 以實直告 | 044 |
| 어불성설 語不成說 | 235 | 이심전심 以心傳心 | 229 |
| 언중유골 言中有骨 | 236 | 이용후생 利用厚生 | 193 |

| | | |
|---|---|---|
| 이율배반 二律背反 | 245 | 전대미문 前代未聞 | 065 |
| 인과응보 因果應報 | 125 | 전도유망 前途有望 | 305 |
| 일거양득 一擧兩得 | 080 | 전무후무 前無後無 | 065 |
| 일도양단 一刀兩斷 | 281 | 전인미답 前人未踏 | 305 |
| 일망타진 一網打盡 | 266 | 전전긍긍 戰戰兢兢 | 143 |
| 일목요연 一目瞭然 | 179 | 전화위복 轉禍爲福 | 080 |
| 일석이조 一石二鳥 | 080 | 절차탁마 切磋琢磨 | 203 |
| 일소일소일노일노 一笑一少一怒一老 | 071 | 절치부심 切齒腐心 | 203 |
| 일언반구 一言半句 | 235 | 점입가경 漸入佳境 | 087 |
| 일일여삼추 一日如三秋 | 229 | 정중지와 井中之蛙 | 117 |
| 일자무식 一字無識 | 117 | 조강지처 糟糠之妻 | 036 |
| 일장춘몽 一場春夢 | 143 | 조변석개 朝變夕改 | 102 |
| 일촉즉발 一觸卽發 | 273 | 조삼모사 朝三暮四 | 102 |
| 일취월장 日就月將 | 266 | 조족지혈 鳥足之血 | 151 |
| 일패도지 一敗塗地 | 266 | 좌고우면 左顧右眄 | 245 |
| 임기응변 臨機應變 | 044 | 주객전도 主客顚倒 | 172 |
| 자가당착 自家撞着 | 245 | 주경야독 晝耕夜讀 | 172 |
| 자격지심 自激之心 | 151 | 주마가편 走馬加鞭 | 172 |
| 자력갱생 自力更生 | 052 | 주마간산 走馬看山 | 172 |
| 자승자박 自繩自縛 | 151 | 주야장천 晝夜長川 | 266 |
| 자업자득 自業自得 | 151 | 주지육림 酒池肉林 | 087 |
| 자중지란 自中之亂 | 257 | 죽마고우 竹馬故友 | 218 |
| 자초지종 自初至終 | 044 | 중과부적 衆寡不敵 | 257 |
| 자포자기 自暴自棄 | 151 | 중구난방 衆口難防 | 273 |
| 자화자찬 自畵自讚 | 065 | 중언부언 重言復言 | 235 |
| 적반하장 賊反荷杖 | 096 | 지란지교 芝蘭之交 | 218 |
| 적수공권 赤手空拳 | 052 | 지록위마 指鹿爲馬 | 125 |

| | | |
|---|---|---|
| 지음 知音 | 218 | |
| 지피지기백전불태 知彼知己百戰不殆 | 257 | |
| 진인사대천명 盡人事待天命 | 319 | |
| 진퇴양난 進退兩難 | 245 | |
| 진퇴유곡 進退維谷 | 245 | |
| 천고마비 天高馬肥 | 087 | |
| 천려일실 千慮一失 | 315 | |
| 천방지축 天方地軸 | 273 | |
| 천신만고 千辛萬苦 | 179 | |
| 천의무봉 天衣無縫 | 065 | |
| 천인공노 天人共怒 | 125 | |
| 천재일우 千載一遇 | 080 | |
| 천편일률 千篇一律 | 044 | |
| 철두철미 徹頭徹尾 | 266 | |
| 철면피 鐵面皮 | 096 | |
| 청천벽력 靑天霹靂 | 163 | |
| 청출어람 靑出於藍 | 036 | |
| 초록동색 草綠同色 | 219 | |
| 초지일관 初志一貫 | 203 | |
| 촌철살인 寸鐵殺人 | 236 | |
| 출필고반필면 出必告反必面 | 036 | |
| 침소봉대 針小棒大 | 193 | |
| 타산지석 他山之石 | 158 | |
| 탁상공론 卓上空論 | 236 | |
| 태산북두 泰山北斗 | 065 | |
| 태평성대 太平聖代 | 087 | |
| 토사구팽 兔死狗烹 | 108 | |

| | | |
|---|---|---|
| 퇴고 推敲 | 315 | |
| 파렴치 破廉恥 | 096 | |
| 파안대소 破顔大笑 | 071 | |
| 파죽지세 破竹之勢 | 266 | |
| 포복절도 抱腹絶倒 | 071 | |
| 포정해우 捕丁解牛 | 315 | |
| 표리부동 表裏不同 | 096 | |
| 풍수지탄 風樹之嘆 | 036 | |
| 풍전등화 風前燈火 | 163 | |
| 풍찬노숙 風餐露宿 | 052 | |
| 필부지용 匹夫之勇 | 151 | |
| 학수고대 鶴首苦待 | 052 | |
| 함흥차사 咸興差使 | 052 | |
| 허례허식 虛禮虛飾 | 117 | |
| 허장성세 虛張聲勢 | 117 | |
| 형설지공 螢雪之功 | 179 | |
| 호가호위 狐假虎威 | 052 | |
| 호연지기 浩然之氣 | 305 | |
| 호접지몽 胡蝶之夢 | 315 | |
| 혹세무민 惑世誣民 | 096 | |
| 홍익인간 弘益人間 | 305 | |
| 화룡점정 畵龍點睛 | 305 | |
| 화무십일홍 花無十日紅 | 281 | |
| 환골탈태 換骨奪胎 | 143 | |
| 환난상부 患難相扶 | 288 | |
| 환호작약 歡呼雀躍 | 071 | |
| 후안무치 厚顔無恥 | 096 | |

01. 형제로 살아갈 때

02. 부모와 함께 살아갈 때

03. 잔소리가 괴롭고 귀찮을 때

04. 용돈이 더 많이 필요할 때

# 1부

# 가족

# 형제로 살아갈 때

🙂 엄마아빠, 누나보다 제가 더 낫죠?

🐟 무슨 소리! 엄마아빠, 당연히 동생보다는 누나인 제가 더 낫죠?

😐 너희는 '아빠가 좋으냐? 엄마가 좋으냐?'라고 물으면 뭐라고 대답할래?

🙂 두 분이 모두 계시는 데서 그런 질문을 받으면 당황스럽죠~

😐 옛날에도 너희처럼 누가 더 뛰어난지를 두고 다툰 애들이 있었던 모양이
야. 사촌끼리 자기 아빠가 더 뛰어나다고 싸우다가 결판이 안 나니까 할아버지께

결정해달라고 부탁했지. 할아버지 입장에서는 대답하기가 곤란했지. 손자들이 자기 아빠들, 그러니까 할아버지의 아들 중에서 누가 더 뛰어나냐고 물으니까 말이지. 고심하던 할아버지는 결정을 못하고 **난형난제**(難兄難弟)라고 대답했어. **난형난제**라는 말은 '두 사람 중에서 형과 아우를 구별하기 어렵다', 다시 말해서 둘 중 누가 더 뛰어난지 구별하지 못하겠다는 뜻이지. 그러니까 너희도 그런 식으로 묻지 마. 난형난제니까.

아빠와 난 **동병상련**(同病相憐)이야. 대답하기 곤란한 아빠의 마음이 곧 내 마음이야. 전국시대의 '오자서'라는 사람은 원래 초나라에 살았어. 그런데 아버지와 형이 아무런 죄도 없이 죽임을 당한 거야. 오자서는 원수를 갚겠다는 결심을 하고 이웃 나라인 오나라로 도망을 친 뒤, 오나라의 합려라는 사람이 새로운 임금이 되는 데 큰 힘이 되었지. 당연히 오나라의 새 임금은 오자서에게 높은 벼슬을 주었어. 오자서는 이를 갈며 복수를 준비했지. 그때 자신과 똑같이 억울하게 아버지를 잃고 초나라에서 도망친 '백비'라는 사람이 찾아왔어. 오자서는 자신과 같은 처지인 백비를 왕에게 소개해주고, 높은 벼슬을 얻게 했지.

그런데 백비의 인상이 험상궂었나 봐.

어떤 사람이 "저렇게 인상이 험하고 성격도 좋지 않아 보이는데, 왜 임금에게 소개해서 높은 벼슬을 주었나요?"하고 물으니까 오자서는 "같은 병을 앓으면 서로를 불쌍히 여기는 마음이 생기는 것이 당연하오."라고 대답했지.

여기서 '같은 병을 앓으면 서로를 불쌍히 여기는 마음이 생긴다'라는 말이 **동병상련**이야. 백비나 자기나 억울하게 가족을 잃은 처지이므로 원수를 갚으려는 마음은 같다는 것이지. 그 뒤 오자서와 백비는 힘을 합쳐 결국 원수를 갚았다는구나. 지금 너희들의 질문을 받고 함께 곤란을 겪는 엄마나 아빠의 처지가 딱 **동병상련**이지.

춘추시대에 아주 강한 나라였던 진나라가 이웃에 있던 괵나라를 치기로 했어. 그런데 괵나라를 치려면 우나라를 지나가야 했어. 진나라는 우나라 왕에게 돈을 많이 줄 테니까 괵나라를 치러 가는 길을 열어 달라고 부탁했지. 우나라 왕은 많은 돈을 준다는 소리에 얼른 허락하려고 했는데, 한 신하가 반대했어.

"입술이 없으면 이가 시린 법입니다. 괵나라가 사라지면 분명 진나라는 우리 우나라를 공격할 것입니다. 그러니 길을 열어주시면 안 됩니다."

여기서 '입술이 없으면 이가 시리다'라는 말이 **순망치한**(脣亡齒寒)이야. 어리석은 우나라 왕은 신하의 충고를 듣지 않고 돈에 눈이 멀어 길을 열어주었지. 결국 진나라는 괵나라를 멸망시킨 뒤 우나라도 멸망시켜 버렸어. 너희는 형제야. **순망치한**의 관계인 셈이지. 그러니 그만 다퉈.

춘추시대 오나라와 월나라는 몇십 년 동안 싸움을 벌일 정도로 원수 사이였나 봐. 그렇지만 오나라 사람과 월나라 사람이 한 배를 타고 가다가 태풍을 만났다고 가정해보자. 어떻게 할 것 같니?

함께 힘을 합치겠죠.

맞아. **오월동주**(吳越同舟)라는 말은 '원수인 오나라와 월나라 사람도 같은 배를 타면 서로 협력한다'는 뜻이야. 오나라 사람과 월나라 사람처럼 서로 원수 사이도 어려움을 만나면 서로 돕는데, 너희는 **순망치한**의 관계인데도 서로 싸우면 되겠니?

너희는 같은 피를 나눈 남매 사이야. 그러니 **동고동락**(同苦同樂)하는 사이여야 해. 고통도 함께, 즐거움도 함께. 엄마와 아빠도 부부가 된 뒤로 늘 **동고동**

락이야.

1950년 6·25 전쟁 때 남쪽과 북쪽은 같은 민족이면서 싸웠어. 말 그대로 동족끼리 피를 흘리며 싸운 **동족상잔**(同族相殘)이었지. 같은 동족끼리 서로 잔인하게 전쟁하는 것은 정말 불행한 거야. 너희는 같은 가족이고 형제야. **동족상잔**은 하지 않기를 바란다.

히히, 그럼 **동고동락**하는 엄마아빠도 부부 싸움이라는 **동족상잔**은 그만 하세요. 순망치한에 **오월동주**라는 말도 잊지 마시고요.

나도 그러고 싶어. 너희 아빠가 내 말만 잘 들으면 말이야.

흠흠. 부부 싸움의 원인이 누구에게 있는지 명확히 하는 것은 **난형난제**지.

그것 봐. 꼭 이쁘는 자기 잘못이 아니래.

히히. 저 녀석이 저한테 똑같이 그런다니까요. 엄마나 저나 **동병상련**이네요.

휴, 아빠랑 제가 **동병상련**이네요.

고사성어 **메모지**

:: **난형난제** [難兄難弟]  두 사람 중 형과 아우를 구별하기 어렵다. 둘 중 누가 더 뛰
어난지 구별하기 어려움.

:: **동병상련** [同病相憐]  같은 병을 앓으면 서로를 불쌍히 여긴다. 같은 어려움에 처
하면 서로의 마음을 잘 알게 됨.

:: **순망치한** [脣亡齒寒]  입술이 없으면 이가 시림.

:: **오월동주** [吳越同舟]  원수인 오나라와 월나라 사람도 같은 배를 타면 서로 협력
함.

:: **동고동락** [同苦同樂]  고통과 즐거움을 함께 함.

:: **동족상잔** [同族相殘]  같은 민족끼리 피를 흘리며 싸움.

# 부모와 함께 살아갈 때

 아빠, 또 술 드셨죠? 아휴, 술 냄새.

아이고, 우리 예쁜 딸. 내 **금지옥엽**(金枝玉葉)같은 딸. '금으로 된 나뭇가지에 옥으로 된 잎을 단 나무', 그것이 바로 **금지옥엽**이지. 그러니 얼마나 귀한 딸이냐. 솔직히 우리 딸은 **금지옥엽**보다 더 귀하지. 자, 용돈이다.

감사합니다. 아빠, 솔직히 제가 **금지옥엽**보다 예쁘고 귀하기는 하죠.

엄마, 다녀왔습니다. 아빠도 와 계시네요. 아빠, 학원 다녀왔습니다.

그렇지, 그래야지. 다녀왔으면 부모에게 깍듯이 인사를 해야지. **출필고반필면**(出必告反必面), '나갈 때는 부모님께 반드시 어디 간다고 알리고, 돌아오면 반드시 잘 다녀왔다고 인사를 하는 것'이 자식된 도리야. 그래, 우리 아들 잘한다. 자, 용돈이다.

감사합니다.

아니, 그나저나 이 늦은 시간까지 학원에 있다가 오는 거야? 허허, 엄마가 네 교육시키느라 애를 많이 쓰는구나. 완전히 **맹모삼천지교**(孟母三遷之敎)네. 옛날에 맹자라는, 공자 다음으로 유명한 사람이 있었어. 맹자의 아버지는 일찍 돌아가셨고, 어머니는 홀로 맹자를 키우며 사셨는데, 처음 맹자를 데리고 이사를 간 곳이 묘지 근처였다는구나. 여기서 날마다 장례식만 보고 자란 맹자는 놀 때도 땅을 파고 사람을 묻는 놀이만 하더란다.

원래 애들은 보는 것을 흉내내면서 놀잖아. '이래서는 안 되겠다'라고 생각한 맹자의 어머니는 이번에는 시장 근처로 이사를 했어. '이번에는 좀 괜찮겠지' 했는데 맹자가 장사하는 흉내를 내며 노는 거야. 요즘과 달리 그때는 장사하는 것을 그리 좋지 않게 생각하던 때라 맹자의 엄마는 또다시 걱정을 했어. 세 번째로 이사를 한 곳은 서당 근처야. 그랬더니 맹자가 예의 바르게 행동하고, 글 공부를 하는 흉내를 내는 거야. '이제 됐구나'라고 생각했지. 좋은 환경에서 자라며 열심히 공부한 맹자는 나중에 공자 다음으로 훌륭한 사람이 되었지. 자식 교육을 위해 세 번이나 이사했다는 뜻의 **맹모삼천지교**는 요즘에는 맹자의 어머니처럼 자식 교육에 애쓰는 엄마들을 일컫는단다.

아빠 말씀 명심할게요.

하하하, 우리 아들 예의도 바르네. 꼭 맹자 같은 걸. 이러다가 우리 아들이 엄마나 아빠보다 훌륭한 사람이 되겠네. 음, 당연히 **청출어람**(靑出於藍)이 되어야지.

푸른색은 쪽빛에서 나오지만 쪽빛보다 더 푸르고
얼음은 물로 만들어지지만 물보다 더 차갑다.

캬! 정말 멋진 시야. '푸른색은 쪽빛에서 나오지만 쪽빛보다 더 푸르다', 바로 **청출어람**이지. 너도 **청출어람**이 되어야 해. 아빠보다는 나은 사람이 되어야지. 알았지?

네.

아빠, 저는요? 저도 **청출어람**!

아이고, 우리 딸. **등하불명**(燈下不明), '등잔 밑이 어둡다'더니 바로 옆에 있어서 널 못 봤구나. 우리 딸도 **청출어람**이 되어야지. 자, 용돈 받아라.

아빠, 고마워요.

누나, 아까 받지 않았……?

너, 조용히 안 할래? 히히, 아빠, 이제부터는 몸 생각하셔서 술 조금만 드세요.

난 **두주불사**(斗酒不辭). 아무리 많은 술을 권해도 사양하지 않아야 사내 대장부지. 진시황이 세운 진나라가 막 망했을 때의 얘기란다. 당시 한나라 항우가 이끄는 군대는 매우 강력했고, 유방의 군대는 힘이 약했지. 그런데 유방이 먼저 진나라 수도인 함양을 공격하자 항우는 유방이 천하를 차지하려는 욕심이 있다고 생각해서 죽이려고 했어.

"아닙니다. 제가 어찌 천하를 차지할 욕심을 내겠습니까?"

유방은 싹싹 빌었고, 항우는 마지못해 용서해줬어. 하지만 항우의 부하들은 유방이 나중에는 결국 항우와 천하를 놓고 다툴 위험 인물이라 생각하고 유방을 죽이기 위해 잔치를 벌였지. 잔치가 벌어졌는데 항우의 부하들이 칼춤을 추는 거야. 유방은 혹시나 칼로 자신을 벨까봐 가슴을 졸였어.

그때 유방의 부하 중에서 '번쾌'라는 사람이 있었는데, 항우 못지않게 힘이 세고 산도적처럼 험상궂었나 봐. 번쾌는 유방이 위험하다고 생각하고 잔치 마당에 뛰어들었지. 그의 산도적 같은 얼굴을 본 항우와 그의 부하들은 깜짝 놀랐지. 항우는 일단 번쾌에게 술을 권했는데, 번쾌는 얼굴색 하나 변하지 않고 그 많은 술을 다 마셨대. 게다가 생고기를 방패에 올려놓고는 굽지도 않고 마구 씹어 먹기까지 했다는 거야. 대단하지. 유방을 죽이려고 했던 항우와 항우의 부하들은 번쾌의 살벌한 기운에 완전히 주눅이 들었어.

"술 한 잔 더하겠나?"

항우가 넌지시 권하자 번쾌는

"허허, 한 말의 술을 준들 사양하겠습니까?"

라고 말하면서 또 먹었대. '한 말'이 어느 정도냐 하면 지금의 큰 생수통 9병에 해당해. 맥주로 따지면 32잔! 그 많은 술을 또다시 먹었다는 거야. 그러니 주위에 있던 항우의 부하들은 번쾌의 기세에 완전히 눌려 유방을 죽이지 못했고, 결국 유방은 살아남았지. 나중에 항우는 죽고 유방이 천하를 차지하지. **두주불사**라는 말은 '술을 얼마든지 주어도 사양하지 않겠다'는 뜻이야. 번쾌, 진짜 멋있잖아. 캬~, 난 아직 번쾌에 비하면 멀었어.

어휴, 당신 정말. 그나저나 당신 내일이 무슨 날인지 알아?

어? 우리 마누라님도 계셨네. 왜 모르겠습니까? 우리가 백 년 동안 아름답게 살자고 약속한 바로 그날, 바로 **백년가약**(百年佳約)을 맺은 결혼기념일 아니겠습니까? 우리 사이좋게 행복하게 늙자고, **백년해로**(百年偕老)하자고 약속한 우리 마누라님과 나의 결혼기념일, 이 세상에서 가장 중요한 날이지요.

**백년가약**을 맺고 사이좋게 **백년해로**한다? 말은 참 잘하네요. 그런 사람이 이렇게 중요한 날을 앞두고 술을 먹고 들어와요?

흠흠, 술과 결혼기념일이 무슨 상관이겠소. 내가 술을 먹는 것과 **조강지처**(糟糠之妻)를 사랑하는 마음은 아무런 상관이 없어. 예를 들어줄까?
한나라 광무제의 여동생이 남편을 잃고 쓸쓸히 여생을 보내고 있었는데, 그것이 안 돼 보였는지 광무제가 여동생에게 물었지.
"마음에 두고 있는 남자가 있느냐?"
"잘생기고 성품도 훌륭한 송홍 같은 남자를 좋아합니다."
그런데 송홍은 결혼을 이미 한 사람이었어. 황제는 그래도 여동생을 위해 무언가 해주고 싶어서 송홍을 불렀지. 여동생에게 숨어서 몰래 듣게 하고는 광무제가 넌지시 송홍에게 물었어.
"흔히 사람이 출세를 하면 천했을 때의 친구를 버리고, 부자가 되면 가난했을 때의 아내는 버린다고 하는데, 자네는 어떤가? 이제 크게 출세했으니 부유한 집안의 여자와 결혼하는 것이 어떻겠는가?"

말하자면 지금의 아내와 헤어지고 자기 여동생과 결혼할 수 있는지를 물은 것이지. 만약 그럴 생각이 있다고 대답하면 얼른 여동생이랑 결혼시키려고.

"아닙니다. 저는 가난하고 천할 때의 친구를 잊지 말아야 하고, 가난한 시절 함께 고생한 아내는 평생 함께 해야 한다고 생각합니다."

가난한 시절 함께 고생한 아내, 즉 **조강지처**를 버리지 않겠다는 송홍의 말을 들은 황제의 여동생은 크게 실망했지.

나도 마찬가지야. 비록 황제의 여동생이 내게 결혼하자고 해도 난 **조강지처**인 당신 밖에 없어.

 당신한테 결혼하자고 할 황제의 여동생이 있다면 꼭 그렇게 해봐요.

크크크.

허허, 이 녀석들 뭐가 재미있다고 웃어.

나무는 고요하고자 하나 바람이 그치지 않아 늘 흔들리듯이
부모에게 효도하려 해도 부모는 기다려주지 않는구나.

**풍수지탄**(風樹之嘆), 고요하고자 하는 나무의 뜻과 상관없이 바람이 불면 나무가 흔들리듯이, 부모는 나이가 들면 자식의 효도를 기다려주지 않고 돌아가셔서 후회된다는 마음을 시로 읊은 거야. 부모 죽은 뒤에 **풍수지탄**하며, 후회하지 말고 살아 계실 때 효도해. 알았지?

네, 아빠.

그나저나 당신, 자식들한테는 용돈을 주면서 나한테는 뭐 선물 없어요?

아, 내가 여기 있는 것이 당신에게는 선물이잖아. 안 그래? 하하하!

:: **금지옥엽** [金枝玉葉]　　금으로 된 나뭇가지에 옥으로 된 잎을 단 나무처럼 귀한 자
　　　　　　　　　　　　식을 일컫는 말

:: **출필고반필면** [出必告反必面]　나갈 때는 부모님께 반드시 어디 간다고 알리고, 돌
　　　　　　　　　　　　아오면 반드시 잘 다녀왔다고 인사를 하는 것이 자식된 도
　　　　　　　　　　　　리라는 말

:: **맹모삼천지교** [孟母三遷之敎]　자식 교육을 위해 세 번이나 이사했다는 뜻으로, 지
　　　　　　　　　　　　극 정성으로 자식 교육을 위해 애쓰는 것을 뜻하는 말

:: **청출어람** [靑出於藍]　　푸른색은 쪽빛에서 나오지만 쪽빛보다 더 푸름. 스승보다
　　　　　　　　　　　　나은 제자, 부모보다 나은 자식을 일컬을 때 쓰는 말

:: **등하불명** [燈下不明]　　등잔 밑이 어둡다. 가까이 있어서 더 알기 어려움.

:: **두주불사** [斗酒不辭]　　아무리 많은 술을 권해도 사양하지 않음.

:: **백년가약** [百年佳約]　　백 년 동안 아름답게 살자는 약속, 즉 결혼을 가리키
　　　　　　　　　　　　는 말

:: **백년해로** [百年偕老]　　사이좋게 행복하게 늙는다. 행복한 결혼 생활을 바라
　　　　　　　　　　　　는 말

:: **조강지처** [糟糠之妻]　　가난한 시절, 함께 고생한 아내를 뜻하는 말

:: **풍수지탄** [風樹之嘆]　　고요하고자 하는 나무의 뜻과 상관없이 바람이 불면 나무가
　　　　　　　　　　　　흔들리듯이, 부모는 나이가 들면 자식의 효도를 기다려주지
　　　　　　　　　　　　않고 돌아가셔서 후회된다는 뜻. 부모가 돌아가신 뒤 후회
　　　　　　　　　　　　하지 말고 살아 계실 때 효도해야 함을 알려주는 말

036

# 잔소리가 괴롭고 귀찮을 때

너희들 진짜 그렇게 말 안 들을래?

죄송해요.

야단만 치면 무조건 "죄송해요", "죄송해요". 어쩌면 너희는 잘못해 놓고 **천편일률**(千篇一律)적으로 "죄송해요" 소리밖에 안 하니? 죄송하다는 말 외에 다른 말은 없니?

**천편일률**, 즉 천 가지의 글이 모두 비슷비슷한 것처럼 아이들의 잘못도 늘 비슷비슷하지. 그래도 그렇게 **불문곡직**(不問曲直)하고 무조건 야단만 치면 아이들이 잘 알아듣겠어요?

옛날 진시황이 천하를 통일하기 전에 진나라에는 여러 나라에서 인재들이
와 있었는데, 진나라 출신의 신하들이 말하기를 다른 나라 사람은 믿기 어려우
니 쫓아내자고 했어. 그러자 역시 다른 나라에서 온 '이사'가 만약 **불문곡직**, 그
러니까 굽음과 곧음을 묻지 않고 무조건 쫓아내는 것은 옳지 않다고 주장했지.
그렇다면 다른 나라에서 온 모든 물건과 아름다운 미인도 전부 내쫓을 거냐고
하면서 말이야. 그 말을 들은 진시황은 이사를 비롯한 다른 나라 인재들을 그대
로 머물게 했고, 천하를 통일했어. 그러니까 **불문곡직**하지 말고, 아이들 얘기는
들어본 후에 야단을 쳐요.

😊   그래, 어디 아빠 말대로 너희들 얘기나 한번 들어보자.

😀   그러니까…… 텔레비전이 너무 보고 싶어서 어쩔 수 없이 보게 됐어요.
그 바람에 숙제도 못했고요.

😊   내가 **식언**(食言) 하지 말랬지. '한 번 입에서 꺼낸 말을 다시 먹는 것'이 **식
언**이야. 다시 말해서 약속을 어기는 것이나, 거짓말을 하는 것을 **식언**이라고 해.
너는 엄마에게 숱한 **식언**을 했어. 저번에 너 분명히 앞으로는 텔레비전 프로그램
을 보더라도 숙제를 모두 끝낸 후에 보겠다고 했어. 숙제를 끝내지 않으면 보지
않겠다고 맹세까지 했고…… 그 맹세가 또 **식언**이 돼 버렸어.

😀   그래도 처음에는 잘했는데…….

😊   **용두사미**(龍頭蛇尾)지. 용두사미란, '머리는 용이고 꼬리는 뱀처럼 처음에

는 잘하다가 나중에는 흐지부지하는 것'을 말해.

옛날 중국의 송나라 때 '진존자'라고 하는 아주 훌륭한 스님이 있었어. 어느 날 여행 중에 어떤 스님을 만났는데, 그 스님이 갑자기 야단을 치는 거야. 진존자는 깜짝 놀랐지. 자기가 꽤나 깨달음을 얻었다고 생각했는데, 그런 자기를 보고 다짜고짜 야단을 치니 말이야. 처음에는 주눅이 들었지. 그런데 두 번, 세 번 똑같은 야단을 치는 거야. 그때 비로소 진존자는 그 스님이 허풍쟁이라는 것을 알아챘지. 겉으로는 멋있게 보이려고 하지만 알맹이가 없는 스님이었던 거야.

"처음에는 용처럼 멋지게 소리를 치셨는데, 이제 어찌 마무리할 생각이십니까? 혹시 뱀의 꼬리가 되는 것은 아니신지요?"라고 말하며 진존자가 웃으니 그 스님은 어쩔 줄 몰라 하더라는 거야.

너도 마찬가지야. **용두사미**가 될 거라면 아예 맹세를 하지 말았어야지. 처음에는 어떤 일이 있어도 잘할 것 같이 하더니. 이게 뭐니?

**근묵자흑**(近墨者黑)이라고 했어. '검은색을 가까이하면 똑같이 검어진다'는 뜻이야. 나쁜 사람을 가까이하면 그 사람에게 물들기 쉬워. 아무래도 내가 보기에는 너희들이 텔레비전 때문이기도 하지만 친구들이랑 어울려 다니면서 노느라 숙제를 못한 것 같아.

아빠 말이 정말이야? **이실직고**(以實直告)해봐. 사실 그대로 말해. 숨김없이……

**근묵자흑**과는 뜻이 조금 다르지만 **귤화위지**(橘化爲枳)라는 말이 있어. 이 말은 '강남의 귤을 강북에 심으면 탱자가 된다'는 뜻으로, 사람은 주위 환경에 따라 변한다는 말이야.

옛날 제나라에 '안영'이라는 유명한 사람이 있었는데, 초나라 임금이 안영을 초대했어. 서로 인사를 나누자마자 초나라 임금은 제나라 출신의 한 죄수를 불러들였어.

"제나라 사람은 원래 도둑질을 잘하는 모양입니다. 이 사람은 제나라 사람인데 도둑질을 하다가 붙잡혔지요. 어찌 생각하십니까?"

제나라 사람인 안영을 노골적으로 놀려주려는 속셈이었지. 안영은 죄인을 보더니 태연하게 "강남의 귤을 강북에 옮겨 심으면 귤이 탱자가 되는 것은 땅의 성질이 다르기 때문입니다. 아마 저 사람은 제나라에 살 때는 도둑질이 무엇인지도 모르다가 초나라에 살면서 도둑질을 배운 모양입니다. 사람도 귤과 마찬가지로 주위 환경에 영향을 받기 때문이지요."라고 말했대.

안영의 말은 결국 초나라가 별로 환경이 안 좋다는 말이었어. 안영을 놀려주려고 했던 초나라 임금은 오히려 안영에게 큰 놀림을 받고 말았지.

조금 다른 뜻이기는 하지만 사람이 주위 환경에 많은 영향을 받는 것을 지적한다는 점에서 **귤화위지**와 **근묵자흑**의 본래 뜻은 비슷해. 따라서 친구는 잘 사귀어야 해. 물론 주위 환경이 좋은 곳에서 사는 것도 매우 중요하지.

🙂 이제 네가 한번 말해봐. **거두절미**(去頭截尾)하고 말해. 괜히 핑계대지 말고 요점만 정확하게 말해봐. 정말 못된 친구들과 어울려 다녔어?

🙂 **거두절미**하고 듣는 것보다는 **자초지종**(自初至終)을 다 들어봐야지. 처음부터 끝까지 다 들어봐야 저 녀석 마음을 알지.

🙂 좋아, 아빠 말대로 처음부터 끝까지 **자초지종**을 말해봐. 괜히 지금 여기서 잔소리를 안 듣고 넘어가겠다는 마음으로 **임기응변**(臨機應變)으로 넘어가지

최소한의 고사성어300

말고……. 그때그때 순발력을 발휘해 **임기응변**으로 처리하면 그때는 좋지만 결국 나중에는 문제가 되는 거야. 빨리 **이실직고**해.

🙂 그러니까 제가 친구들과 노느라… (어쩌구 저쩌구)… 그랬어요.

😐 엄마가 예전부터 게임방에 친구들과 몰려다니지 말라고 했지? 정말 **우이독경**(牛耳讀經)이네. 송아지 귀에 성경을 읽어준다고 알아듣겠어. 어휴 정말.

🙂 소만 못 알아듣나? 히히힝~ 말도 못 알아들어. **마이동풍**(馬耳東風)이야. 당나라 시인 이백은 "우리 시인들이 아무리 좋은 시를 짓더라도 이 세상 사람들은 말 귀에 바람이 부는 것처럼 제대로 알아듣지 못한다."라면서 한탄했어. 거기서 '아무리 좋은 말을 해줘도 제대로 듣지 않는다'는 뜻의 **마이동풍**이라는 말이 나왔지. 너는 엄마가 그렇게 주의를 주었는데도 말 귀에 바람이 불듯 제대로 마음에 새기지 않은 거야.

🙂 잘못했어요. 그렇지만 제가 꼭 그렇게 하려고 한 것이 아니라…….

😐 "잘못했어요"에서 끝내. "그렇지만 어쩌구 저쩌구"하는 것은 **사족**(蛇足)이야. 전국시대 초나라 회왕 때의 얘기야. 놀부처럼 인심이 나쁜 어떤 주인이 여러 하인들 앞에 겨우 술 한 잔을 내 주면서 마시라고 한 거야. 하인은 많은데, 술은 한 잔이니 그걸 마셔봐야 얼마나 마시겠어. **두주불사**(斗酒不辭)인 사람도 많은 판에……. 아무튼 하인들끼리 어떻게 할까 의논을 했지.
"여러 사람이 나눠먹기에는 너무 적으니 내기를 해서 한 사람에게 몰아주자."
"그것이 좋겠군. 그러면 어떤 내기를 할까?"

"땅바닥에 뱀 그림을 가장 먼저 그린 사람이 다 먹기로 하자."

하인들은 이 의견에 모두 동의하고 내기를 시작했어. 그런데 그중에서 정말 그림을 잘 그리는 하인이 있었나 봐. 정말 순식간에 뱀 그림을 그렸지. 남들은 겨우 머리를 그리고 있는데, 그 하인은 뱀 그림을 모두 완성한 거야. 시간이 남으니까 그 하인은 괜히 뱀에 다리를 그려 넣었어. 그래도 남들보다 빨랐지.

"자, 뱀을 다 그렸으니, 내가 먹어야겠군."

그때 막 뱀 그림을 완성한 다른 하인이 술잔을 빼앗더니 이렇게 말하는 거야.

"세상에 발 달린 뱀이 어디 있나? 자네는 뱀을 제대로 못 그렸으니 이 술은 내 차지야."

그러면서 얼른 먹어 버렸다는 거야. 그림을 잘 그리는 하인은 쓸데없이 뱀 다리를 그려서 술을 못 먹게 됐다고 후회했지. 이처럼 이미 충분한 데도 쓸데없는 일이나 말을 하는 것을 **사족**이라고 해. 지금 네 말은 완전히 **사족**이야. 잘못했으면 뒷말을 덧붙이지 말고, 그냥 "잘못했어요."하고 끝내.

잘못했어요.

그리고 너. 누나가 돼서 모범이 되지는 못할망정 숙제 안 하고 텔레비전 같이 보자고 동생을 꼬드겨? 도대체 왜 그러니?

죄송해요.

엄만 널 믿었어. 지금 널 야단치는 엄마 마음이 제갈공명이 **읍참마속**(泣斬 馬謖)을 했을 때의 심정이다.

삼국지에서 가장 유명한 사람이 제갈공명이지. 촉나라는 작고 위나라는 컸지만, 촉나라가 큰 나라인 위나라와 대등하게 싸울 수 있었던 것은 순전히 제갈공명 때문이었어. 촉나라와 위나라의 초기 전투 때 제갈공명은 아주 중요한 지역의 방어를 마속(馬謖)에게 맡겼어. 제갈공명은 마속에게 이런저런 지시를 내리면서 꼭 지키라고 했지. 그런데 마속이 자기 멋대로 행동을 해서 크게 패하고 만 거야. 결국 제갈공명의 촉나라 군대는 후퇴할 수밖에 없었어. 만약 마속이 제갈공명의 지시를 잘 따랐다면 큰 승리를 거두었을 텐데 말이야.

제갈공명은 마속을 정말 아끼고 좋아했어. 그러나 눈물을 머금고 마속을 죽이라고 명령했어. 부하들도 마속과 제갈공명의 관계를 알기 때문에 죽이지는 말아 달라고 부탁했지만 공명은 거절했어.

"나도 나와 친하고, 훌륭한 재주를 지닌 마속을 죽이는 것이 안타깝소. 그러나 전쟁을 시작한 초기에 군대의 규율을 심각하게 어긴 죄를 처벌하지 않고 넘어가면 두고두고 문제가 될 것이오."

라고 말하면서 마속을 죽였다는 거야. 울면서 마속의 목을 벤다, 그것이 바로 **읍참마속**이지. 엄마가 너를 야단치는 심정이 딱 **읍참마속**이나.

 죄송해요. 다시는 안 그럴게요.

 너의 그 말, **식언**이 아니기를 바라마.

:: **천편일률** [千篇一律]　천 가지 글이 모두 비슷비슷함.

:: **불문곡직** [不問曲直]　굽음과 곧음을 묻지 않음. 정확한 상황이나 말을 듣지 않고 무조건 일을 처리하거나 행동하려고 할 때 사용하는 말

:: **식언** [食言]　한 번 입에서 냈던 말을 다시 먹음. 즉, 약속을 지키지 않는 것을 일컫는 말

:: **용두사미** [龍頭蛇尾]　머리는 용이고, 꼬리는 뱀. 처음에는 용처럼 대단하지만 나중에는 뱀의 꼬리처럼 흐지부지되는 것을 말함.

:: **근묵자흑** [近墨者黑]　검은색의 먹을 가까이하면 검어짐. 나쁜 사람을 가까이하면 그 사람에 물들기 쉽다는 뜻으로 많이 쓰임.

:: **이실직고** [以實直告]　사실 그대로 말함.

:: **귤화위지** [橘化爲枳]　강남의 귤을 강북에 심으면 탱자가 됨. 사람은 주위 환경에 따라 변한다는 뜻

:: **거두절미** [去頭截尾]　머리는 없애고 꼬리는 자름. 요점만 정확하게 말하라는 뜻

:: **자초지종** [自初至終]　처음부터 끝까지

:: **임기응변** [臨機應變]　그때그때 순발력을 발휘해 대응함.

:: **우이독경** [牛耳讀經]　송아지 귀에 좋은 글 읽어주기. 아무리 좋은 말도 제대로 알아듣지 못할 때 쓰는 말

:: **마이동풍** [馬耳東風]　말 귀에 부는 바람. 우이독경과 같은 뜻

:: **사족**　　　[蛇足]　　　이미 충분한 데도 쓸데없는 일을 하거나, 말을 덧붙이는 것

:: **읍참마속** [泣斬馬謖]　　울면서 마속의 목을 벤다. 아끼고 좋아하는 사람이지만 어

　　　　　　　　　　　　　쩔 수 없이 죄를 묻거나 처벌할 때 쓰는 말

# 용돈이 더 많이 필요할 때

우리 아들이 용돈을 올려달라고 하네. 언제까지 초등학교 때 받는 수준의 용돈을 계속 줄 거냐고 묻는군. 중학생이 되면 용돈을 올려줄 거라 **학수고대**(鶴首苦待)했는데, 당신은 전혀 그럴 기미가 안 보이니 답답한가 봐. **학수고대**, 학처럼 목을 길게 빼고 기다려봐도 용돈은 맨날 그대로니 조금 답답하기는 하겠지. 내가 줄 수도 없고…….

당신, 나 몰래 용돈 주기만 해봐요? 너는 맨날 엄마한테 손 벌리지 말고, **자력갱생**(自力更生), 남에게 의지하지 말고 스스로의 힘으로 해결해보지 그러냐? 자력갱생해서 스스로 돈을 벌면 엄마한테 아쉬운 소리도 안 하고 좋잖아.

에이, 엄마는 저는 이제 겨우 중학교 1학년이라고요. 공부도 해야 하고, 무엇보다 돈벌이를 할 수단이 전혀 없어요.

그러니까 넌 **적수공권**(赤手空拳), 즉 맨손과 맨주먹밖에는 없다는 말이구나. 하긴 **적수공권**으로 중학생이 밖에 나가서 돈을 벌기는 쉽지 않지. 학교 공부도 해야 하고.

맞아요. 더욱이 엄마는 명절 때 받은 돈은 물론 할아버지, 할머니, 친척들이 주시는 돈을 전부 가져가 버리시잖아요. 도대체 그 돈은 이디 있는 거죠?

하하하, 너의 돈이 엄마에게만 가면 **함흥차사**(咸興差使)구나. 조선을 건국한 이성계는 아들 이방원이 임금이 된 것이 굉장히 못마땅했어. 형제도 죽이고, 자신을 따르던 많은 신하들을 무사비하게 죽였기 때문이야. 그래서 이성계는 함경도 함흥으로 떠나 버렸어. 임금인 이방원으로서는 참 골치 아팠지. 아버지가 자기가 싫어서 함흥으로 떠나 버렸으니 백성들 눈치도 보이고, 무엇보디 함흥은 만주와 가까워서 만에 하나 북방 민족이 쳐들어와 이성계가 잡혀가거나 다치기라도 하면 정말 큰일이거든.

그래서 여러 신하들을 보내서 이성계를 어떻게든 한양으로 모셔 오려고 했어. 이방원이 많은 신하들을 보냈는데 아무리 보내도 이 신하들이 되돌아오지 않는 거야. 한 번 가면 오지 않는 신하들, 그것이 바로 **함흥차사**지. 그 뒤부터 어디 한 번 가면 돌아올 줄 모를 때 **함흥차사**라고 해. 너는 PC방에 가면 완전 **함흥차사**고, 아빠는 술 마시면 **함흥차사**고, 엄마는 친구들이랑 수다를 떨면 **함흥차사**지. 하하하.

네 돈은 다 저축해 두었어. 그리고 너한테 들어가는 돈이 얼마인데 몇 푼 안 되는 돈을 엄마한테 주었다고 해서 **함흥차사** 어쩌구, 저쩌구하면서 돌려달라고 하는 거니? 넌 부모 덕분에 잘사는 거야. 얼마 전에는 비싼 브랜드 옷 사달라고 해서 사줬잖아. 그 옷을 입고 얼마나 자랑을 하며 다녔니? 그것이 다 **호가호위**(狐假虎威)야. 여우가 호랑이의 힘을 믿고 잘난 체하는 것처럼 너는 부모의 힘을 믿고 잘난 척하는 거야.

전국시대 초나라에 '소해휼'이라는 신하가 있었어. 다른 나라들은 소해휼을 몹시 무서워했나 봐. 소해휼은 강대국인 초나라에서도 가장 힘이 센 신하였거든. 초나라 임금은 다른 나라가 소해휼을 두려워하는 이유를 알지 못했어. 그래서 어느 날 어떤 신하에게 물었지. 그랬더니 신하가 이렇게 대답했대.

"전하, 그것은 **호가호위**하는 것과 같습니다."

"음, 여우가 호랑이 힘을 믿고 위세를 벌인다? 그것이 무슨 말인가?"

"호랑이가 여우 한 마리를 잡았습니다. 호랑이에게 잡아먹히게 된 여우는 다급하게 "나는 옥황상제님의 명을 받아 모든 동물의 임금이 되었는데, 만약 네가 날 잡아먹으면 옥황상제님의 명령을 어긴 것이 되어 천벌을 받을 것이다."라고 말했습니다. 이 말을 들은 호랑이는 겁이 나서 진짜 그런지 보여달라고 했습니다. 여우는 호랑이에게 자기 뒤를 따라오라고 했죠. 호랑이는 여우 뒤를 따라갔습니다. 그러자 만나는 짐승마다 여우를 두려워하여 모두 도망치는 것이었습니다. 호랑이는 여우의 말이 사실이라 믿고 여우를 살려줬습니다. 사실 동물들은 여우 뒤에 있는 호랑이가 무서워서 도망친 것일 뿐이었습니다. 임금님이 호랑이요, 여우가 소해휼입니다. 다른 나라는 임금님을 두려워하는 것이지, 소해휼을 두려워하는 것이 아닙니다."

이 말을 듣자 임금은 흡족해하며 웃었어. 소해휼은 **호가호위**할 뿐, 진짜 힘 있는 사람은 자기라는 사실에 무척 기뻤거든.

너도 마찬가지야. 부모가 주는 돈을 이용해 잘난 척하지 말고, 너 자신의 힘을 길러. 부모는 부모일 뿐 네가 아니야.

흠, 그것은 엄마 말이 맞아. 지금 당장 네가 밖에서 돈을 벌기는 어려우니까 집에서 내가 할 일을 하고 용돈을 받는 것은 어떠니? 그러니까 **무위도식**(無爲徒食), 하는 일 없이 먹고 놀기만 하지 말고 내 힘으로 일을 해서 용돈을 당당히 받는 거야.

좋아요. 앞으로 열심히 집안일을 할 테니까 용돈 올려주세요.

예전에도 그래놓고 안 지켰어. 못 믿어.

이젠 아니라니까요. 전 달라졌어요. 믿어주세요.

너는 지금 네가 **개과천선**(改過遷善), 지난날의 잘못을 고쳐 착하게 되었다고 말하는 거니? 개과천선이라……. 말은 쉽지만 실천하기는 그리 쉽지 않아.
옛날에 '주처'라는 사람이 살았어. 주처는 어린 나이에 부모를 잃은 뒤 못된 짓을 하며 다녔어. 당연히 주위 사람들이 싫어했지. 나이가 들자 주처도 새 사람이 되기로 결심을 했지. 하지만 주위 사람들은 여전히 그를 싫어했어. 주처는 답답했지.
"아니, 내가 새 사람이 되겠다고 결심했는데, 왜 사람들은 날 그렇게 싫어하는 것이오?"
답답했던 주처는 이웃 사람을 붙잡고 물었어.
"지금 마을에는 세 가지의 해로움이 있네."

"그것이 무엇이오?"

"하나는 뒷산에 있는 사나운 호랑이요, 다른 하나는 험한 강물에 사는 괴물이며, 마지막 하나는 바로 자네야."

이웃의 말을 들은 주처는 크게 반성을 했지. 자신을 괴물이나 사나운 호랑이만큼 싫어한다고 하니 자신이 예전에 얼마나 나쁜 짓을 했는지 알게 됐어. 그래서 다시 크게 마음을 고쳐먹고 마을 사람들의 근심을 없애주기로 했지. 용감하게 뒷산으로 가서 호랑이를 잡고, 강물에 사는 괴물도 죽였어. 어떻게 죽였는지는 모르지만 아무튼 죽였어.

"자, 보시오. 내가 마을의 근심 두 가지를 없앴습니다. 이제 저를 믿겠습니까?"

이 정도면 믿어줄 만도 한데 사람들은 여전히 주처를 싫어했어. 아마 주처는 정말 호랑이나 괴물만큼 사람들을 괴롭히면서 살았나 봐. 고민하던 주처는 안 되겠다 싶어서 아주 유명한 스승을 찾아가서 하소연을 했지. 스승은 주처를 위로했어.

"굳은 결심을 했군. 그 결심 그대로 지난날의 잘못을 진심으로 뉘우치고, 새 사람이 된다면 자네는 큰 인물이 될 걸세."

지난날의 잘못을 진심으로 뉘우치고 새 사람이 되는 것, 그것이 바로 **개과천선**이야. 주처는 10여 년의 노력 끝에 결국 훌륭한 사람이 되었지. 이처럼 **개과천선**하는 것은 정말 어려운 일이야.

너는 지금 그냥 말만 변했다고 해. 그러니 내가 널 어떻게 믿고 무조건 용돈을 올려주겠니? 주처를 봐. 주처는 호랑이와 괴물을 없애고, 10여 년을 노력해서야 새 사람이 된 것을 인정받았어. **개과천선**했다고 믿게 하려면 행동으로 보여줘.

휴, 제가 얼마나 고생을 하고 노력을 해야 믿어주실 건지, 참 답답하네요.

풍찬노숙(風餐露宿)이라도 해봐. 풍찬노숙은 '바람을 맞으며 밥을 먹고, 이슬을 맞으면서 잠을 잔다'는 뜻으로, 정말 고생하는 것을 말해. 그 정도 고생을 하면 엄마가 믿어주지 않을까?

누가 풍찬노숙씩이나 하래요? 그냥 엄마가 집안일을 할 때 조금 도와주고, 자기 방을 청소하고, 지저분한 것이 있으면 그때그때 치우기만 해도 돼. 그 단순한 것도 못하면서 용돈이 적다고 투덜거리지 마.

어휴, 알았다고요. 제가 개과천선했다는 것을 몸으로 보여줄 테니, 그때가 되면 꼭 용돈 올려주세요.

엄마도 네가 개과천선하길 학수고대하마.

:: **학수고대** [鶴首苦待]    학처럼 목을 길게 빼고 간절히 기다림.

:: **자력갱생** [自力更生]    남에게 의지하지 않고 스스로 힘으로 함.

:: **적수공권** [赤手空拳]    맨손과 맨주먹. 아무것도 가진 것이 없음.

:: **함흥차사** [咸興差使]    한 번 가면 돌아올 줄 모름.

:: **호가호위** [狐假虎威]    여우가 호랑이의 힘을 믿고 잘난 척함. 다른 사람의 권세를
　　　　　　　　　　　　　　　　　등에 업고 위세를 부리는 것을 뜻함.

:: **무위도식** [無爲徒食]    하는 일 없이 먹고 놀기만 함.

:: **개과천선** [改過遷善]    지난날의 잘못을 고쳐 착하게 됨.

:: **풍찬노숙** [風餐露宿]    바람을 맞으며 밥을 먹고, 이슬을 맞으면서 잠을 잠. 매우
　　　　　　　　　　　　　　　　　고생을 한다는 뜻

Memo

05. 자기자랑을 하고 싶을 때

06. 웃음이 넘쳐날 때

07. 행운이 찾아올 때

08. 만족을 느낄 때

2부

# 행복

# 자기자랑을 하고 싶을 때

누나는 자기 자랑이 너무 심해요.

솔직히 나처럼 잘난 사람이 어디 있냐? 예쁘지, 공부 잘하지, 착하지.

우리 딸, 스스로 자기를 그렇게 칭찬하다니, **자화자찬**(自畵自讚)이 대단하구나. 하긴 자신을 스스로 칭찬하는 일도 때로는 필요하지.

그래도 누난 **자화자찬**이 정말 심해요. 아마 누나 같은 사람은 전에도 없고, 앞으로도 없을 거야.

그것이 바로 **전무후무**(前無後無)하다는 거야. '전에도 없었고, 앞으로도 없다'는 뜻이지. **전대미문**(前代未聞)이라는 말도 비슷해. 다만 **전무후무**가 앞으로도 없을 거라는 말인 반면에, 전대미문은 예전에는 결코 들어본 적이 없다는 뜻이지.

호호호, 결국 내가 **전대미문**의 뛰어난 사람이고, 나와 같은 사람은 **전무후무**하다는 말이네. 나를 표현하는 데 딱 어울리는 말이야.

누나가 자신을 자랑하는 수준은 귀신도 따라오지 못할 거야.

**신출귀몰**(神出鬼沒), '귀신처럼 자유자재로 나타나기도 하고, 숨기도 한다'는 뜻이지. 내 딸의 자기 자랑 수준은 **신출귀몰**이네. 하하하.

자기 자랑 얘기가 나왔으니, 멋진 사람을 가리키는 말에 대해 한번 알아볼까? **군계일학**(群鷄一鶴)이라는 말이 있어. **군계일학**은 '무리지어 있는 닭 가운데 있는 한 마리의 학'이라는 뜻으로, 평범한 사람들 가운데 있는 뛰어난 사람을 가리키는 말이야. 닭 중에 서 있는 학이라……. 얼마나 대단한 사람이면 다른 사람은 전부 닭이고, 오직 혼자 학처럼 보이겠니?

삼국시대가 조금 지난 뒤의 얘기야. 당시에 죽림칠현(竹林七賢)이라 불리는 사람들이 있었어. 죽림칠현은 7명의 아주 뛰어난 인재들을 가리키지. 그 중에 '혜강'이라는 사람이 있었는데, 어린 아들을 두고 일찍 죽었나 봐. 그 아들이 바로 '혜소'야. 혜소의 재주는 아주 뛰어났다고 해. 죽림칠현 중 한 사람이 마침 벼슬을 하고 있었는데, 혜소의 재주가 뛰어난 것을 보고 왕에게 혜소를 추천했지.

"혜소의 재주는 최고이옵니다. 어떤 벼슬을 내리든 잘해낼 것입니다."

이 말을 들은 황제는 기꺼이 혜소에게 벼슬을 주었어. 그것도 아주 높은 벼슬을 말이야.

혜소가 처음 궁궐에 들어오는 날, 혜소의 모습은 다른 신하들보다 훨씬 뛰어나고 돋보였어. 혜소를 지켜보던 사람이 혜소를 보고 이렇게 말했어.

"마치 닭의 무리 속에 한 마리 학이 서 있는 느낌이구나."

그때부터 **군계일학**이 아주 뛰어난 사람을 뜻하는 말이 되었지.

**낭중지추**(囊中之錐)라는 말도 있어. 이 말은 '주머니 속에 있는 송곳'이라는 뜻으로, 재능이 아주 빼어난 사람은 아무리 숨어 있어도 저절로 남의 눈에 띄게 된다는 말이야. 재주가 아주 뛰어나면 재주를 숨기고 싶어도 숨길 수가 없다는 것이지.

진나라가 아주 강해서 이 나라, 저 나라를 침략하기 시작했을 때, 조나라도 진나라의 침입을 받았지. 조나라는 강대한 진나라에 혼자 맞서 싸울 능력이 없었어. 그래서 이웃인 초나라의 도움을 받으려고 했지. 도움을 받기 위해서는 외교관을 파견해야 했어. 외교관을 보내서 도와달라고 부탁해야 했거든. 남의 나라 전쟁에 쉽게 뛰어들려는 나라가 어디 있겠어? 그러니 아주 뛰어난 외교관이 필요했지.

외교관들을 이끌고 갈 사람은 왕의 동생이었어. 왕의 동생은 뛰어난 외교관 20명을 데리고 가려고 했어. 어찌어찌해서 19명은 뽑았는데, 마지막 한 명을 뽑지 못한 거야. 적당한 사람이 없었던 거지. 이때 '모수'라는 사람이 나섰어.

"저를 데려가 주십시오."

"아니, 넌 누구냐?"

"전, 모수라고 하오며, 이 집에 머문 지 3년이 되었습니다."

옛날에는 권력이 강한 사람 밑에 계속 머물면서 지내는 사람이 꽤 많았어.

왕의 동생이니 권력도 강하고, 집에 머문 사람도 많았지. 모수도 왕의 동생 집에 머물면서 지내던 사람이었어.

"3년이나 되었다고? 그런데 그동안 왜 내 눈에 띄지 않았던 거냐?"

"저의 재주를 펼칠 기회가 없었기 때문입니다."

"말도 안 된다. 주머니 속에 송곳을 넣어 두면 가만히 두어도 밖으로 삐져나오듯이, 재능이 뛰어난 사람은 가만히 두어도 드러나기 마련이다. 너는 한 번도 내 눈에 안 띄었으니 뛰어난 사람이 아닌 것이 분명하다."

이 말을 들은 '모수'는 웃으면서 이렇게 답했어.

"그것은 나리께서 이제까지 저를 단 한 번도 주머니 속에 넣지 않았기 때문입니다. 이번에 저를 주머니 속에 넣어주시면, 뾰족한 송곳 끝이 주머니를 시원하게 뚫고 나올 것입니다."

"하하하, 거참 재치 있는 답변이구만. 좋아. 널 데리고 가겠다."

이렇게 해서 모수는 이웃 초나라에 외교관으로 가게 되었고, 정말 빼어난 재주로 초나라 군대를 전쟁에 끌어들이는 데 성공했어.

**낭중지추**, 주머니 속의 송곳이라는 뜻으로 뛰어난 인재는 가만히 있어도 드러나 보인다는 말이지.

뛰어난 사람은 천재처럼 어릴 때부터 재주가 드러나기도 하지만, 아주 늦게 재주가 드러나는 사람도 많아. 늦게 재주가 드러나는 사람을 **대기만성**(大器晩成)이라고 하지. '큰 그릇은 늦게 이루어진다'는 뜻이야.

위나라에 '최염'이라는 사람이 있었는데, 정말 재주가 많았나 봐. 주위 사람들이 모두 존경하고 나라에 큰 공도 세웠어. 최염에게는 사촌동생이 한 명 있었는데, 별 볼 일 없어서 늘 무시를 당했어. 그런데 최염은 사촌동생이 젊어서는 별 볼 일 없지만 나중에는 큰 인물이 될 것이라며 사촌동생을 감싸고 돌았어.

"큰 그릇은 쉽게 만들지 못하듯이, 큰 인물은 천천히 만들어집니다. 동생은 큰 인물이 될 사람입니다. 젊어서는 별 볼 일 없어 보이지만 나중에는 정말 나라에 큰 공을 세울 사람이 될 것입니다."

이렇게 말하며 늘 사촌동생을 밀어주고 아껴주었대. 최염의 말대로 나중에 사촌동생은 정말 큰 인물이 되어서 나라에 큰 공을 세웠고, 아주 높은 벼슬에도 올랐지. 최염의 사촌동생 같은 사람을 **대기만성**이라고 해.

흠, 꼭 제 얘기를 하는 것 같네요. 저도 지금은 별 볼 일 없지만 나중에 큰 인물이 될 거예요.

아이고, 큰 그릇을 만들 생각하지 말고 그릇을 깨지나 마라.

흠, 너는 동생에게 용기를 주지는 못할망정 그것이 무슨 말이니? 최염을 봐. 사촌동생이 나중에 잘될 것이라며 끝까지 밀어주고 보호해주잖아. 좋은 인물이 되려면 성품이 맑고 깨끗해야 해. **명경지수**(明鏡止水), '맑은 거울과 고요한 물'이라는 뜻으로, 아주 깨끗한 마음을 지닌 사람을 말해.

공자가 살았을 때 '왕태'라는 사람이 있었어. 이 사람은 벌을 받아 발목이 잘리는 끔찍한 처벌을 받았지. 보통 사람들은 제대로 사회생활을 하기 힘들었겠지만, 이 왕태라는 사람 밑에는 공자 못지않게 많은 제자들이 있었어. 너도나도 왕태에게 배우겠다면서 줄을 섰지.

공자의 제자들이 보기에는 정말 말도 안 되거든. 그래서 공자에게 물었어.

"왕태는 장애인인데도 저렇게 많은 사람이 따릅니다. 도대체 왜 저렇게 많은 사람이 따르는 것입니까?"

공자가 제자들에게 대답했지.

"왕태는 워낙 성품이 훌륭하여 많은 사람들이 그 성품을 보고 배우려는 것이다. 왕태는 발목이 잘린 것도 아무렇지 않게 생각할 정도로 늘 마음이 물처럼 고요하고 거울처럼 맑다. 그 맑은 마음 때문에 사람들이 모여드는 것이다."

왕태가 **명경지수**, 즉 맑은 거울과 고요하고 깨끗한 물처럼 훌륭한 사람이기 때문에 사람들이 모여든다는 거야. 왕태를 보면 잘난 척하며 이것저것 가르치는 사람이 아니라 멋진 품성을 보여주는 사람이 참스승이라는 것을 알 수 있지.

그것 봐. 맨날 **자화자찬**하는 누나는 왕태를 보고 배워야 해.

공자 얘기가 나오니까 공자와 관련된 **문일지십**(聞一知十)이라는 말이 생각나네. **문일지십**은 '한 가지를 들으면 열 가지를 미루어 안다'는 뜻이야. 정말 똑똑한 거지.

공자가 한 제자에게 물었어.

"너는 너의 재주와 '안회'의 재주를 비교하면 누가 더 낫다고 생각하느냐?"

안회는 공자가 정말 아끼는 제자 중 한 명이있어. 그 제자가 답했지.

"전 안회에 비하면 실력이 한참 떨어집니다."

"오호, 어찌 그리 겸손한 말을."

"겸손한 것이 아닙니다, 스승님. 저는 스승님께서 하나를 가르치면 겨우 둘을 알지만, 안회는 하나를 가르치면 열을 압니다. 안회가 저보다 월등히 뛰어납니다."

"네 말이 맞다. 솔직히 안회는 너보다 재주가 뛰어나. 정말 대단하지."

공자는 제자인 안회가 청출어람(青出於藍)이라며 정말 좋아하고 아꼈어. 안회는 **문일지십**의 천재였으니 스승인 공자가 좋아할 수밖에……. 안타깝게도 안회는 일찍 죽었대. 안회가 죽자 공자는 하늘이 자기를 버렸다면서 슬퍼했다는구나.

🎏 안회가 정말 불쌍하네요. 아무리 **문일지십**의 천재라도 저는 빨리 죽기 싫어요. 전 그냥 문일지이(聞一知二) 할래요.

🧒 크크, 하나를 배우면 둘을 안다. 그것도 정말 천재지. 열을 가르치면 아홉은 까먹는 사람도 많은데…….

😀 허허, 그 말을 하면서 왜 날 쳐다보는 거야, 당신?

🧒 그럼, 당신 안 쳐다보게 생겼어? 어휴 정말. 내가 그렇게 술 적게 먹으라고 잔소리를 해도 맨날 까먹잖아. 당신은 술에 관한 한 **태산북두**(泰山北斗)일 거야. **태산북두**는 '중국에서 가장 멋진 산인 태산(泰山)과 북쪽에서 항상 빛나는 북두성(北斗星)'을 뜻하는 말이야. 태산과 북두성처럼 여러 사람이 우러러보고, 존경받는 사람이라는 뜻이지. 당신이 술이 아니라 다른 것으로 **태산북두**가 되면 정말 내가 소원이 없겠다.

😀 흠흠, 내가 술만 잘 먹는 것은 아니야. 이래봬도 직장에서 뛰어난 실력을 인정받고 있다고. 오죽하면 사람들이 내가 해 놓은 일을 보면서 **천의무봉**(天衣無縫)이라고 했을까? **천의무봉**, '선녀의 옷에는 바느질한 자국이 없다'는 뜻으로, 정말 자연스러우면서도 뛰어남을 일컫는 말이지.

당나라 때 '곽한'이라는 아주 멋진 남자가 있었대. 어찌나 잘생기고 뛰어난지 하늘의 선녀가 그에게 반한 거야. 선녀는 옥황상제께 곽한과 사귀게 해달라고 부탁했지. 옥황상제가 마음이 넓었나 봐. 딱 1년 동안만 사귀도록 허락했지.

선녀는 곽혼의 집으로 가서 자기를 소개했어. 곽한도 선녀를 보자마자 사랑에 빠졌지. 둘은 정말 깊게 사랑했어. 선녀는 해가 뜨기 전에 하늘로 가고, 밤이 되면 곽한을 찾아왔어. 한번은 곽한이 선녀의 옷을 보는데 옷을 아무리 살펴도 꿰맨 자국이 하나도 없는 거야.

"아니, 어떻게 옷에 꿰맨 자국이 없습니까?"

"하늘의 옷을 만들 때는 실과 바늘을 사용하지 않는답니다. 하늘의 옷에는 아무런 자국이 없지요."

곽한은 감탄했지. 그렇게 사랑을 나누었지만 1년 뒤에 결국 선녀는 옥황상제의 명에 따라 다시 하늘나라로 올라가야 했어. 곽한은 선녀를 그리워하며 다시는 사랑을 하지 않았다고 해. 그 뒤부터 하늘나라의 옷처럼 훌륭한 작품이나 아름답고 깨끗하게 행동하는 사람을 **천의무봉**이라고 해. 흠흠, 곽한에게 선녀가 있다면 나에게는 당신이 있어. 당신이야 말로 나에게 **천의무봉**이지.

 호호호, 빈말인지는 알지만 기분은 좋네요.

 아들, 너는 눈앞의 낮은 성적 때문에 너무 주눅들지 마. 네가 공부를 못한다고 해서 꿈도 작을 필요는 없어. **붕정만리**(鵬程萬里), 너의 앞길은 매우 멀고도 기.

**붕정만리**는 '장자'라는 사람이 쓴 책의 첫머리에 나오는 얘기야. 조금 과장된 얘기이기는 한데, 아무튼 북쪽 바다에 '곤'이라고 불리는 고기가 있었대. 그 곤은 크기가 수 킬로미터는 된다고 해. 정말 크지. 곤은 일정한 시간이 지나면 새가 되는데, 그 새의 이름은 '붕'이라고 해. 이 붕도 정말 커서 날개 길이만 해도 몇 킬로미터나 되는지 알 수 없었다고 해. 붕이 한번 날기 시작하면 수십 만 킬로미터를 날아가. 이 붕이 날아가는 거리가 워낙 멀기 때문에 우리는 감히 그 거리를 상상조차 하기 어려워. **붕정만리**는 붕처럼 큰 새가 날아갈 길이 엄청나게 멀다는 뜻이야. 여기서 만(萬)은 '10,000'을 뜻하는 것이 아니라 '아주 많음'을 뜻해.

그런데 웃긴 것은 숲 속에 사는 아주 작은 새가 붕을 보고 비웃었다는 거야.

"저 새는 도대체 어디까지 날아가는 거야. 굳이 날아가는 즐거움을 맛보고 싶으면 이 숲에서 날아다녀도 충분한데 말이야."

작은 새가 거대한 붕의 위대함을 어찌 알겠어? 너는 붕처럼 꿈꿔야 해. 붕처럼 큰 날개를 펼치고, 멀고 긴 거리를 날아가. 눈앞의 작은 일에 얽매이지 말고, 큰 꿈을 꿔.

명심할게요. 용기를 주셔서 고마워요 아빠.

그리고, 우리 딸! 아빠가 **신출귀몰**하고 **전무후무**하게 똑똑한 딸에게 하는 말인데, **외유내강**(外柔內剛)이라는 말을 생각해. **외유내강**은 '겉은 부드럽지만 속은 강한 사람'을 가리켜. 겉은 부드럽고 약해 보이지만 강한 의지와 힘을 속에 숨기고 있는 사람이 진짜 잘난 사람이야. 잘 익은 벼가 고개를 숙인단다. 자신감이 많은 것은 좋지만, 지나치게 자신감을 겉으로 드러내면 다른 사람의 시기를 받아. 조심하렴.

이미 여기 누나를 시기하는 동생이 있잖아. 내가 바로 그 증거야.

으이그, 너는 제발 가만히 있어라. 아빠 말씀, 마음에 새길게요.

고사성어 **메모지**

:: **자화자찬** [自畵自讚]   자기 스스로 자신을 칭찬함.

:: **전무후무** [前無後無]   전에도 없었고, 앞으로도 없음.

:: **전대미문** [前代未聞]   예전에는 결코 들어본 적이 없음.

:: **신출귀몰** [神出鬼沒]   귀신처럼 자유자재로 나타나기도 하고 숨기도 함. 정말 뛰어난 재주를 일컫는 말

:: **군계일학** [群鷄一鶴]   무리지어 있는 닭 가운데 있는 한 마리의 학처럼 매우 뛰어난 사람

:: **낭중지추** [囊中之錐]   주머니 속에 있는 송곳. 재능이 아주 빼어난 사람은 아무리 숨어 있어도 저절로 남의 눈에 드러남.

:: **대기만성** [大器晚成]   큰 그릇은 늦게 이루어짐. 정말 뛰어난 사람은 늦게 꿈을 이룸.

:: **명경지수** [明鏡止水]   맑은 거울과 고요한 물. 아주 깨끗한 마음을 지닌 사람

:: **문일지십** [聞一知十]   한 가지를 들으면 열 가지를 미루어 앎. 정말 똑똑한 사람

:: **태산북두** [泰山北斗]   중국에서 가장 멋진 산인 태산(泰山)과 북쪽에서 늘 빛나는 북두성(北斗星)을 뜻하는 말로, 여러 사람이 우러러보고 존경받는 사람을 뜻함.

:: **천의무봉** [天衣無縫]   선녀의 옷에는 바느질한 자국이 없다. 정말 자연스러우면서도 뛰어남을 일컫는 말

:: **붕정만리** [鵬程萬里]　　　붕처럼 큰 새가 날아갈 길이 엄청나게 멀다. 큰 뜻을 품고 멀리 날아가라는 말

:: **외유내강** [外柔內剛]　　　겉은 부드럽지만 속은 강한 사람을 말한다.

# 웃음이 넘쳐날 때

🐷 기득, 키득.

🐟 깔깔깔!

😀 푸하하하!

👧 다들 뭐가 그리 재미있어서 웃어?

😀 내가 워낙 유머 감각이 뛰어나잖아. 내가 재미난 얘기를 하니까 애들이 웃고 난리가 난 거지. 즐거움에 대한 얘기가 나와서 말인데, 웃음을 표현하는 고

사성어에는 여러 가지가 있지.

**파안대소**(破顔大笑)는 '즐거운 표정을 지으며 한바탕 크게 웃는다'는 뜻이야.

**만당홍소**(滿堂哄笑)는 '한자리에 모인 사람 모두가 크게 웃는 웃음'이지.

**박장대소**(拍掌大笑)는 '손뼉을 치면서 크게 웃는 것'이고,

**포복절도**(抱腹絶倒)는 '배를 안고 넘어진다'는 뜻으로, 너무 우스워서 배를 안고 쓰러질 정도로 웃는 웃음을 말해.

**환호작약**(歡呼雀躍)은 '기뻐서 소리치며 날뛰는 웃음'이야.

같은 웃음이지만 그 정도가 다르네요. **포복절도**나 **환호작약**은 그 장면만 떠올려도 웃음이 나올 것 같아요.

반드시 즐거울 때만 웃는 것은 아니지. 그 중에 하나가 **앙천대소**(仰天大笑)야. '하늘을 쳐다보며 크게 웃는다'는 뜻으로, 어이없거나 어처구니없을 때 나오는 큰 웃음을 말해.

춘추시대에 '위왕'이라는 임금이 제나라를 다스릴 때였어. 이 임금이 나라를 잘못 다스려서 침략을 많이 받았어. 그러다 당시 정말 엄청나게 강한 나라인 초나라가 제나라로 쳐들어왔어.

당시 제나라는 초나라를 상대할 만큼 군사력이 강하지 못했어. 그래서 주변에 있는 나라에게 도와달라는 부탁을 하려고 했지. 이때 '순우곤'이라는 사람을 대표로 뽑았어. 순우곤을 뽑은 것까지는 좋았는데, 이 임금이 돈이 아까워서 도와달라고 부탁하면서도 돈을 조금밖에 내놓지 않았나 봐. 순우곤은 임금이 하는 짓이 정말 한심스러웠어. 나라가 위기에 빠졌는데 남의 나라에 주는 돈을 아까워하며 이웃 나라 군대의 도움을 받으려 하니 어이가 없었지.

순우곤은 **앙천대소**, 하늘을 쳐다보며 껄껄 웃었어.

임금은 왜 그러는지 몰라 물었지.

"아니, 왜 그러나?"

"제가 궁궐에 오기 전에 어떤 농사꾼이 농사가 잘되라고 제사를 지내는 모습을 보았습니다. 그런데 농부가 준비한 제사상을 보니 겨우 돼지 족발 하나와 막걸리 한 잔이었습니다. 그래 놓고는 '제 땅이 비록 좋지 않지만 수레에 다 싣지 못할 정도로 풍년이 들게 해주세요. 너무 수확이 많아서 집 창고에 넣어 둘 곳이 없을 정도가 되게 해주세요.' 이렇게 빌고 있었습니다."

"아이고, 그 농부 소원 참 크네. 하늘에 바치는 제사상은 돼지 족발 하나에 막걸리 한 잔이면서 원하는 것은 아주 크군. 지나치게 욕심이 많은 사람이네 그려."

"저, 임금님. 남의 말을 하실 처지가 아니지 않습니까?"

그때서야 임금은 자기가 그 농부와 똑같이 행동하고 있다는 것을 알아차렸어. 전쟁에 참여해달라고 부탁하면서 너무 적은 돈을 준비했으니까. 그래서 임금은 처음에 준 것보다 열 배나 되는 돈을 준비해서 순우곤에게 주었고, 순우곤은 이웃 나라의 도움을 받아 나라를 구할 수 있었지. 순우곤처럼 어이없어서 하늘을 보며 웃는 것을 **앙천대소**라고 해.

맹자는 즐거움에 대한 철학도 발전시켰는데, 군자는 세 가지 즐거움을 알아야 한다면서 **군자삼락**(君子三樂)을 주장했어. 여기서 군자란 아주 성품이 좋고, 예의가 바른 아빠와 같은 사람을 가리키지. 흠흠, 이렇게 말하니 조금 쑥스럽군. 아무튼 맹자는 자신이 생각하는 세 가지 즐거움을 얘기하기 전에 천하의 왕이 되는 것은 즐거움에 포함되지 못한다고 했어. 요즘으로 치면 부와 명예를 얻는 것은 인생에서 누리는 세 가지 즐거움에 포함되지 않는다는 거야.

에이, 그건 좀 아닌 것 같은데. 난 돈 많으면 정말 즐거운데. 제 용돈은 너무 적어요.

네가 제대로 하면 올려주기로 약속했잖아.

일단 맹자가 얘기한 세 가지 즐거움이 무엇인지 들어봐. 부모가 건강하게 살아 계시고, 형제들이 모두 잘되는 것이 첫 번째 즐거움, 하늘을 우러러 한 점 부끄러움이 없고, 많은 사람들 앞에서도 부끄러움이 전혀 없는 것이 두 번째 즐거움, 아주 뛰어난 제자를 얻어서 가르치는 것이 세 번째 즐거움이야. 어때? 맹자가 말한 세 가지 즐거움이 느껴지니?

가족이 건강한 것은 즐거움으로 받아들여지지만, 나머지 2개가 진짜 즐거움인가? 난 신나게 놀고, 하고 싶은 것을 마음껏 해야 더 즐겁고, 시험 잘봐서 성적이 잘 나오는 것이 즐거운데.

사람의 즐거움은 모두 다르지. 중요한 것은 맹자가 자기만의 즐거움을 찾았다는 거야. 너희도 맹자처럼 자기 인생에서 무엇이 가장 소중하고 즐거운 일인지 찾는 것이 중요해.

그래서 당신은 술 먹는 즐거움을 그렇게 누리시나 봐요.

아, 참 당신은 틈만 나면 술 얘기네. 당신처럼 그렇게 잔소리하고 화를 내면 건강에 안 좋아요. **일소일소일노일노**(一笑一少一怒一老)라는 말도 몰라? '한 번 웃으면 한 번 젊어지고, 한 번 화내면 한 번 늙는다'라고 하잖아.

나도 알아요. **소문만복래**(笑門萬福來)라, 웃으면 복이 오지요. 그러니까 당신이 저 좀 활짝 웃어서 복 많이 받게 해줘요. 저도 복 많이 받고 싶어요.

사랑해. 여보잉~

히히히. 엄마, 사랑보다 큰 웃음은 없어요.

 고사성어 **메모지**

:: **파안대소** [破顔大笑]　　즐거운 표정을 지으며 한바탕 크게 웃는 것
:: **만당홍소** [滿堂哄笑]　　한 자리에 모인 사람 모두가 크게 웃는 것
:: **박장대소** [拍掌大笑]　　손뼉을 치면서 크게 웃는 것
:: **포복절도** [抱腹絶倒]　　배를 안고 넘어진다는 뜻으로, 너무 우스워서 배를 안고 쓰러질 정도로 웃는 것
:: **환호작약** [歡呼雀躍]　　기뻐서 소리치며 날뛰는 것
:: **앙천대소** [仰天大笑]　　하늘을 쳐다보며 크게 웃는다는 뜻으로, 어이없거나 어처구니없을 때 나오는 큰 웃음
:: **군자삼락** [君子三樂]　　군자가 누리는 세 가지 즐거움으로 가족의 건강과 행복, 부끄러움 없이 사는 삶, 뛰어난 제자를 가르치는 기쁨
:: **일소일소일노일노** [一笑一少一怒一老]　　한 번 웃으면 한 번 젊어지고, 한 번 화내면 한 번 늙는다.
:: **소문만복래** [笑門萬福來] 웃으면 복이 온다.

# 07

# 행운이 찾아올 때

아, 아깝다!

프리메라리그 최고 팀을 만나서 저렇게 좋은 기회를 얻기는 정말 어려운 데…… 꼭 약팀은 골문 앞에서 골을 넣지 못한단 말야.

두 부자가, 모처럼 축구 경기를 보며 신이 나셨군. 이거 먹으면서 봐.

고마워. 그나저나 방금 그 기회 정말 아깝다. 말 그대로 **천재일우**(千載一遇)였는데. **천재일우**란 '천 년에 한 번 만난다'는 뜻으로, 좀처럼 얻기 어려운 좋은 기회를 말해.

옛날에 가난에 지친 사람이 물살이 빠른 강물 옆에 앉아 한탄을 했어.

"난 왜 이렇게 가난하지?"

그 사람은 우울한 기분에 자기 옆에 놓인 돌을 무심코 강물에 던졌지. 계속 가난한 신세를 한탄하면서 말이야. 그러다 마지막 돌을 던지는 순간, 아니 이런! 그것이 돌이 아니라 황금이었던 거야. 자기 옆에 황금이 모두 사라진 뒤에야 이 사람은 그것이 황금인지를 알게 됐지. 그 사람은 평생 한 번 오기 힘든 기회를 무심코 날려 버린 거야. 바로 이런 경우에 **천재일우**의 기회를 놓쳤다고 말하지.

'원굉'이라는 사람이 순문약을 존경하며 쓴 글에도 **천재일우**라는 말이 나와. 순문약은 삼국지에 나오는 조조의 신하였는데, 조조가 황제를 몰아낼 마음이 있다는 것을 알고 조조에게서 등을 돌리지. 순문약은 정말 대단한 인물이었는데, 자신을 제대로 써줄 주인이 없음을 한탄했고, 결국 역사에 큰 이름을 남기지 못해. 원굉은 뛰어난 재주를 지닌 순문약이 제대로 된 주인을 만나지 못해 사라져 버린 것을 무척 아쉬워했나 봐. 그래서 훌륭한 인물이 훌륭한 주인을 만나기가 천 년에 한 번 일어날 일이라고 했지. 원굉은 **천재일우**의 기회를 만나면 놓치지 말아야 하고, 그런 기회가 생긴 것을 기뻐해야 한다고 말했어.

저 선수가 프리메라리그 최강 팀과 다시 경기를 하고, 저렇게 좋은 기회를 맞을 기회는 앞으로 쉽게 찾아오지 않는, 말 그대로 **천재일우**야. 저런 좋은 기회를 놓치다니 정말 안타깝네.

만약 골을 넣었으면 경기도 유리하게 이끌고, 자기 몸값도 엄청나게 올랐을 텐데.

맞아. **일거양득**(一擧兩得), 한 가지 일로 두 가지 이익을 얻었을 텐데…….

예전에 장자가 길을 가다가 호랑이가 소를 잡아먹는 것을 봤어. 호랑이 두 마리가 소 한 마리를 잡아서 먹는데 그 기세가 사뭇 대단했지. 장자는 호랑이가 사람들에게 피해를 끼칠 것이라 여겨 반드시 잡아야겠다고 생각했지. 장자가 더 이상의 피해를 막기 위해 호랑이를 죽이려고 하는데, 옆에서 호랑이를 지켜보던 사람이 말리는 거야.

"조금 기다리시지요."

"아니, 왜 기다립니까? 지금 두 호랑이가 소를 잡아먹는데 어찌 가만히 있으라는 말이요."

"두 호랑이가 소를 먹는 것을 잘 보십시오. 소가 굉장히 맛있어 보이고, 두 호랑이의 경쟁심이 매우 큰 듯합니다. 조금만 기다리면 서로 욕심이 생겨서 크게 다툴 것입니다. 다투면 싸우게 되고, 싸우면 힘이 약한 호랑이는 죽고, 강한 호랑이도 다칠 것이니 그때 잡으면 두 마리를 한꺼번에 얻을 것입니다. 그러니 기다리시지요."

"정말요? 좋습니다. 한번 기다려 보지요."

장자가 가만히 기다리니 아니나 다를까, 두 호랑이 사이에 큰 싸움이 벌어졌어. 결국 작은 호랑이는 죽고, 큰 호랑이도 다쳤지. 그 틈을 놓치지 않고 장자는 큰 호랑이를 잡았어. 한 번에 두 마리의 호랑이를 잡은 것, 이것이 바로 **일거양득**이지.

**일석이조**(一石二鳥)도 **일거양득**과 같은 뜻이지. '한 개의 돌을 던져 두 마리의 새를 맞추어 떨어뜨린다'는 뜻이니까.

두 마리의 호랑이가 서로 다투는 바람에 모두 죽었네요. 장자는 별로 힘들이지 않고 호랑이 두 마리를 다 잡았고.

장자가 호랑이 두 마리를 잡은 것은 **어부지리**(漁父之利)라고 할 수 있지. 어부지리는 '어부의 이익'이라는 뜻인데, 둘이 다투는 틈을 타서 엉뚱한 사람이 이익을 얻는 것을 말해.

전국시대에는 진나라가 정말 강했어. 진나라는 강력한 군사력을 바탕으로 언제든지 다른 나라를 침략할 기회만 엿보았지. 그때 조나라와 연나라 사이에 다툼이 생겼어. 화가 난 조나라 왕은 연나라를 공격하기로 결심하고, 군대를 보낼 준비를 했어. 깜짝 놀란 연나라 왕은 재주가 뛰어난 신하를 조나라에 보내 임금을 설득하도록 했지.

"임금님. 지금 전쟁을 하는 것은 어리석은 일입니다."

조나라 임금은 더욱 화가 났어.

"날 어리석다고 비웃어? 내 화를 돋우는 걸 보니 목숨이 열 개라도 되는 모양이구나."

"임금님, 제가 이 나라에 오다가 우연히 강가에서 재미난 광경을 보았습니다. 냇가를 보니 조개가 입을 벌리고 볕을 쬐고 있었는데, 황새 한 마리가 날아와 조개를 쪼는 것이 아니겠습니까? 그 조개는 급히 입을 다물어 버렸습니다."

"흠, 조개의 반격이군. 그래서?"

"황새도 황당하지요. 자신의 먹이감이 자신의 부리를 물어 버렸으니까요. 황새는 조개에게 "너는 오래 못 버텨, 비가 안 오면 죽을 걸."이라고 말하면서 협박했습니다. 좋게 말할 때 부리 문 것을 풀라고 한 것이죠. 조개도 지지 않고 "내가 계속 물고 있으면 너야말로 굶어 죽을 걸."이라고 말하면서 꽉 문 부리를 놓지 않았죠."

"흠, 둘이 참 고집스럽게 다투는군. 한쪽만 양보하면 한쪽이 죽으니, 둘 다 양보를 해야 할 텐데."

"그러게 말입니다. 하지만 서로를 믿지 못한 조개와 황새는 그러지 못했지요.

마침 그 옆을 지나가던 어부는 '얼씨구나'하고는 둘을 다 잡아 버렸습니다."

"허허, 참! 조개나 황새가 정말 어리석구만."

"임금님, 임금님은 지금 연나라를 공격하려 하십니다. 임금님의 나라가 황새라면 저희 연나라는 조개입니다."

임금은 가만히 고민했지.

"그렇군. 우리가 너희를 공격하는 것은 황새와 조개가 다투는 꼴이고, 이익을 보는 것은 어부인 진나라밖에 없다는 말이구나. 맞는 말이다. 지금 연나라를 공격하는 것은 우리나라도 망하는 길이다. 진나라가 **어부지리**를 얻게 하면 안 되지."

어부지리라는 말은 여기서 나왔어.


연나라는 완전히 망할 뻔하다가 살아났네요. 그 신하가 연나라를 구했네요.


그래 맞아. 연나라는 **기사회생**(起死回生), 죽을 뻔하다가 살아난 것이라 할 수 있지.

옛날 중국에 '편작'이라는 아주 유명한 의사가 있었어. 어떤 나라를 지나가는데 궁궐에서 울음소리가 들리는 거야. 그 이유를 알아보니 새벽까지 건강하던 세자가 갑자기 죽었다는 거야.

"아주 건강하다가 갑자기 죽다니, 이상합니다. 제가 한번 봐도 될까요?"

편작은 세자를 직접 보기를 원했어. 편작이 워낙 유명했기 때문에 왕은 세자의 죽은 몸을 편작에게 보여줬어. 편작이 살펴보니 세자는 죽은 게 아니라 잠시 기절한 것뿐이었어. 편작이 침을 몇 대 놓자 세자가 깨어났지. 주위 사람들은 난리가 났어.

"죽은 사람이 살아났다."

"편작은 죽은 사람도 살린다."

이 소식은 여러 나라에 널리 퍼졌고, 편작은 죽은 사람도 살리는 대단한 의사로 이름을 날렸지. 하지만 편작은 겸손하게 자신을 낮췄어.

"그 어떤 의사도 죽은 사람을 살리지는 못합니다. 저는 다만 죽을 위기에 처한 사람을 구했을 뿐입니다."

**기사회생**은 세자처럼 죽을 뻔하다가 살아난 경우, 즉 매우 큰 어려움에 처했다가 겨우 해결한 경우에 사용해.

세자의 입장에서는 편작을 만난 것이 행운이라고 할 수 있지. 그런데 고시성어를 보면 행운과 불행이 왔다 갔다 한다는 점을 강조한 말이 많아. 대표적인 것이 **새옹지마**(塞翁之馬)지. 이는 '국경 지대에 사는 노인'이라는 말인데, 세상일이라는 것이 워낙 변화가 많아서 어느 것이 화가 되고, 어느 것이 복이 될른지는 아무도 모르기 때문에 좋지 않은 일을 당했다고 해서 마냥 슬퍼하지도 말고, 좋은 일이 생겼다고 해서 마냥 기뻐하지도 말라는 뜻이야.

옛날 중국의 북쪽 국경에 한 노인이 살고 있었어. 어느 날 이 노인이 키우던 말이 멀리 달아나 버렸지.

"어이구. 어쩝니까. 귀하게 키우던 말이 도망을 갔으니."

마을 사람들은 너나 할 것 없이 위로를 했어. 하지만 노인은 아무렇지도 않아 보였어.

"허허, 오히려 복이 될지도 모르는 일이지요."

노인의 말이 씨가 된 것인지, 몇 달 뒤 도망간 말이 멋진 말 한 마리를 데리고 돌아왔어. 마을 사람들은 기뻐하며 축하해줬지. 그런데 노인은 별로 기뻐하지 않았어.

"흠, 이게 화가 될지도 모르는 일이지요."

노인의 걱정은 그대로 들어맞았어. 말 타기를 좋아하던 노인의 아들이 새로

들어온 말을 타다가 떨어져서 다리를 크게 다쳤거든. 이번에도 마을 사람들은 안타까워하며 위로했어.

"흠. 이것이 복이 될지도 모르는 일이지요."

1년 뒤, 나라에 큰 전쟁이 터졌고, 마을의 젊은이들은 전부 전쟁터로 불려 나갔어. 그러나 노인의 아들은 말에서 떨어진 뒤 다리를 쓰지 못하게 되었기 때문에 전쟁터에 나가지 않았지.

말을 잃어 버리고 아들이 다친 것은 원래 안 좋은 일이었는데, 결국 좋은 일로 바뀌었네요.

맞아. **전화위복**(轉禍爲福)이지. **전화위복**은 '화가 바뀌어 오히려 복이 된다'는 뜻이야.

전국시대에 세력이 강했던 진나라가 나머지 여섯 나라를 끊임없이 위협하던 때의 일이야. 연나라가 왕이 바뀐 어수선한 틈을 타서 제나라가 연나라를 공격하여 영토의 일부를 빼앗았어. 당연히 새로 왕위에 오른 연나라 왕은 화가 났지. 연나라 왕은 '소진'이라는 사람을 제나라에 보내 빼앗은 땅을 돌려달라고 했어.

소진이 제나라 왕에게 말했지.

"이번에 빼앗은 연나라 땅을 돌려주시지요."

"흠, 흠, 우리 힘으로 빼앗은 땅을 왜 돌려준단 말이요."

제나라 임금은 빼앗은 땅이 욕심이 나서 절대 돌려주지 않으려고 했어.

"이번에 연나라 왕에 오르신 분은 강대한 진나라의 사위입니다. 제나라가 연나라 땅을 빼앗았으니, 이것은 진나라의 원수가 되겠다고 선언한 것이나 마찬가집니다."

이 말을 들은 제나라 임금은 깜짝 놀랐어. 미처 그것까지는 생각하지 못했거든. 진나라는 혼자 힘으로 막기에는 너무 강력한 나라였어.

"어쩌면 좋겠나?"

"걱정하실 것은 없습니다. 이번 기회에 화를 복으로 만드시면 됩니다. 분명 이번 일은 임금님께서 실수를 하셨습니다. 그러나 지금 당장 빼앗은 땅을 연나라에 돌려주면 연나라와 화합도 되고, 진나라의 미움도 받지 않으니 그 이전보다 더욱 좋은 상황으로 바뀔 것입니다."

제나라 임금은 얼른 빼앗은 땅을 돌려주었대. 자신의 실수를 **전화위복**의 기회로 삼은 거지.

세상일을 보면 좋은 일도 있고, 나쁜 일도 있어. 나쁜 일이 좋은 일이 되기도 하고, 좋은 일이 나쁜 일이 되기도 해. 어떤 사람은 화를 복으로 바꾸고, 어떤 사람은 복이 들어와도 화로 만들어 버리지. **영고성쇠**(榮枯盛衰), 영광과 괴로움, 성공과 후퇴는 계속 번갈아 찾아와. 그것이 인생이지. 그래서 노인은 모든 일에 지나치게 기뻐하지도, 슬퍼하지도 않았던 거야. 세상일이 **영고성쇠**이기 때문이지.

난 그냥 계속 좋으면 좋겠는데. 좋다가 나쁘고, 나쁘다가 좋고 하는 것은 싫어요.

좋은 일만 계속되면 **금상첨화**(錦上添花)지. 비단 위에 꽃이 더해지는 것처럼 멋진 일이야. 송나라 왕완석이 지은 시에 **금상첨화**라는 말이 나와.

아름다운 곳에서 친근한 벗을 만나 즐거운데
노래 한가락 더해지니 비단 위에 꽃을 더한 듯 흥겹구나

비단 위에 꽃을 더한 듯 흥겹구나! 얼마나 기쁘고 행복하면 금상첨화라고 했겠어. 사랑스러운 아내와 건강한 아이들이 있으니 나에게는 금상첨화야.

고사성어 **메모지**

:: **천재일우** [千載一遇]   '천 년에 한 번 만난다'는 뜻으로, 좀처럼 얻기 어려운 좋은 기회

:: **일거양득** [一擧兩得]   한 가지 일로 두 가지 이익을 얻음.

:: **일석이조** [一石二鳥]   한 개의 돌을 던져 두 마리의 새를 맞추어 떨어뜨림.

:: **어부지리** [漁父之利]   '어부의 이익'이라는 말로, 둘이 다투는 틈을 타서 엉뚱한 사람이 이익을 얻는다는 뜻

:: **기사회생** [起死回生]   죽을 뻔하다가 살아남.

:: **새옹지마** [塞翁之馬]   세상일이 워낙 변화가 많아서 어느 것이 화가 되고, 어느 것이 복이 될지는 아무도 모르기 때문에 좋지 않은 일을 당했다고 해서 마냥 슬퍼하지도 말고, 좋은 일이 생겼다고 해서 마냥 기뻐하지도 말라는 뜻

:: **전화위복** [轉禍爲福]   화가 바뀌어 오히려 복이 됨.

:: **영고성쇠** [榮枯盛衰]   영광과 괴로움, 성공과 후퇴는 계속 번갈아 찾아옴.

:: **금상첨화** [錦上添花]   비단 위에 꽃이 더해지듯이 좋은 일이 연달아 있는 것

## 08

# 만족을 느낄 때

와! 오랜만에 외식이다.

아빠, 오늘은 마음껏 먹어도 되죠?

그럼, 그럼. 먹고 싶은 거 실컷 먹어라. 하늘이 높고, 말이 살찌는 **천고마비** (天高馬肥)의 계절, 가을 아니냐. 너희도 풍성한 가을을 만끽해야지.

　　**천고마비**는 '하늘이 높고 말이 살찐다'는 뜻으로, 온갖 과일과 곡식이 풍족한 가을의 풍성함을 일컫는 말이야. 가을이야말로 풍성함을 만끽하는 계절이지. 그래서 우리나라는 '추석', 서양에는 '추수감사절'이 있잖아. 모두 풍성한 가을에 감사하는 의미가 담긴 명절이지.

그런데 **천고마비**는 그리 좋은 말로 쓴 것이 아니었어. 옛날 중국은 북방 민족인 흉노족 때문에 고생을 많이 했지. 흉노족은 중국 북쪽의 초원 지대에서 유목 생활을 하는 종족이었는데, 봄에서 가을까지는 풍성한 초원에서 지냈지만 겨울이 되면 살기 힘들어지기 때문에 꼭 가을 무렵에 중국을 공격해서 이것저것 약탈하곤 했지. 추운 겨울을 지내기 위한 식량이나 물건을 빼앗아간 거야. 흔히 진시황 때에 쌓았다고 알려진 만리장성은 그 이전부터 흉노족을 막기 위해 여러 나라들이 쌓았던 성을 진시황이 덧붙여서 완성했다고 해.

중국인들이 아무리 막으려고 해도 흉노족의 침입을 막기는 어려웠어. 초원에서 나는 음식만으로 겨울을 지내기에는 너무 힘들었기 때문에 흉노족도 살기 위해 중국을 쳐들어올 수밖에 없었지. 기마 민족이라 전쟁도 아주 잘했거든.

그래서 가을이 되면 항상 중국 변방의 군대는 전쟁 준비를 했어. 하늘이 높고 말이 살찌는 **천고마비**의 가을이 오면 늘 전쟁이 시작되었으니까 **천고마비**는 결코 반가운 말이 아니었던 것이지. 전쟁의 비극이 담긴 말을 오늘날에는 그저 가을의 풍성함을 칭송하는 말로 사용하니 조금 묘하기는 하다.

오늘 아빠가 한턱 쏜다고 했으니 **산해진미**(山海珍味)를 즐겨 보자. **산해진미**는 '산과 바다에서 나는 다양한 재료로 만든 아주 귀한 음식'을 말해. 중국은 땅이 넓고, 기후도 다양해. 남쪽은 아주 더운 지방이고, 북쪽은 아주 추워. 그리고 서쪽은 산이 높고, 동쪽은 평야가 넓게 펼쳐져 있지. 긴 강도 많고 넓은 바다도 접하고 있지. 동서남북으로 영토도 아주 넓으니 정말 갖가지 재료로, 갖가지 음식을 만들었을 거야. 중국 각 지역의 다양한 요리를 한군데에 모으면 정말 엄청날거야. 그것을 바로 **산해진미**라고 해.

아! 정말 감격이야. 여름 내내 예쁜 몸매 신경 쓰느라 제대로 먹지도 못했는데. 오늘이야말로 부담 없이 먹어야지.

😊 네가 오랜 다이어트 끝에 맛있는 음식을 먹으니 정말 **감개무량**(感慨無量)한 모양이구나. '마음 속의 느낌이 한이 없는 것'을 **감개무량**하다고 해. 그런데 딸, 아무리 **산해진미**에 **감개무량**하더라도 몸매 생각은 해라. 여자 몸은 한번 망가지면 회복하기 어려워.

😀 하하하! 오늘은 **산해진미**가 아니라 **주지육림**(酒池肉林)이야. 맛있는 한우를 마음껏 먹어 보자고.

😊 당신, 잠깐! 육림(肉林)은 좋지만 **주지육림**은 안 돼요. **주지육림**은 '술로 못을 이루고 고기로 숲을 이룬다'는 뜻으로, 엄청나게 화려하고 방탕한 술잔치를 말해. 술로 연못을 만들고, 고기로 숲을 만들 정도니 장난이 아니지. 이런 것을 누가 했느냐고? 당연히 아주 못된 왕들이었지.

아주 오래 전 하나라에 '걸왕'이 있었는데, 젊어서는 나라를 아주 잘 다스렸는데, '매희'라는 여자 때문에 놀고먹는 일에 빠져들었어. 매희랑 날마다 놀고먹느라 나라를 제대로 돌보지 않았지. 심지어는 궁궐 옆에 술을 가득 채운 연못을 만들고, 그 주변에는 고기를 산더미처럼 걸어놓고 놀았어. 여기서 **주지육림**이라는 말이 나오게 되었지. 결과는 어땠느냐고? 뻔하지, 이런 나라가 망하지 않으면 이상하지.

은나라에서도 비슷한 일이 있었는데, 주왕이라는 왕이 '달기'라는 여자에게 빠져서 걸왕처럼 흥청망청 즐기며 놀았나 봐. 결국 은나라도 하나라처럼 망했지. **주지육림**은 타락의 상징이야. 그런데 아이들 있는데서 **주지육림** 운운하다니, 쩝!

아! 실수! 미안. 나는 그저 고기를 마음껏 먹고, 당신과 편하게 술 한잔하려고 했지.

그 정도는 나도 찬성. 술 한두 잔은 마음을 편안하게 하니까. 많이 먹어야 행복한 것은 아니야. **주지육림**보다는 **안빈낙도**(安貧樂道)가 훨씬 행복하지. **안빈낙도**, 가난한 생활 가운데서도 편안한 마음으로 도를 즐기는 삶, 말이 멋지네.

**안빈낙도**하는데 세상이 **태평성대**(太平聖代)면 더욱 좋지. 어질고 착한 임금이 다스려서 평화롭고 행복한 세상! 그 속에서 즐기는 **안빈낙도**! 절로 웃음이 나오는구만.

당신이 말한 것은 완전히 **무릉도원**(武陵桃源)이야. **무릉도원**, 이 세상과 완전히 다른 천국과 같은 곳, 서양에서는 '유토피아'나 '파라다이스'라고 하지.

중국의 무릉 지방에서 전해 내려오는 얘기야. 고기잡이를 하며 먹고 사는 사람이 있었어. 하루는 흐르는 물을 거슬러 배를 저어 올라가며 고기를 잡다가 문득 정신을 차리고 주위를 살펴보니 복숭아꽃 향기가 가득하더래. 주변을 살펴보니 온통 복숭아꽃이 활짝 핀 언덕이 펼쳐져 있는 거야. 어찌나 향이 진한지 마치 천국에 온 기분이었어.

어부는 이상하게 생각하면서 계속 노를 저어갔어. 조금 더 가보니 작은 굴이 나와. 배를 밖에 세워 두고 굴 속으로 들어갔어. 굴 속을 한참 통과한 뒤에 펼쳐진 별천지를 보고 어부는 입을 다물지 못했어. 정말 천국과 같이 아름답고 풍요로운 곳이었거든.

땅은 넓고, 집은 화려하며, 온갖 곡식과 과일, 채소가 가득하고, 경치는 어찌나 아름다운지 벌린 입을 다물 수 없을 정도였지. 곳곳에서 사람들의 웃음소리가 넘쳐나고, 모두들 행복해보였어.

무릉 지방에 복숭아가 가득한 곳, 그래서 **무릉도원**이야. 물론 어부가 그곳에서 계속 살았다면 **무릉도원** 얘기는 밖으로 전해지지 않았겠지. 어부는 그곳 구경을 마친 후에 사람들에게 자신이 구경한 것을 얘기했어. 그러나 사람들이 아무리 찾아도 다시는 그곳을 발견할 수 없었지. 살기 힘든 시대에 백성들이 행복하고 풍요로운 **무릉도원** 같은 곳을 꿈꾼 것은 당연할 거야. 솔직히 지금도 우린 **무릉도원**을 꿈꾸지.

와, 진짜 맛있다. 먹으면 먹을수록 디 맛있네.

하하하, **점입가경**(漸入佳境)이구나. 갈수록 그 정도가 더해지는 상태를 **점입가경**이라고 하지.

재미있는 드라마는 사건이 전개되면 될수록 더 재미있어. 그것도 **점입가경**이네.

경치나 문장, 사건 등이 갈수록 재미나는 것을 **점입가경**이라고 하는데, 이 말은 중국의 '고개지'라는 사람이 했다고 해.

고개지라는 사람은 그림을 잘 그렸는데, 중국에서는 거의 최고로 꼽는 사람인가 봐. 이 사람의 재주가 어느 정도인지 들어 봐. 중국 남경 지방의 승려들이 절을 짓기로 했어. 그런데 돈이 모자라서 사람들의 기부를 받기는 했는데, 필요한 돈의 10%에도 미치지 못했어. 승려들은 한참 고민했지. 그때 고개지가 오더니 이러는 거야.

"내가 백만 전을 낼 테니 작은 불당 한 칸을 내어주시오."

스님들은 작은 불당을 내어 주었지. 도대체 저 가난한 청년이 어떻게 절 하나를 다 짓고도 남을 정도의 돈을 혼자 다 내겠다고 하는지 궁금했지. 스님들이 가만히 살펴보니 고개지가 불당 안에다 그림을 그리는거야. 고개지가 그린 그림을 본 승려들은 감탄했어. 어찌나 잘 그렸는지 그림이 마치 살아움직이는 듯했거든. 이 소문은 금방 퍼져 나갔어. 엄청난 사람들이 그 그림을 보기 위해 몰려들었고, 기부금도 순식간에 백만 전을 넘어 버렸지. 물론 스님들은 무사히 절을 완성할 수 있었고…… 동서양 어디를 가나 고개지 같은 천재들이 있어. 부러울 뿐이지.

고개지는 사탕수수를 즐겨 먹었는데, 늘 가느다란 가지부터 먼저 씹어먹었어. 친구들은 고개지가 왜 가느다란 가지부터 먹는지 궁금해서 물었어. 고개지는 "사탕수수는 가느다란 곳에서 굵은 곳으로 갈수록 단맛이 더 난다네. **점입가경**이지. 그러니 당연히 가느다란 곳에서 굵은 곳으로 가면서 먹는 거야."라고 말했어.

고개지란 사람이 저랑 똑같네요. 음식은 맛없는 것에서 시작해 가장 맛있는 걸로 끝내야 해요. 음, 그런데 지금 이것은 처음에도 맛있고, 갈수록 맛있어지네요.

캬, 기분 좋다. 내가 시 한 수 읊을 테니까 잘 들어 봐.
　"**천고마비**(天高馬肥)에 **산해진미**(山海珍味) 가득하니 **감개무량**(感慨無量)하고,
　**주지육림**(酒池肉林)에 **안빈낙도**(安貧樂道)하니 **태평성대**(太平聖代)요 **무릉도원**(武陵桃源)이로다~"

 아빠가 정말 **점입가경**이네. 히히.

 고사성어 메모지

:: **천고마비** [天高馬肥]　하늘이 높고 말이 살찐다는 뜻으로, 온갖 과일과 곡식이 풍
　　　　　　　　　　　족한 가을의 풍성함을 일컫는 말

:: **산해진미** [山海珍味]　산과 바다에서 나는 다양한 재료로 만든 귀한 음식

:: **감개무량** [感慨無量]　마음 속의 느낌이 한이 없다. 주로 기쁨을 나타냄.

:: **주지육림** [酒池肉林]　'술로 못을 이루고 고기로 숲을 이룬다'는 말. 엄청나게 화려
　　　　　　　　　　　하고 방탕한 술잔치

:: **안빈낙도** [安貧樂道]　가난한 생활 가운데서도 편안한 마음으로 도를 즐기는 삶

:: **태평성대** [太平聖代]　어질고 착한 임금이 다스려서 평화롭고 행복한 세상

:: **무릉도원** [武陵桃源]　이 세상과 완전히 다른 천국과 같은 곳, 서양에서는 '유토피
　　　　　　　　　　　아'나 '파라다이스'라고 표현함.

:: **점입가경** [漸入佳境]　갈수록 재미있고 멋짐.

09. 욕을 해주고 싶을 때

10. 속았다고 느낄 때

11. 씁쓸한 마음이 들 때

12. 비웃음을 날려주고 싶을 때

13. 정의를 실현하고 싶을 때

3부

# 분노

# 욕을 해주고 싶을 때

🙂 반장을 정말 잘못 뽑았어요.

😊 아니, 얼마 전에는 잘 뽑았다고 좋아했잖아.

🙂 완전히 속았어요. 겉으로 보이는 것과 속이 완전히 달라요.

😊 그 반장이 **표리부동**(表裏不同)하구나. 겉과 속이 다르거나, 말과 행동이 완전히 다를 때 **표리부동**하다고 하지. 그런데 반장이 **표리부동**하다고 말하는 이유가 뭐니?

😁     반장이 되기 전에는 자기가 반에서 힘든 일을 다 하고, 청소도 다 하겠다고 했거든요. 지금은 자기는 반장이라고 시키기만 하고 아무것도 안 해요. 우리가 요구할 것이 있으면 당당하게 선생님께 말하겠다고 해 놓고는 지금은 선생님 말만 충실히 따르고, 우리가 말해달라고 해도 내가 왜 나서서 해야 하느냐고 말하고…….

😊     반장한테 따져는 봤어?

😁     제가 오늘 얘기했죠. 선거 때 한 약속 지기라고……. 그랬더니 눈을 내리깔고 저를 쳐다보더니 "너 따위가 뭔데, 나한테 이래라 저래라 해?"라고 말하는 거예요.

😊     완전히 **안하무인**(眼下無人)이네. 사람을 너무 깔보고 자기가 최고라고 생각하는구나. 반장이 그러면 안 되는데…….

😁     제가 반장 선거할 때 얼마나 열심히 도왔는데……. 열심히 선거 운동도 해 주고, 다른 애들한테 찍으라고 설득도 하고. 휴! 그랬는데 완전히 배신을 했어요.

😊     너에게 받은 은혜를 배반했구나. **배은망덕**(背恩忘德)한 녀석일세. 도와줬는데 어쩜 이럴 수 있느냐는 얘기는 해봤어?

😁     안 했겠어요? 했죠. "내가 도와줬는데 네가 나한테 이러면 안 되지."라고 했더니, 내 참, 언제 도와줬냐고 눈을 동그랗게 뜨더라고요. 반장은 순전히 자기 힘으로 된 거라면서요.

🙂 **후안무치**(厚顔無恥)에 **파렴치**(破廉恥)하구나. 옛날 춘추시대 어느 나라에 새롭게 임금의 자리에 오른 왕이 있었는데, 이 왕은 나라를 보살피지 않고 늘 자기가 좋아하는 사냥만 하고 다녔어. 임금이 나라는 다스리지 않고 사냥만 하고 다니니 나라가 제대로 될 리가 없지. 그 전까지 강했던 나라는 급속도로 약해졌고, 결국 망했지.

그런데 이 임금은 나라를 망하게 하고도 뻔뻔하게 얼굴을 들고 다니는 거야. 동생이 그런 형에게 따졌지.

"아니, 형. 형은 아버님이 물려주신 나라를 망하게 해 놓고는 부끄러운 줄도 몰라?"

"내 참. 내가 왜 부끄러워해야 돼? 우리가 힘이 없어서 망한 것인데, 그것은 내가 부끄러워할 일이 아니지."

"참, 낯 두껍고 염치가 없구나."

동생은 형이 **후안무치**하다며 욕을 하지. **후안무치**는 낯이 두꺼워 부끄러움을 모르는 사람이라는 뜻이야. 비슷한 말로는 **파렴치**가 있지. 이 말 역시 염치, 그러니까 '부끄러움을 모르는 사람'이라는 뜻이야.

🐵 **철면피**(鐵面皮)도 같은 말이죠. 얼굴이 철 가죽 같은 사람……. **파렴치**하고, **철면피**에, **후안무치**한 녀석! 반장이 그러니 요즘 우리 반 분위기가 정말 어수선해요. 더욱이 어찌나 거짓말도 잘하는지 반장 때문에 애들끼리 오해해서 싸움이 난 경우도 있고요.

🙂 흠, 완전히 **혹세무민**(惑世誣民)하는구나. 그 어린 나이에 세상을 어지럽히고 백성을 속이는 짓을 하다니, 커서 뭐가 되려는지 모르겠네.

옛날에 태어나서 나라를 다스리는 관리가 되었으면 분명히 백성들을 엄청나게 괴롭혔을 놈이에요.

백성들에게 가혹하게 세금을 거두고, 재물을 빼앗는 **가렴주구**(苛斂誅求)를 했겠지.

옛날에 공자가 수레를 타고 어떤 깊은 산골짜기를 지나는데 어떤 부인이 슬프게 울고 있더래. 너무나 슬피 울고 있기에 공자가 제자를 시켜서 무슨 일인지 알아오게 했지. 제자가 가서 부인에게 물었어.

"부인, 어인 일로 그렇듯 슬피 우십니까?"

부인은 겨우 눈물을 닦으면서 대답했지.

"사는 것이 너무나 무섭기 때문입니다."

"아니, 왜요?"

"몇 년 전에는 저희 시아버님이 호랑이에게 죽임을 당하셨습니다. 작년에는 제 남편이, 그리고 이번에는 제 자식이 호랑이에게 죽었습니다. 그러니 왜 아니 슬프겠습니까?"

듣고 보니 이곳은 호랑이가 늘 나타나는 곳이라 사람 살 곳이 아니었어.

"아니, 이런 곳에서 왜 사십니까? 살기 좋은 곳으로 떠나시지 않고."

"그래도 여기는 못된 관리들의 **가렴주구**는 피할 수 있잖아요. 호랑이보다 **가렴주구**가 더 무섭습니다."

그 말을 들은 공자는 한숨을 쉬며 가혹한 정치가 얼마나 무서운지 한탄을 했다고 해.

가족을 다 잃는 것보다 **가렴주구**를 더 무서워하다니 가슴이 아프네요. 반장이 이런 것을 조금이라도 알아야 하는데, 그 녀석은 오히려 자기는 다 잘했고, 자기한테 따지는 나 같은 사람이 잘못이라고 해요.

적반하장(賊反荷杖)이구나. 적반하장은 도둑이 도리어 몽둥이를 든다는 뜻으로, 잘못한 사람이 오히려 잘한 사람을 나무라는 경우를 이르는 말이야.

맞아요. 딱 그 녀석에게 맞는 말이에요. 완전히 도둑놈이에요.

도둑을 보통 양상군자(梁上君子)라고 하지. 이는 '대들보 위의 군자'라는 말인데, 이 말이 도둑을 가리키는 말이 된 것에는 사연이 있어.

한나라 때 '진식'이라는 사람이 어떤 고을을 다스렸어. 진식은 늘 백성들에게 겸손하게 행동하고, 공정한 일 처리로 백성들의 존경을 받았지. 하지만 진식이 아무리 잘 다스려도 흉년은 어쩔 수 없었어. 어느 해 심하게 흉년이 들면서 백성들이 무척 살기 어려워졌어. 어느 날 밤, 진식이 마루에 앉아 책을 읽는데 가만히 보니 대들보 위에 웬 도둑이 앉아 있는 거야.

진식은 모르는 척하면서 계속 책을 읽다가 아들과 손자들을 전부 불러 모았지. 그리고 이렇게 말했어.

"사람은 아무리 어렵고 힘들더라도 남의 것을 훔치려 하지 말고, 스스로 노력해야 한다. 사람 중에 원래 나쁜 사람은 없단다. 사람이 아무리 나쁘다고 해도 본성은 착하다. 다만 노력하지 않는 습관이 몸에 붙고, 그 습관이 어느덧 성품이 된 것일 뿐이다. 지금 '대들보 위에 있는 군자(양상군자, 梁上君子)'도 그렇다."

진식의 말이 끝나자 대들보에 숨어 있던 도둑이 '쿵' 소리를 내며 뛰어내렸어.

도둑은 진식 앞에 무릎을 꿇고 잘못을 사죄했지. 다시는 도둑질을 하지 않고 열심히 노력하면서 살겠노라고 눈물을 흘리며 다짐을 했어.

"얼마나 살기 힘들면 그랬겠느냐. 악인은 아닌 것 같으니 다시는 도둑질을 하지 말고 열심히 살아라."

진식은 그 도둑에게 값비싼 비단까지 주어서 보냈어. 그 사람은 자신이 진식에게 들은 얘기를 이웃에게 전했고, 정말 열심히 일하며 살았어. 마을 사람들도 진식의 얘기를 되새기며 다시는 도둑질을 하지 않았다고 해. 그 뒤로 그 동네에는 아무리 흉년이 들어도 도둑 한 명 없이 서로 나누고 도우며 살았다는구나.

휴, 반장 뽑을 때 진식과 같은 사람을 뽑아야 했는데, 진짜 후회돼요.

네가 제대로 알아보지 않고 **경거망동**(輕擧妄動)한 탓이지. 깊이 생각해보지도 않고 경솔하게 함부로 행동하면(경거망동, 輕擧妄動) 항상 그 대가를 받기 마련이야. 반장도 그런데 국회의원이나 대통령은 더 하지. 깊이 생각해보지 않고 뽑으면 나중에 그 대가는 훨씬 가혹한 거야. 이번에 네가 좋은 공부를 했구나. 이번 일을 겪으면서 반장만 나쁘다고 욕하지 말고, 사람을 제대로 보는 법, 신중히 생각하는 법을 배우렴. 한 번의 잘못된 선택이 얼마나 큰 결과를 초래하는지도 마음에 새기고……

네. 그럴게요.

:: **표리부동** [表裏不同]　　　겉과 속이 다르거나 말과 행동이 완전히 다른 것

:: **안하무인** [眼下無人]　　　사람을 너무 깔보고 자기가 최고라고 생각한다는 뜻

:: **배은망덕** [背恩忘德]　　　은혜를 배신하다.

:: **후안무치** [厚顔無恥]　　　낯이 두껍고 부끄러움을 모르는 사람

:: **파렴치** [破廉恥]　　　　　염치가 전혀 없어서 부끄러움을 모르는 사람

:: **철면피** [鐵面皮]　　　　　얼굴이 철 가죽과 같은 사람. 부끄러움과 염치를 모르는 사
　　　　　　　　　　　　　　　람

:: **혹세무민** [惑世誣民]　　　세상을 어지럽히고 백성을 속이는 일

:: **가렴주구** [苛斂誅求]　　　백성들에게 가혹하게 세금을 거두거나 재물을 빼앗는 것

:: **적반하장** [賊反荷杖]　　　도둑이 오히려 몽둥이를 든다는 뜻으로, 잘못한 사람이 도
　　　　　　　　　　　　　　　리어 잘한 사람을 나무라는 경우를 이르는 말

:: **양상군자** [梁上君子]　　　'대들보 위의 군자'라는 말로, 도둑이라는 뜻

:: **경거망동** [輕擧妄動]　　　깊이 생각해보지도 않고 경솔하게 함부로 행동한다는 말

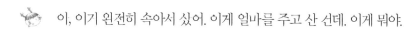

# 속았다고 느낄 때

10

이, 이기 왼전히 속아서 싰어. 이게 얼마를 주고 산 선데. 이게 뭐야.

아니, 우리 딸. 왜 그렇게 속상해 하니?

아빠, 어쩌면 좋아요. 이거 내가 비싸게 주고 샀는데, 완전히 내가 생각한 것과는 달라요. 홈쇼핑 광고에 속았어요.

**감언이설**(甘言利說)에 넘어갔군. **감언이설**은 '달콤하고 이로운 말'이라는 뜻으로, 남의 비위를 맞추거나 이로운 조건으로 꾀는 말이지. 네 엄마도 종종 홈쇼핑을 보다가 **감언이설**에 속아 넘어가서 별 필요도 없는 물건을 살 때가 많은

데, 너도 딱 그 꼴이구나.

🐟 아빠는 참, 홈쇼핑에 나온 사람, 굉장히 유명하고 똑똑한 사람이었단 말이야. 무슨 박사라고 했는데…….

😐 특히 좀 아는 사람, 똑똑한 사람들의 말을 조심해야 해. **곡학아세**(曲學阿世), '그릇된 학문으로 세상에 아첨한다는 말'로, 잘못된 학문으로 세상을 속이는 것을 뜻해. 특히 조금 안다고 하는 사람 중에는 **곡학아세**하는 사람들이 많지. 보통 사람보다 뭔가 더 잘 알 것이라는 막연한 생각에 사람들이 깜박 속아 넘어 가거든.

한나라의 여섯 번째 황제는 황제 자리에 오르자마자 어질고 뛰어난 신하를 찾았어. 그때 나이가 90세인 '원고생'도 황제의 부름을 받았지. 원고생은 워낙 정직하고, 바른 사람이기 때문에 부정직한 신하들의 반대가 심했지만 황제는 원고생이 올바른 사람이라는 것을 알았기 때문에 벼슬을 주었지. 그때 공손홍이라는 젊은 사람도 함께 벼슬길에 올랐어.

이 공손홍은 자기 재주가 뛰어난 것을 믿고 원고생을 깔보았지.

"나이가 90세이면 조용히 삶을 정리할 일이지, 뭐가 좋다고 벼슬길에 나오세요?"

원고생은 공손홍이 자신을 비웃고 놀려도 아무렇지 않게 대했어.

"나이가 많은 것이 무슨 상관인가?"

"세상일은 젊은 사람들에게 맡겨 두시지요."

"오늘날 올바른 학문이 버려지고, 바르지 못한 학문이 유행하고 있네. 이대로 두면 올바른 학문의 전통이 다 무너지고 바르지 못한 학문만이 남아서 세상을 어지럽힐 것일세."

자신은 일부러 도발적으로 말했는데 원고생이 부드럽게 말하자 공손홍은 약간 미안한 마음이 들었어.

"자네는 학문을 아주 좋아한다고 들었네."

원고생이 공손홍을 칭찬했지.

"네. 제가 좀 그런 편입니다."

공손홍은 조금 쑥스럽게 대답했어.

"자네 같은 젊은 사람이 올바른 학문을 열심히 닦아서 세상에 널리 퍼뜨려야 하네. 잘못된 학문으로 잘못된 세상을 만드는 일(곡학아세, 曲學阿世)을 하는 이들을 막아주게나."

공손홍은 원고생의 말을 듣고 부끄러워서 얼굴을 들지 못했어. 원고생은 감히 자신은 따라가지 못할 정도로 학문도 깊고, 인품이 뛰어나다는 것을 느꼈기 때문이지. 공손홍은 자기가 한 말을 즉시 사과하고, 원고생의 제자가 되어 곡학아세가 아니라 바른 학문을 익혀 세상을 이롭게 하는 데 애쓰겠다고 다짐했다는구나.

아빠 말이 맞아. 나는 그 사람이 무슨 박사라고 하기에 철석같이 믿었어. 정말 좋은 말만 했어. 그 사람의 말을 들으니까 저 물건은 내게 반드시 필요한 물건이라는 생각이 들었단 말이야.

원래 사람은 **교언영색**(巧言令色)에 잘 넘어가. **교언영색**은 '남의 환심을 사려고 아첨하는 교묘한 말과 보기 좋게 꾸미는 얼굴빛'이라는 뜻으로, 교묘하게 사람의 기분을 맞춰주는 말과 살살거리며 웃는 태도를 말해. 대부분 상대편이 **교언영색**하면 속아 넘어가지. 옛날에 공자가 그랬어.

"사람의 기분을 살살 맞추고 비위를 맞추며 웃는 사람 중에 좋은 사람 없다."

**교언영색**하는 사람은 뭔가 꿍꿍이가 있는 사람이라는 뜻이야. 옛날 임금들이 왜 나라를 망해 먹은 줄 알아? 다들 간신들의 **교언영색**에 속아 넘어가고, 충신들의 쓰디쓴 충고를 받아들이지 않았기 때문이야.

 휴, 나도 알지만, 그래도 남이 좋은 말을 해주면 깜빡하고 속아 넘어가.

그건 그래. 조금만 차분히 생각해보면 옳고 그름, 이로움과 해로움을 구분할 수 있는데, 깊이 생각하지 않으니까 항상 문제가 생기지. 원래 사람을 속이는 사람들은 아주 간사하고 교묘한 말을 사용해. 너무 교묘하기 때문에 듣기에는 그럴듯하지. **조삼모사**(朝三暮四)라는 말이 있어. '도토리를 아침에는 3개, 저녁에는 4개 준다'는 뜻으로, 어리석은 자를 속이는 사기술을 말해.

송나라에 원숭이를 키우는 '저공'이라는 사람이 있었어. 저공은 원숭이를 아주 좋아해서 사람이 먹는 식량까지 원숭이들에게 주었지. 원숭이들도 저공을 잘 따랐어. 다만 문제는 원숭이가 많아지면서 먹이를 대는 것이 쉽지 않게 된 거야. 하는 수 없이 저공은 원숭이에게 줄 먹이를 줄이려고 했어. 저공이 가만히 생각해보니 원숭이들이 똑똑해서 자신이 먹이를 줄이려고 하면 아무래도 싫어할 것 같아서 한 가지 꾀를 냈지.

"너희들에게 나누어 주는 도토리를 앞으로는 '아침에 3개, 저녁에 4개(조삼모사, 朝三暮四)씩 줄 생각인데, 너희들 생각은 어떠냐?"

지금까지 10개 넘게 먹었는데 아침에 3개, 저녁에 4개로 줄인다고 하니 얼마나 화가 나. 원숭이들은 한결같이 "아침에 3개 먹으면 배고파!"라며 항의를 했어. 저공은 고민하는 듯하더니 이렇게 말했지.

"그래, 그럼 너희들을 생각해서 아침에 4개, 저녁에 3개씩 줄게."

"와, 좋아라!"

**100**

원숭이들은 아침에 4개 준다는 말에 다들 좋아라 했어.

　　멍청한 원숭이들이네. 아침에 3개 저녁에 4개나, 아침에 4개 저녁에 3개나 똑같은데 말이야.

　　그렇지. 그래서 **조삼모사**는 조금만 생각하면 알 수 있는 것을 이용해서 사람을 속이는 사기술을 말해. **조삼모사**에 안 속으려면 머리가 늘 깨어 있어야 해.

　　흠, 이제 다시는 절대, 걸고 속지 않을 거야. 이번이 정말 마시막이야.

　　제발 그 마음 변치 마라. 너희 엄마도 아침에 그렇게 결심해 놓고, 저녁 때 또 홈쇼핑 보며 물건을 산 적이 한두 번이 아니야. **조변석개**(朝變夕改), 아침 저녁으로 뜯어 고친다는 뜻인데, 너의 그 결심이 **조변석개**하지 않기를 바라마.

　　누가 내 말을 하나? 왜 이렇게 귀기 간지럽지?

고사성어 **메모지**

:: **감언이설** [甘言利說]  '달콤하고 이로운 말'이라는 뜻으로, 남의 비위를 맞추거나
이로운 조건으로 꾀는 말

:: **곡학아세** [曲學阿世]  '학문을 굽히어 세상에 아첨한다'는 말로, 잘못된 학문으로
세상을 속이는 것을 뜻함.

:: **교언영색** [巧言令色]  '남의 환심을 사기 위해 아첨하는 교묘한 말과 보기 좋게 꾸
미는 얼굴빛'이라는 뜻으로, 교묘하게 사람의 기분을 맞춰주
는 말과 살살거리며 웃는 태도를 말함.

:: **조삼모사** [朝三暮四]  '아침에는 3개, 저녁에는 4개 준다'는 뜻으로, 어리석은 자를
속이는 사기술을 말함.

:: **조변석개** [朝變夕改]  '아침 저녁으로 뜯어 고친다'는 뜻으로, 자주 변한다는 말

# 쏩쓸한 마음이 들 때

**11**

👧 딸! 왜 그렇게 우울한 얼굴을 하고 앉아 있니?

👦 쏩쓸해서……. 친구가 절교를 선언했거든.

👧 가슴이 아프겠구나. 그렇지만 어쩌겠니. 헤어질 수도 있지.

👦 그렇게 단순하지 않아. 그 아이가 왕따를 당할 때 일부러 내가 친구를 해 줬거든. 다른 친구들이 나보고 왜 그러냐면서 싫은 소리하는 것 다 참고, 그 아이가 힘들까 봐 일부러 친구를 해줘서 나중에는 왕따에서 벗어났어. 그런데 왕따에서 벗어나자마자 나한테 함부로 막 대하더니, 결국 절교를 선언하는 거야.

휴~ 정말 쓸쓸해.

🙍 달면 삼키고 쓰면 뱉는 **감탄고토**(甘吞苦吐)구나. 자기한테 필요할 때는 너와 친하게 지내다가 이제 필요 없다 싶으니까 버리다니 안타깝다. 내가 보기에는 그런 친구와는 차라리 잘 헤어졌다 싶어.

🙎 나도 같은 생각이야. **토사구팽**(兎死狗烹), 토끼 사냥이 끝나면 사냥개는 잡아 먹히는 법이지. **토사구팽**은 쓸모가 있을 때는 요긴하게 쓰이지만 쓸모가 없어지면 헌신짝처럼 버려진다는 말이야.

춘추시대 월나라에서 '구천'이라는 사람이 임금일 때, 그 밑에 '범려'와 '문종'이라는 사람이 있었어. 범려와 문종은 정말 열심히 구천을 도와서 구천이 천하 최고의 임금이 되도록 했지. 월나라는 수많은 나라 중에서 가장 강력한 힘을 지닌 나라가 되었어.

구천은 자신을 도운 범려와 문종에게 고마움을 전하면서 높은 벼슬을 주었어. 그런데 범려는 그런 구천의 은혜를 마다하고 도망을 쳤어. 구천이 고생은 함께 했지만, 행복을 같이 누릴 사람은 아니라고 생각했거든. 제나라에서 숨어 지내던 범려는 자기와 친했던 문종에게 편지를 보내.

"새 사냥이 끝나면 좋은 활은 필요가 없고, 교활한 토끼를 잡고 나면 사냥개는 삶아 먹는 법이네(토사구팽, 兎死狗烹). 구천은 사냥꾼이고, 자네는 사냥개일세. 죽기 싫으면 얼른 탈출하게."

문종은 범려의 편지를 무시해 버렸어. 지난 날 고생하면서 월나라를 강하게 만들었고 이제 부귀영화를 누리고 있는데, 모든 것을 버리고 도망치라니, 말이 안 된다고 생각했지. 그러나 얼마 뒤 범려의 걱정처럼 구천은 문종이 반란을 꾸몄다면서 죽이려 했고, 문종은 스스로 자결하고 말지. 여기서 **토사구팽**이라는 말이 생겼어.

항우와 유방의 대결에서 유방을 도와 항우를 물리치는 데 결정적인 공을 세운 '한신'도 비슷한 처지에 몰려. 만약 한신이 없었다면 유방은 항우를 결코 이기지 못했을 거야. 개인적인 생각이기는 하지만 중국 역사상 가장 뛰어난 장수를 꼽으라면 아빠는 한신을 선택할 거야.

아무튼 한신의 도움으로 천하를 재패하고 한나라를 세운 한고조 유방은 한신이 두려운 나머지 한신을 죽이려고 해. 하지만 한신이 지닌 뛰어난 능력이 무섭기 때문에 감히 직접 죽이지는 못하고, 속임수를 써서 한신을 사로잡아 버려. 아무 죄 없이 붙잡힌 한신은 한탄을 하지.

교활한 토끼를 사냥하고 나면 좋은 사냥개는 삶아 먹히고
하늘 높이 나는 새를 다 잡으면 좋은 활은 곳간에 처박히며,
적국을 쳐부수고 나면 지혜 있는 신하는 버림을 받는다고 하더니
나라를 세우기 위해 죽을 힘을 다해 노력한 나도 사냥개처럼 죽는구나.

한신의 한탄을 들은 유방은 백성들의 민심이 두려워 한신을 죽이지는 않고, 지위만 빼앗고 평생 황제가 있는 장안을 벗어나지 못하게 했어.

**감탄고토**나, **토사구팽**이나 필요할 때는 잘 대해 주다가, 필요 없으면 내팽개치는 것을 말해.

조강지처(糟糠之妻)라는 말이 생각나네. 가난한 시절 고생했던 처를 버리지 않는 마음과 너무 대조적이야. 나는 정말 왕따 당하는 것이 안타까워서 친구들한테 싫은 소리까지 들어가며 도와줬는데, 지금 생각해보니 그 아이는 나를 이용할 생각만 했나 봐.

동상이몽(同床異夢)이었군. 동상(同床)이란 한 침대를 말해. 침대를 '침상', 병들어 누워 있는 것을 '병상', 아침에 일어나는 것을 '기상'이라고 하는데, 침상, 병상, 기상 모두 상(床)이야. 그러니까 동상이몽은 한 침상에서 자면서도 두 사람이 다른 꿈을 꾸는 것처럼, 같이 무엇인가를 해도 서로 생각이 다르다는 것이지. 너는 도와주려는 마음이지만, 그 아이는 너를 이용하려는 마음이었으니 딱 동상이몽이야.

그냥 단순히 동상이몽 정도가 아니야. 나한테 항상 잘해주고, 웃는 얼굴로 대하고, 그랬단 말이야. 그러면서 속에는 칼을 품고 있었어. 때가 되니까 그 칼을 바로 꺼낸 거지. 아주 못됐어.

동상이몽보다는 구밀복검(口蜜腹劍)에 가깝구나. 구밀복검은 '입에는 꿀을 담고 뱃속으로는 칼을 지녔다'는 뜻으로, 입으로는 친절하지만 속으로는 해칠 생각을 품었음을 나타내는 말이야.

중국 역사에 정말 머리 좋기로 유명한 신하로는 강태공, 장자방, 제갈공명을 들 수 있어. 정말 머리도 좋고 인품도 뛰어난 사람들이었지. 반면에 머리 좋기로는 이 세 사람에 전혀 뒤지지 않지만 성격 나쁘기로는 최고인 '이임보'와 같은 사람도 있어.

이임보는 당시 당나라 황제인 현종을 온갖 좋은 말로 유혹한 끝에, 신하 중에서 최고인 재상의 자리에 올라. 그런 다음 지금까지도 미인의 대명사로 알려진 양귀비를 현종에게 소개하지. 현종은 양귀비를 만난 뒤로 정치는 하지 않고 늘 양귀비와 놀기만 했어. 그러니 나라가 어떻겠어? 결국 이임보가 자기 마음대로 나라를 다스리게 되지.

이임보처럼 나라를 말아먹는 간신은 역사 속에서도 많지만, 이임보처럼 교활하게 충신을 죽인 사람은 없었어. 이임보는 충신이 나타나 현종에게 바른 소리를 하거나 자신을 위협할 만하면 먼저 높은 벼슬을 줬어.

"아, 훌륭한 지적입니다. 이렇게 훌륭한 분은 높은 벼슬을 줘야지요."

그래 놓고는 나중에 흠을 잡아서는 가차 없이 죽여 버리는 거야. 입으로는 꿀 같은 말을 하지만 뱃속에는 무서운 칼이 있었던 거지(구밀복검, 口蜜腹劍). 벼슬을 높이 올려놓고 죽이니 더 잔혹했어. 이임보가 가만히 혼자 생각에 빠져 있으면 그 뒤에는 반드시 숱한 사람들이 죽어 나갔다고 해.

이임보는 무려 19년 동안 재상으로 있었는데, 태자를 비롯해 모든 신하들이 그를 두려워했대. 심지어 당시 당나라에서 가장 강력한 군대를 이끌고 있던 안록산도 이임보가 두려워 그가 살아 있을 때는 반란을 꿈꾸지 못하다가 이임보가 죽은 뒤 3년이나 지나서야 반란을 일으켰을 정도니까 이임보가 얼마나 무서운 인물인지 짐작할 수 있지.


이임보는 정말 무서운 사람이네. 어휴. 아무튼 그 아이와 나는 이제 완전히 남남이 됐어.


견원지간(犬猿之間), 개와 원숭이의 관계처럼 아주 나쁜 사이가 된 것은 아니겠지?


맞아. 견원지간이야. 아주 미워죽겠어. 그 아이도 나를 싫어하고…….


그래도 불구대천(不俱戴天)의 원수가 되지는 말아라. 불구대천은 '하늘을 같이 이고 있지 못한다'는 뜻으로, 이 세상에서 같이 살 수 없을 만큼 큰 원한을 일컫는 말이야. 말 그대로 원수 중에 최고 원수지. 이는 ≪예기≫라는 책에 나오는 말로, '아버지의 원수와는 함께 하늘을 이고 살 수 없다'는 뜻인데, 지금은 아버지의 원수뿐만 아니라 더불어 살 수 없을 정도로 미운 원수를 일컫는 말이야. 나는 싫어하는 사람은 당연히 있을 수 있다고 보지만, 그렇다고 원수로 만들지는 않기를 바란다.

 고사성어 **메모지**

:: **감탄고토** [甘呑苦吐]   달면 삼키고 쓰면 뱉는다. 필요할 때는 가까이 지내거나 잘 해주다가 필요 없으면 내팽개친다는 뜻

:: **토사구팽** [兎死狗烹]   '토끼 사냥이 끝나면 사냥개는 잡아 먹힌다'는 뜻으로, 쓸모가 있을 때는 요긴하게 쓰이지만 쓸모가 없어지면 헌신짝처럼 버려진다는 말

:: **동상이몽** [同床異夢]   '한 침상에 자면서도 다른 꿈을 꾸는 것처럼 같이 무엇인가를 해도 서로 생각이 다르다'는 말

:: **구밀복검** [口蜜腹劍]   '입에는 꿀을 담고 뱃속으로는 칼을 지녔다'는 뜻으로, 입으로는 친절하지만 속으로는 해칠 생각을 품었음을 나타내는 말

:: **견원지간** [犬猿之間]   개와 원숭이의 관계처럼 아주 나쁜 사이

:: **불구대천** [不俱戴天]   '하늘을 같이 이고 있지 못한다'는 뜻으로, 이 세상에서 같이 살 수 없을 만큼 큰 원한을 일컬음.

# 12 비웃음을 날려주고 싶을 때

🦌 아직 학생인데 명품 사뎅하며 다니는 애들은 정말 짱이야.

🐸 우리 반에도 그런 애 있는데…….

🦌 정말 유치해. 겨우 그런 것을 자랑하고.

👧 입에서 젖비린내가 풀풀 나는 애구나. **구상유취**(口尙乳臭)네. 한나라 유방과 초나라 항우가 다툴 때의 일이야. '표'라는 사람은 원래 유방을 따랐지. 그러다 유방과 항우의 싸움에서 유방이 크게 패한 일이 있었어. 이를 본 '표'는 아무리 봐도 유방이 질 것 같으니까 얼른 항우편에 항복해 버렸어. '표'를 아꼈던 유방은

설득을 하려고 신하를 보냈지만 '표'는 냉랭했어. 도리어 유방의 군대를 공격하기까지 했지. 화가 난 유방은 한나라 최고의 장수인 한신을 보냈어.

한신이 '표'를 치기 위해 떠날 때였어.

"혹시 적군의 대장이 누구지?"

한신이 물었어. 그러자 한 신하가 대답했어.

"백직이라는 자입니다."

대답을 들은 한신은 코웃음을 쳤어.

"백직이라고? 아니 그런 어린 애가 무슨 장수야."

옆에서 듣던 유방도 한마디 했어.

"백직? 그런 녀석은 **구상유취**, 입에서 젖비린내가 나. 우리 한신에게는 상대가 안 되지. '표' 녀석은 그런 놈을 믿고 나를 배신한 거야? 어이가 없군."

유방은 승리를 의심하지 않았어. 한신이 백전노장이라면 백직은 입에 젖내도 가시지 않은 아주 어린애 같은 수준이었거든. 유방의 믿음대로 한신은 아주 쉽게 백직을 죽이고, '표'를 붙잡아서 돌아왔어.

어떤 애가 나한테 막 명품 자랑을 하는 거야. 어찌나 유치하던지. 그냥 무시하려고 하는데, 그 애가 '너는 이런 것이 없냐'면서 놀리잖아. 내 참, 어이없어서. 그래서 내가 지긋이 밟아줬지.

헐, 우리 누나처럼 무서운 사람을 앞에 두고 잘난 척을 하다니……. 완전 하룻강아지 범 무서운 줄 몰랐네.

하하, **당랑거철**(螳螂拒轍)이네. 이는 '사마귀(당랑, 螳螂)가 앞발을 들고 수레바퀴를 가로막는다'는 말로, 허세를 부리거나 자기 분수도 모르고 달려드는 무모한 행동을 꼬집을 때 써.

춘추시대 제나라의 '장공'이라는 사람이 수레를 타고 가는 중이었어. 그때 웬 벌레 한 마리가 앞발을 도끼처럼 휘두르며 수레바퀴 앞을 가로막는 거야. 마치 싸움이라도 하려는 듯이. 아마 그 벌레는 수레바퀴를 자기 적이라고 생각했나 봐. 이를 본 장공은 어이가 없었어.

"진짜 웃기는 벌레구만. 그나저나 저게 무슨 벌레지?"

신하가 대답했어.

"사마귀입니다."

"사마귀라, 지 작은 벌레가 겁도 없이 수레에 달려들다니 어찌 된 일인지 아는가?"

"사마귀는 나아갈 줄은 알지만, 물러설 줄은 모릅니다. 아무리 강적이라도 절대 물러서지 않는 버릇이 있다고 합니다."

정공은 빙그레 웃었어.

"허허, 벌레지만 참 대단하구만. 저 사마귀가 인간으로 태어났으면 아주 용감한 장수가 되었을 텐데 아섭구나. 비록 힘 없는 벌레지만 무서운 적에게 대드는 용기가 기특하니, 피해서 가도록 해라."

그래서 그 사마귀가 목숨을 구했다는 얘기야. 아무리 그래도 그렇지 사마귀가 수레에게 덤비다니, 죽기 딱 좋지.

요즘에는 갈수록 이상한 애들이 많은 것 같아. 정말 눈뜨고 쳐다보기 민망한 애들도 많고, 성격이 괴팍한 애들도 많고…….

목불인견(目不忍見), 차마 눈으로 볼 수 없을 정도로 딱하거나 참혹한 것을 말해. 요즘 아이들 중에도 목불인견인 경우가 많지.

그림, 오늘은 **목불인견**인 애들, 꼴 보기 싫은 애들에 관한 얘기를 해볼까?

공부 잘하는 애들 중에 공부는 잘하는데 애들과의 관계는 정말 엉망인 애들이 많아요. 세상이 어떻게 돌아가는지 하나도 모르고……

그런 사람을 보고 **백면서생**(白面書生)이라고 하지. 오로지 글만 읽고 세상 일에 경험이 없는 사람을 **백면서생**이라고 해.

중국이 남북으로 나뉘어서 다투던 때에 남쪽 나라에 '심경지'라는 사람이 있었어. 그는 어릴 때부터 무예를 닦아 실력이 아주 뛰어났지. 10대 때 반란군을 제압한 적도 있다고 하니 대단한 사람이었나 봐. 40세 때는 외적의 침입을 막아냈고, 그 밖에도 수많은 전투에서 승리를 거두었어. 황제도 그를 좋아해서 나라를 수비하는 총 책임자 지위에까지 이르렀지.

어느 날 심경지가 참여한 자리에서 신하들과 황제가 얘기를 나눴어. 황제는 북쪽 나라를 칠 결심을 했지.

"이번에야말로 북쪽을 칠 때가 되었어. 어떻게 생각하나?"

황제는 여러 신하들에게 의견을 물었지.

"우리의 힘이 어느 때보다 강합니다. 공격해야 합니다."

"황제 폐하가 이제 천하를 지배할 때가 됐습니다. 서둘러 공격하시죠."

"대찬성입니다. 이번에야말로 우리의 강력한 힘으로 천하를 평정해야 합니다."

신하들은 모두 황제를 지지했어. 황제는 만족했지. 그런데 가장 전쟁을 잘아는 심경지가 아무 말도 안 하는 것이 이상했어. 심경지가 어떻게 생각하는지를 물었지.

"장군은 어찌 생각하나?"

"폐하, 밭 일은 누가 가장 잘 압니까?"

"농사꾼이 가장 잘 알지."

"농사를 짓는 일을 농사꾼에게 묻지 않고, 선비에게 물어서 농사를 지으면 어떻게 되겠습니까?"

"그야, 농사를 망치겠지."

"마찬가집니다. 이것은 전쟁입니다. 전쟁에 대해 아무것도 모르는, 하얀 얼굴에 글 밖에 모르는 **백면서생**들에게 전쟁에 대해서 물어봐야 도대체 무슨 도움이 되겠습니까? **백면서생**들은 뭘 모르고 찬성하고 있습니다. 제가 보기에 지금은 북쪽과 싸울 때가 아닙니다. 지금 싸우면 반드시 패할 것입니다."

심경지는 강하게 반대했지만, 황제는 싸움에 능한 심경시의 의견이 아니라 다른 신하들의 의견에 따랐어. 결국 심경지가 말한 대로 크게 패했지. 이처럼 공부를 많이 해서 아는 것이 많아 보이지만, 세상일에 대해서는 전혀 아는 것이 없는 사람을 **백면서생**이라고 해.


**백면서생** 같은 사람들은 대개 우물 안 개구리인 경우가 많아. 우물 안 개구리를 **정중지와**(井中之蛙)라고 하는데, **정중지와**인 사람은 넓은 세상은 전혀 모르면서, 아주 작은 세상에서 자기가 가장 잘난 줄 알지.

중국이 아주 혼란했을 때 '마원'이라는 사람이 있었어. 그는 '외효'라는 사람의 부하가 되었지. 그때 '공손술'이라는 사람이 자신을 황제라고 칭하고 세력을 키워갔지. 외효는 혼란한 세상에서 살아남기 위해서는 주인을 잘 만나야 한다는 생각에 공손술이 어떤 사람인지 알아보기 위해 마원을 보냈어. 마원과 공손술은 고향 친구였거든.

마원은 옛 친구를 만나러 간다는 생각에 들떠서 공손술을 찾아갔지만 공손술은 어릴 때 봤던 친구가 아니었어. 공손술은 자신을 황제라 생각했기 때문에 한껏 잘난 척을 했지. 무장한 군사들을 세워 놓고, 자기는 높은 곳에 앉아 마원을 깔보며 거드름을 피웠어.

"어, 마원! 자네가 외효 밑에 있다고?"

마원은 편하게 말할까 하다가 아무래도 분위기가 분위기인지라 존대를 했지.

"네, 그렇습니다."

"그런 자 밑에 왜 있는가? 옛 우정을 생각해 내가 자네를 장군에 임명해줄 테니 내 밑으로 오게."

마원은 잠시 고민하는 척했지만 속으로는 고개를 절레절레 흔들었어.

'세상이 혼란한데 기껏 이 정도 성공을 해 놓고는 다 이룬 듯 자만하다니……'

마원은 대충 핑계를 대고 외효에게 돌아왔어.

"그래, 공손술은 어떤 사람이던가?"

"공손술은 좁은 땅 안에서 자신이 최고인 줄 알며 거드름이나 피우는 자였습니다."

외효는 실망했어.

"허허, 공손술이 우물 안 개구리(정중지와, 井中之蛙)라니. 아쉽군."

외효는 공손술에게 실망하고 다른 인물을 찾아나서지.

원래 우물 안 개구리에게는 바다에 대해 아무리 얘기해줘도 모르고, 여름만 지내는 벌레에게는 겨울의 눈과 얼음을 얘기해줘도 전혀 알지 못하지. 생각이 좁고, 경험이 좁은 사람은 넓은 세상을 알지 못해.

솔직히 요즘 학생들은 공부만 하다 보니 **백면서생**에 **정중지와**인 경우가 많아.

맞아. 교과서만 알고 세상의 다양한 일은 전혀 모르는 **일자무식**(一字無識)

인 경우가 많지. 옛날에 글자를 하나도 모르는 사람을 **일자무식**이라고 했다면, 요즘 학생들은 교과서와 시험만 알지 다른 것은 하나도 모르는 경우가 많아. 세상일에 대해서는 **일자무식**인 학생들이 많은 것은 정말 불행한 일이야.

저도 그렇지만, 솔직히 애들은 나대는 애를 제일 싫어해요.

'나댄다'는 말이 '잘난 척한다'는 말이지? 솔직히 나도 실력은 하나도 없으면서 잘난 척하는 **허장성세**(虛張聲勢)는 참 싫어. 그렇지만 실력이 정말 있다면 잘났다고 자기를 표현하는 것은 괜찮다고 봐.

나야말로 **허장성세**와는 거리가 먼 진짜 실력파지. 멍청하면서 아는 척하는 것이 진짜 문제지.

옛날부터 어리석은 사람을 비웃는 말은 많았어. 대표적인 말이 **각주구검**(刻舟求劍)이야. **각주구검**은 '배에 금을 긋고 칼을 찾는다'는 말로, 정말 어리석고 미련한 사람을 가리키는 말이야.

옛날 어떤 사람이 큰 강을 건너기 위해 배를 탔어. 배가 강의 한복판을 건너는데, 실수로 손에 들고 있던 칼을 강물에 떨어뜨리고 말았어. 순간 당황한 그 사람은 허둥지둥하다가 얼른 허리에 차고 있던 단검을 빼내 뱃전에 표시를 했어.

"내가 여기서 잃어 버렸지. 그러니까 여기에 표시를 해야겠어."

배가 계속 앞으로 가고 있는데 그 사람은 칼을 빠뜨린 강이 아니라 배 위에 표시를 한 거야. 옆에서 지켜보던 이들은 다 비웃었지만 그 사람은 전혀 신경 쓰지 않았어. 이윽고 배가 건너편에 도착하자 그는 옷을 벗고 배에 표시된 곳의 아래쪽 강에 뛰어들었어. 그리고는 배 밑을 한참 찾았어. 당연히 칼은 못 찾았지.

비슷한 말로 **수주대토**(守株待兎)가 있어. 그루터기를 지키며 토끼를 기다린 다는 말로, 정말 어리석은 사람을 가리켜.

송나라에 어떤 농부가 밭을 갈다가 나무 아래서 잠시 쉬고 있었어. 그때 갑자기 토끼 한 마리가 뛰어오다가 밭 가운데 있는 그루터기에 부딪쳐 목이 부러져 죽는 거야. 완전히 횡재를 한 거지.

잠시 쉬다가 토끼를 공짜로 얻은 농부는 가만히 생각했어.

'내가 하루 종일 일해도 토끼 한 마리 값보다 못한 돈을 버는데, 차라리 토끼를 기다리는 것이 훨씬 이익이 되지 않을까? 푹 쉬고, 토끼는 토끼대로 얻고……'

그때부터 농부는 나무 밑에 앉아 토끼를 기다렸지(수주대토, 守株待兎). 토끼가 와서 죽기를 바라면서……. 짐작하겠지만, 토끼는 다시 죽지 않았고, 농부는 농사를 망쳤지.

수주대토나 각주구검은 어리석은 사람을 비웃고 있는데, 당시에 이 말이 만들어질 때는 세상이 변했음에도 거기에 적응을 하지 못하고, 옛날 방식의 삶만을 고집하는 것을 비꼬는 말이었어. 당시 귀족들이 예절이나 절차, 법식 등 겉으로 번지르르하게 꾸미는 일은 중요하게 여기면서 정작 세상의 변화는 전혀 생각지 않았거든. 그런 것을 **허례허식**(虛禮虛飾)이라고 하지. 중요한 것은 진실한 마음과 삶인데, 겉으로 어떻게 꾸미는지만 중요하게 여기니까 어리석다고 비웃음을 당한 거지.

고사성어 메모지

:: **구상유취** [口尚乳臭]  '입에서 젖비린내가 풀풀 나는 애'라는 뜻으로, 실력이 훨씬 떨어지는 사람을 깔볼 때 쓰는 말

:: **당랑거철** [螳螂拒轍]  '사마귀가 앞발을 들고 수레바퀴를 가로막는다'는 말로, 허세를 부리거나 자기 분수도 모르고 달려드는 무모한 행동을 꼬집을 때 쓰는 말

:: **목불인견** [目不忍見]  차마 눈으로 볼 수 없을 정도로 딱하거나 참혹함.

:: **백면서생** [白面書生]  오로지 글만 읽어서 세상일에 경험이 없는 사람

:: **정중지와** [井中之蛙]  우물 안 개구리

:: **일자무식** [一字無識]  글자를 하나도 모를 정도로 무식한 사람

:: **허장성세** [虛張聲勢]  실력은 전혀 없으면서 잘난 척함.

:: **각주구검** [刻舟求劍]  '배에 금을 긋고 칼을 찾는다'는 말. 정말 어리석고 미련한 사람을 뜻함.

:: **수주대토** [守株待兔]  '나무 아래를 지키며 토끼를 기다린다'는 말로, 정말 어리석은 사람을 뜻함.

:: **허례허식** [虛禮虛飾]  예절, 절차, 형식 등 겉으로만 꾸며 번드레하게 하는 일

# 정의를 실현하고 싶을 때

어쩌면, 이럴 수가!

엄마, 왜 그렇게 화를 내?

독극물을 사람이 먹는 음식에 넣어서 판 사람들이 붙잡혔다는 뉴스를 듣고 너무 화가 나서 그래. 이런 뉴스를 들으면 **비분강개**(悲憤慷慨)하지 않을 수 없어. 슬프고 화가 나서 참을 수가 없어. 정말 못된 사람들이야.

그래 맞아. 정말 **천인공노**(天人共怒), 하늘과 사람이 함께 노할 일이야. 도저히 용서할 수 없는 죄야.

사람이 먹는 음식에 이런 못된 짓을 하는 사람은 천벌을 받을 거야. 지금 당장 눈앞의 이익에 눈이 멀어 죄를 짓는 사람들은 **인과응보**(因果應報)라는 말을 꼭 새겨야 해. 좋은 일을 하면 복을 받고, 나쁜 일을 하면 벌을 받게 된다는 것을 알면, 절대 작은 이익을 위해 음식에 독극물을 넣는 것과 같은 나쁜 짓은 안 할 텐데…….

처벌이 너무 약해서 자꾸 이런 못된 사람들이 나오는 것이 아닐까?

맞아. **권선징악**(勸善懲惡), 착한 일은 널리 알려서 칭찬하고, 나쁜 짓을 하면 확실히 벌을 줘야 해. 그래야 이런 못된 짓을 안 할 거야.

옛날에는 여자는 천대받고, 남자는 귀하게 여겼지. 그래서 남자는 높여서 부르고, 여자는 훨씬 낮춰서 불렀어. 그런 시대에 노나라의 '장공'이라는 사람은 부인을 부를 때 늘 극존칭을 썼어. 주위에 있던 사람이 왜 그러느냐고 물었지.

"아니, 남자는 귀하고 여자는 천하거늘, 어찌하여 부인에게 그리 존댓말을 쓰십니까?"

어휴, 남자가 귀하고 여자고 천하다고? 그냥 확 한 대 쥐어박고 싶지만, 아무튼 그 시대 남자들은 그렇게 생각했지.

"다 이유가 있지요."

"도대체 무슨 이유입니까?"

"제 부인은 제가 어려움에 처했을 때 고생하며 도왔고, 나라가 어려움에 닥쳤을 때 자신을 희생했습니다."

"그것과 존댓말을 쓰는 것이 무슨 관계가 있습니까?"

장공은 자세히 설명했어.

"착한 일을 했을 때는 이를 널리 알리고 대접해줘야 하며, 나쁜 일을 했을 때는 강하게 처벌하는 것(권선징악, 勸善懲惡)은 당연한 이치입니다. 제 부인이 그만큼 큰 공을 세우고, 고생을 했으면 당연히 그에 맞는 대접을 해줘야지요."

그때서야 주위 사람들은 장공의 깊은 뜻을 알아차렸어.

**권선징악**, 즉 착한 일은 권하고, 악한 일은 벌을 주면 사회가 올바르게 자리 잡히고, 바른 길로 가게 되지. 그것이 세상을 바르게 하는 가장 좋은 방법이야.

맞아. 그런데 우리나라는 나쁜 죄를 저지른 죄인들에 대한 벌이 너무 약한 경우가 많아요.

**사필귀정**(事必歸正), 일은 반드시 바른 곳으로 흘러가게 되어 있어. 지금은 어떨지 모르지만 언젠가는 결국 나쁜 사람은 벌을 받고, 좋은 사람은 대접을 받게 돼. 난 **사필귀정**을 믿어.

나는 아빠와 조금 생각이 달라. 아빠는 자연스럽게 정의가 실현된다고 믿지만, 나는 인간이 노력하지 않으면 정의가 바로 서지 않는다고 봐. 악의 뿌리는 완전히 뽑힐 때까지 강하게 처벌해야 해.

**발본색원**(拔本塞源), 근본을 뽑고 근원을 막아 버리는 것이지. 나쁜 짓은 꿈에도 생각하지 못할 만큼 강하게 처벌해야 해.

나는 처벌보다는 지도자나 사회에서 높은 지위에 있는 사람들이 모범을 보이는 것이 더 필요하다고 생각해.

춘추시대, 제나라 영공 때의 일이야. '영공'이라는 사람은 취미가 조금 별나서 궁중에 있는 여인들을 남자처럼 꾸며 놓고 가만히 구경하는 것을 좋아했어. 영공의 별난 취미는 개인의 취미에서 그치지 않았어. 여인들이 남장을 하는 것이

유행처럼 번졌거든. 나라 곳곳에서 남장 여인을 하는 유행이 퍼지다 보니 혼란스러운 일도 많이 생기고, 문제가 많았어.

보다 못한 영공은 결국 남장을 법으로 금지시켰어. 아주 가혹하게 처벌을 했지. 하지만 남장 여인 풍습은 사라지지 않았어. 영공은 고민 끝에 신하인 안영에게 물었지.

"안영."

"네, 전하."

"내가 법으로 엄격히 금지하게 하고, 처벌도 했건만 도대체 남장 여인 풍습이 수그러들지 않으니 어찌된 일이요?"

"밖에는 양 머리를 걸어 놓고 개고기를 팔고(양두구육, 羊頭狗肉) 있기 때문이지요."

"**양두구육**(羊頭狗肉), 양 머리를 걸어 놓고 개고기를 판다니 그것이 무슨 말이오? 남장 여인의 풍습이 사라지지 않는 것이 **양두구육**과 무슨 관계가 있다는 말이오. 이해가 안 가니, 자세히 설명해보시오."

"전하, 전하께서는 궁중 안에서 여전히 남장을 한 여인들을 보며 즐기고 계십니다."

영공은 조금 쑥스러웠어.

"흠흠. 그렇지."

"그래 놓고 백성들에게는 남장 여인의 풍습을 하지 말라고 하십니다. 임금이 지키지 않는 법을 백성들이 따를 리 없지요. 막말로 임금님께서는 완전히 겉과 속이 다릅니다. 백성을 대상으로 사기를 치고 계신 것이지요. 그러니 **양두구육**과 다를 바 없지요."

안영의 말을 들은 영공은 부끄러워. 영공은 당장 궁 안에 남아 있던 남장 여인의 풍습을 없애고, 자신도 법을 잘 지켰지. 그러자 자연스럽게 백성들 사이에 퍼져 있던 남장 여인 풍습이 사라졌대.

나도 사회 지배층이나 지위가 높은 사람들이 모범을 보여야 한다는 점에는 동의해. 그리고 나는 지위가 높은 사람들이 저지르는 범죄는 같은 죄라 해도 일반적인 사람보다 더 강하게 처벌해야 한다고 봐.

**지록위마**(指鹿爲馬), '사슴을 가리켜 말(馬)이라고 한다'는 말로, 권력이 강한 사람이 자신이 지닌 권력을 이용해 남을 속이거나 나쁜 짓을 하는 것을 말해.

진시황이 죽자 진시황을 옆에서 모시던 내시인 '조고'는 권력 욕심을 냈어. 진시황은 부소에게 황제 자리를 물려주라고 했지만, 조고는 부소를 싫어했어. 부소는 진시황과 달리 백성을 잘 보살피고, 불의를 미워했거든.

진시황도 부소의 그런 면이 좋아서 부소에게 황제 자리를 물려주려고 한 것인데, 조고는 부소가 황제가 되면 자신이 권력을 잃을 것이라고 생각했어.

그래서 황제의 명령을 거짓으로 꾸미고는 아주 나이가 어린 '호해'를 황제로 삼았지. 물론 부소는 죽여 버리고 말이야. 호해는 '천하의 모든 쾌락을 마음껏 즐기며 살겠다'고 말했을 정도로 정말 멍청하고, 욕심만 많았거든.

조고는 어리석은 호해를 이용해서 많은 신하들을 죽이고, 자기 권력을 마음대로 휘둘렀어. 조고의 권력이 무서워 어느 누구도 조고의 권력에 대항하는 사람이 없었지. 권력이 강해지자 조고는 이제 황제를 죽이고 자신이 황제가 되려는 생각까지 했어.

'평소에는 날 따르지만 만약 내가 황제가 되려고 하면 어떻게 나올지 몰라. 한번 시험해봐야겠다.'

이렇게 생각한 조고는 사슴 한 마리를 잡아서 황제에게 바쳤어.

"폐하, 제게 아주 좋은 말이 있어서 폐하께 바칩니다."

**지록위마**, 즉 사슴을 말이라고 한 것이지. 어리석은 황제인 호해는 껄껄 웃었어.

"하하하, 농담이 심하네."

"농담이 아닙니다. 그럼 어디 신하들에게 물어보지요. 여봐라. 이게 말이냐 사슴이냐? 내가 보기에는 말인데, 너희들 보기에는 어떠냐?"

누가 봐도 사슴인데 자기 눈엔 말로 보인다고 하니 황당하지? 당연히 몇몇 신하들은 말이 아니라 사슴이라고 했지. 반면에 조고가 두려웠던 신하들의 대다수는 말이라고 했어. 조고는 자기 생각을 따르지 않고 사슴이라고 말한 신하들이 누군지 다 기억해 두었어.

'어쭈, 저것들이 감히 내 뜻을 거역해?'

나중에 조고는 사슴이라고 말한 신하들을 전부 죽여 버렸어.

이처럼 무지막지하게 나쁜 짓을 해대니 나라가 온전할 리가 없었지. 정말 살기 힘들었던 백성들은 결국 반란을 일으켰고, 반란은 전국 곳곳으로 번져갔어. 항우와 유방이 이끄는 군대가 진나라 수도를 향해 쳐들어온 것도 바로 이때야.

아무튼 조고는 자신이 황제로 세운 호해를 죽이고, 이번에는 자신이 죽인 부소의 아들을 황제로 삼았지만, 부소의 아들에 의해 치참하게 죽고 말지.

 **사필귀정**이네.

그래, 조고가 죽임을 당한 것은 **사필귀정**이지. 난 **지록위마** 얘기를 보면서 지도자나 권력이 있는 사람의 나쁜 짓은 훨씬 큰 영향을 끼치므로, 더 강하게 처벌해야 한다는 생각을 했어.

그것은 나도 동의해. 특히 권력을 이용해 범죄를 저지른 경우에는 나중에라도 그 잘못을 **명명백백**(明明白白)하게 밝혀내야 해. 아주 분명하게, 한 점 숨기는 것 없이 다 밝혀야 나중에 권력을 잡은 사람도 **지록위마**와 같은 못된 짓은 하지 못하게 될 거야.

🦌　**인과응보**요, **사필귀정**이라. 인간의 노력에 의해서든, 세상의 이치가 그렇든 간에 정말 꼭 그렇게 되었으면 좋겠는데…….

 고사성어 메모지

:: **비분강개** [悲憤慷慨]　슬프고 화가 나서 참을 수가 없음.

:: **천인공노** [天人共怒]　하늘과 사람이 함께 노한다는 뜻으로, 정말 못된 짓을 가리
킬 때 사용함.

:: **인과응보** [因果應報]　좋은 일을 하면 복을 받고, 나쁜 일을 하면 벌을 받게 됨.

:: **권선징악** [勸善懲惡]　착한 일은 널리 알려서 칭찬하고, 나쁜 일을 하면 확실하게
벌을 줌.

:: **사필귀정** [事必歸正]　일은 반드시 바른 곳으로 흘러간다. 정의는 승리하고 악은
처벌받는다는 뜻

:: **발본색원** [拔本塞源]　근본을 뽑고 근원을 막아 버린다. 주로 나쁜 짓을 근원적으
로 막고 처벌함을 뜻할 때 사용한다.

:: **양두구육** [羊頭狗肉]　양의 머리를 걸어 놓고 개고기를 판다는 말. 겉과 속이 완전
히 다르다는 뜻 또는 누군가에게 사기를 친다는 뜻

:: **지록위마** [指鹿爲馬]　사슴을 가리켜 말(馬)이라고 한다는 말로, 권력이 강한 사람
이 자신이 지닌 권력을 이용해 남을 속이거나 나쁜 짓을 하
는 것을 뜻함.

:: **명명백백** [明明白白]　아주 분명하게, 한 점 숨기는 것 없이

14. 걱정이 찾아올 때

15. 후회가 밀려올 때

16. 포기하고 싶은 마음이 들 때

17. 욕심에 사로잡혔을 때

18. 불운하다고 느낄 때

4부

# 실패

**14**

# 걱정이 찾아올 때

🙂 엄마 솔직히 너무 힘들어요. 저는 제가 외톨이 같다는 느낌이 들어요.

🙂 네가 **고립무원**(孤立無援), 외톨이가 되어 도움을 받을 데가 없다고 느끼는구나. 엄마 아들이 엄마아빠와 함께 있으면서도 **고립무원**이라고 느끼다니, 엄마 마음도 아프구나.

🙂 공부를 못해서 학교나 학원에서도 별로 대접받지 못하고, 집에서는 누나한테 눌려서 제대로 대접을 못 받아요. 이래저래 힘들어요.

🙂 **내우외환**(內憂外患)이구나. 안의 근심과 밖의 재난이 겹쳤으니 힘들 수밖

에…….

여러 나라가 다투던 춘추시대에 마침내 진나라와 초나라가 가장 강대한 나라가 되어 서로 대립했어. 두 나라는 다른 나라보다 훨씬 부강하고 군대도 강했지. 팽팽하게 맞서던 두 나라는 전쟁을 치를 뻔했지만 천하의 평화를 위해 전쟁을 하지 않기로 약속을 하지.

그러다 정나라가 진나라에 맞서서 군사를 일으키고, 이런 정나라를 초나라가 지원을 해. 초나라와 진나라가 싸우지 않기로 약속을 했기 때문에 진나라 내부에서는 정나라를 공격할 것인지, 말 것인지를 두고 토론이 벌어지지.

"지금 우리에게 맞서는 성나라를 치지 않으면 다른 나라도 우리를 만만하게 보고 다들 우리와 맞서려 할 것입니다. 정나라에 본때를 보여줘야 다른 나라들이 우리에게 맞설 생각을 하지 않을 것입니다."

"정나라를 치면 초나라와 싸우게 됩니다. 초나라와 싸움이 벌어지면 정나라와 싸우는 것과는 차원이 다른 전쟁이 됩니다."

"초나라가 무서워 정나라를 그대로 두자는 소립니까?"

"누가 무섭답니까? 아직은 싸울 때가 아니라는 서시요."

"이번에 우리가 초나라와 싸움을 피하면 천하의 모든 나라가 우리는 무시하고, 초나라만 두려워할 것입니다. 싸워야 합니다."

"우리는 지금 나라 안에 근심이 많습니다. 이런저런 해결할 일들이 많아요. 이런 상황에서 외부의 적과 싸우는 일을 만들면 정말 힘듭니다. 내우외환이 벌어지면 웬만해서는 견디기 힘들어요."

"흥, 그것은 지나친 걱정일 뿐이오."

토론 끝에 진나라는 정나라를 치기로 결정해. 당연히 초나라도 군대를 파견하고, 진나라와 초나라는 큰 싸움을 벌이지. 이 싸움에서 진나라가 이기면서 진나라는 가장 강한 나라로 발돋움하지.

내우외환이라는 말은 여기서 생겼어. '안의 근심과 밖의 재난이 겹친다'는 뜻이지.

내우외환 맞아요. 저는 정말 힘들어요. 친구들과 관계도 계속 안 좋아지는 것 같고, 마음도 그냥 확 무너질 것 같아요.

우리 아들의 마음 상태가 **누란지위**(累卵之危), 알을 가득 쌓아 놓은 것처럼 위태롭구나.

전국시대에는 수많은 지식인들이 여러 나라를 돌아다니며 자신이 지닌 재주를 팔았어. 많은 나라들이 힘을 겨루는 시대였기 때문에 재주가 뛰어난 사람들을 원하는 임금이 많았거든. 위나라 사람인 '범저'도 그중 한 사람이었어. 범저는 재주가 뛰어났지만 워낙 가난하고 아는 사람도 없어서 임금의 눈에 띄기가 쉽지 않았지. 그러던 어느 날 범저는 우연한 기회에 '수가'라는 사람을 따라서 제나라로 가게 되었어. 좋은 말로 하면 수행원이고, 나쁜 말로 하면 하인이었던 거지.

그런데 제나라에 간 뒤에는 범저가 뛰어난 능력을 발휘해서 주인인 수가보다 더 유명해진 거야. 수가는 기분이 몹시 상했어. 자기를 따라온 하인이 자기보다 더 유명해지고, 인기가 많았으니 참기 힘들었지. 다시 위나라로 돌아온 수가는 화가 나서 없는 말을 꾸며냈어.

"범저는 제나라의 간첩이다. 그는 우리나라를 제나라에 넘기려는 못된 짓을 꾸미고 있다."

당연히 범저는 잡혀갔지. 다른 죄도 아니고 나라를 망하게 하려고 한 죄인이었기 때문에 범저는 엄청난 고문을 당한 뒤, 처참한 몰골로 감옥에 갇히고 말았지. 범저는 언제 죽을지도 모르는 상황에 처하게 됐어.

'내 처지가 알을 가득 쌓아 놓은 것처럼 위태롭구나(누란지위, 累卵之危).'

최소한의 **고사성어**300

언제 죽을지 모르는 불안한 상황이 그로 하여금 불안하게 가득 쌓아 놓은 알, **누란지위**와 같다고 여기게 한 셈이지. 범저는 위태로운 상황에서도 어떻게든 살아남겠다고 결심했어. 범저는 감옥을 지키는 간수를 설득해서 탈출을 해. 간수를 말로만 설득해서 탈출을 하다니, 범저의 말솜씨가 대단했나 봐.

범저는 아는 사람 집에 몰래 숨은 후에 이름을 '장록'으로 바꿨어. 범저라는 이름으로 있다가는 언제 죽을지 모르거든. 장록은 제나라를 탈출할 기회만 엿보았어. 조금 상황이 나아지기는 했지만 여전히 **누란지위**였으니까. 살아남으려면 도망치는 수밖에 없었어. 기회를 엿보던 중 때마침 진나라에서 외교관이 왔어. 진나라는 당시 최강대국이었어. 장록은 옳다구나 싶었지.

장록은 어렵사리 진나라 외교관을 만난 뒤 자신을 진나라로 데려가 달라고 설득해. 진나라 외교관은 장록의 재주를 알아보고 진나라로 데려가지. 진나라에 도착한 장록은 진나라 임금을 볼 기회가 생기자 거침없이 자기 생각을 말해.

"지금 진나라는 **누란지위**입니다."

임금은 장록의 말을 듣자 기분이 나빴어. 최강대국 진나라를 **누란지위**라고 하니 어이가 없었지. 임금은 기분이 나빴지만 꾹 잠고 이유를 물었어.

"진나라는 그 힘은 강하지만 다른 여섯 나라가 모두 합한 힘을 당해낼 정도는 아닙니다. 만일 지금처럼 여섯 나라가 똘똘 뭉친 상황이 계속되면 진나라가 어찌 나라의 안전을 지키겠습니까?"

그 말을 듣자 임금은 무릎을 쳤어.

"맞는 말이다. 안 그래도 그것 때문에 고민이 많았다. 어떻게 하면 되겠는가?"

"멀리 있는 나라와는 친하게 지내십시오. 그들은 어차피 진나라와 멀리 떨어져 있기 때문에 진나라를 눈앞의 있는 위험으로 생각하지 않습니다. 그 다음은 가까이 있는 나라를 공략하십시오. 멀리 있는 나라와 친하게 지내고, 가까이 있는 나라를 공격하면 그들은 지금처럼 똘똘 뭉치지 못합니다. 뭉치지 못한 여섯 나라는 전혀 두려울 것이 없지요. 이게 바로 진나라를 **누란지위**에서 구할 방법입니다."

실제로 진나라 임금은 장록의 말처럼 외교 정책을 펼쳤고, 그때까지 똘똘 뭉쳐 있던 여섯 나라의 단결이 깨지면서 진나라가 천하 통일을 할 기틀이 만들어지지.

내가 옆에서 들었는데, 아들의 마음 상태가 **백척간두**(百尺竿頭), 즉 백자나 되는 긴 장대 위에 올라 선 것처럼 위태롭구나. 사람은 상황이 아니라 마음이 무너지면 더 위험하지. 절망이 더 힘겨움을 만드는 거야. 아들이 구체적으로 무엇 때문에 힘들어하는지는 모르지만 절망이 아니라 희망을 생각하면 좋겠구나. 자신의 마음을 **백척간두**에 올려놓지 말고 든든한 땅에 두어야지.

아빠 말을 들으니 **사면초가**(四面楚歌)라는 말이 생각나는구나. **사면초가**는 '사방에서 초나라 노래가 들린다'는 말로, 완전히 포위되어 위태롭고 어려운 처지에 빠진 상황을 말해. **고립무원, 누란지위, 백척간두**와 비슷한 말이지.

항우와 유방의 싸움이 끝을 향해 갈 때의 얘기야. 처음에는 항우가 훨씬 강하고 유리했지만 나중에는 유방이 더 강해졌지. 유방은 뛰어난 신하들이 많았지만 항우는 자기가 가장 뛰어나다는 생각 때문에 충신의 의견을 귀담아듣지 않다가 결국 밀리게 돼. 불리한 처지에 빠진 항우는 휴전을 제의하고, 유방은 이를 받아들이지. 서로 군대를 돌려서 돌아가던 중 유방의 신하 중 한 사람인 장량이 유방에게 말하지.

"지금 항우의 군대를 공격해야 합니다. 다시 오지 않을 기회입니다."

"아니, 항우와 휴전을 얼마 전에 했는데 약속을 깨고 공격이라니⋯⋯."

"지금 약속을 따질 때가 아닙니다. 지금 항우의 군대가 돌아가면 그들은 다시 힘을 기르고 예전처럼 강한 군대가 될 것입니다. 그때는 싸움이 어찌될지 알기 어렵습니다. 지금 그들은 팽팽한 긴장이 풀어져 어서 고향에 돌아갈 생각만 하고 있습니다. 고향으로 돌아가는 설레는 마음이 강한 지금, 그들의 전투력은 그야말로 바닥입니다. 그러니 지금 공격해야 합니다."

유방은 장량의 건의를 받아들여서 항우 군대를 추격하지. 하지만 정면 승부를 하자니 유방의 군대도 피해가 너무 많을 것 같아서 걱정이었어. 아무리 약해졌어도 항우의 군대는 강력했거든.

"이제 어찌해야 좋겠나. 그대의 말을 따라 다시 싸움에 나섰지만 싸움의 결과는 예측하기 쉽지 않아. 저들을 쉽게 꺾을 좋은 방법이 없겠나?"

"사방을 포위한 뒤 초나라에서 붙잡은 포로들로 하여금 노래를 부르게 하십시오."

"노래를 부르게 한다? 어째서?"

"저들은 고향에 돌아갈 생각에 들떠 있다가 다시 싸움이 벌어져 크게 실망했습니다. 지금 사방에서 초나라 노래가 들려오면(사면초가, 四面楚歌) 그들은 고향에 대한 그리움으로 전투력이 크게 악해질 것이고, 완전히 포위되어 싸워봤자 질 것이라는 생각을 하게 될 것입니다."

"옳지. 그리고 난 뒤에 싸우면 승부는 이미 보나마나구나."

장량의 계획에 따라 한나라 군대는 사방을 포위한 뒤에 포로로 잡은 초나라 병사들에게 초나라 노래를 부르게 하지. 초나라 포로들은 영문도 모른 채 그냥 노래를 불렀어. 고향의 노랫소리를 들은 초나라 병사들은 고향을 향한 그리움이 사무치자 다들 도망을 쳤어. 장수들도 자기들이 완전히 포위되었고, 초나라 병사들이 수도 없이 많이 붙잡혔다고 생각하여 싸울 의지를 잃어 버렸지.

"저들이 벌써 초나라를 다 차지했단 말인가? 어찌 저토록 초나라 사람들이 사방에서 노래를 부른단(사면초가, 四面楚歌) 말인가?"

초나라 군대를 이끌던 항우마저도 싸움의 승부가 이미 결정났다고 생각해. 항우가 사랑한 우미인은 항우 앞에서 자결을 하지. 안타까운 일이야. 항우는 마지막까지 자신을 따르던 8,000명의 고향 청년들을 이끌고 최후의 탈출을 시도해. 8,000명의 고향 청년이 모두 죽고, 홀로 고향으로 건너는 마지막 강에 도착한 항우는 강만 건너면 다시 고향으로 돌아가 새로운 세력을 일으킬 수 있음에도 불구하고 포기를 해버려. 처음부터 함께 했던 고향 사람 8,000명을 잃고 혼자 돌아가는 것이 부끄러웠거든. 만약 그때 항우가 죽지 않고 고향으로 돌아갔다면 중국의 역사가 어찌 되었을지는 아무도 모르지. 아무튼 항우는 절망하고 스스로 포기를 하고 말아.

아들, 엄마가 왜 **사면초가** 얘기를 들려주는 줄 아니?

항우와 초나라 병사들이 스스로 절망해서 무너진 것을 생각해보라고요. 그들은 사방에서 초나라 노래가 들리자 지레짐작으로 절망했고, 결국 싸우기도 전에 지고 말았어요. 제 마음 상태가 지금 그와 비슷해요.

그래 맞아. 고민하는 것은 좋아. 자기가 처한 어려움에 대해 깊이 생각하는 것은 필요하지. 그러나 정도가 지나쳐서 **노심초사**(勞心焦思)하는 것은 좋지 않아. 노심(勞心)은 '마음을 수고롭게 하다'라는 뜻이고, 초사(焦思)는 '생각을 치열하게 하다'는 뜻이야. 둘을 합치면 마음을 수고롭게 하고 생각을 너무 깊게 하는 것을 말하지. 고민은 필요하지만 고민을 **노심초사** 수준으로 과하게 하면 오히려 도움이 안 돼.

그래, 늘 지나친 걱정이 문제지. **기우**(杞憂), 이는 '기나라 사람의 걱정'이라는 말로, 쓸데없는 걱정을 뜻해.

최소한의 **고사성어**300

옛날 기나라에 쓸데없는 걱정을 늘 하는 사람이 있었어.

"만약 하늘이 무너지면 어떡하지?"

하늘이 무너질 걱정을 하느라 잠도 못자고, 식사도 하지 못할 정도였지. 이를 보다 못한 친구가 말했어.

"하늘은 공기가 가득한데 어떻게 무너지겠는가? 공기는 무너지지 않는다네."

그 말을 듣고 안심하던 기나라 사람은 또다시 걱정을 했어.

"아니, 하늘이 공기뿐이라면 해와 달과 별이 땅으로 떨어지면 어떡하지?"

"그것이 왜 떨어져? 그것은 그저 자기 자리에서 빛나고 있을 뿐이야."

"다행이네."

다시 안심하던 기나라 사람은 또다른 걱정을 했어.

"하늘은 그렇다고 쳐도 땅이 무너지면 어떡하지?"

친구는 한숨을 쉬었어. 걱정이 끝도 없으니까.

"땅은 온통 흙으로 가득하네. 무너질 곳이 없어."

기나라 사람은 그 말을 듣고야 안심을 했대. 하지만 거기서 끝이었을까? 내가 보기에는 아마 또 다른 걱정을 하느라 제대로 살지 못했을 거야.

우리가 하는 걱정의 대부분은 기우일 뿐이야. 그러니 힘내. 아들.

 네. 엄마아빠 고마워요.

고사성어 메모지

:: **고립무원** [孤立無援]　'외톨이가 되어 도움을 받을 데가 없다고 느낀다'는 뜻
:: **내우외환** [内憂外患]　안의 근심과 밖의 재난이 겹침. 안과 밖으로 어려움이 닥친
　　　　　　　　　　　　상황
:: **누란지위** [累卵之危]　'알을 가득 쌓아 놓은 것처럼 위태롭다'는 뜻
:: **백척간두** [百尺竿頭]　'백자나 되는 긴 장대 위에 올라 선 것처럼 위태롭다'는
　　　　　　　　　　　　뜻
:: **사면초가** [四面楚歌]　'사방에서 초나라 노래가 들린다'는 말로, 완전히 포위되어
　　　　　　　　　　　　위태롭고 어려운 처지에 빠진 상황
:: **노심초사** [勞心焦思]　'마음을 수고롭게 하고, 생각을 너무 깊게 한다'는 뜻
:: **기우** [杞憂]　　　　　'기나라 사람의 걱정'이라는 말로, 쓸데없이 걱정한다는 뜻

# 후회가 밀려올 때

**15**

 아, 내가 왜 그랬을까? 내가 또 왜 그랬을까?

 왜 그래? 딸!

 6개월 동안 모은 돈을 이번에 친구들이랑 놀이공원 가고, 쇼핑하고, 맛있는 거 먹는 데 다 써 버렸거든요. 정말 이틀 동안 신나게 놀았는데, 지나고 나니 허무하네요.

 이틀 동안 신나게 놀았는데 지나고 보니 허무하다! 완전 **일장춘몽**(一場春夢)이구나. 화려한 듯하지만 지나고 나면 한바탕 봄 꿈처럼 헛되게 놀았네.

김만중이 지은 소설 《구운몽》을 보면 주인공은 일생을 화려하게 살아. 좋은 집에 태어나서 과거에 급제하고, 세상에서 가장 아름다운 두 부인과 여섯 명의 첩을 두지. 외적이 침입해 오자 군대를 이끌고 나아가 나라를 구하는 큰 공을 세우고, 나중에는 황제 바로 다음 가는 재상이 되어 최고의 권력을 누리지. 부와 명예, 사랑과 행복을 모두 거머쥐어. 그러던 어느 날 부인들과 함께 산천 구경을 하는데 과거 영웅들의 무덤이 있는 곳을 지나게 되었어.

"아, 저들도 한때는 세상에 큰 이름을 날리던 영웅들이었지만, 이제 죽고 나니 그저 지나간 날의 봄 꿈처럼 허망하구나."

그 순간 주인공은 잠에서 깨어나. 하나의 일생이 한바탕 꿈처럼 허망하게 느껴졌지. 그때부터 주인공은 정말로 참되게 사는 길을 고민하고 참 삶을 사는 길을 선택해.

일생을 화려하게 지내도 그것이 한바탕의 꿈처럼 여겨지는데, 이틀 동안의 화려한 삶이야 지나고 나면 정말 꿈처럼 허망할 거야.

남가일몽(南柯一夢)이라는 말도 있어. **남가일몽**은 '남쪽 나뭇가지의 꿈'이라는 말로, 인생의 부유함과 권력이라는 것이 사실은 한때의 꿈과 같은 것일 뿐이라는 뜻이야. **일장춘몽**과 같은 말이지.

당나라 시대에 '순우분'이라는 사람이 있었어. 어느 날 순우분이 술에 취해 집 앞의 큰 나무 아래서 잠이 들었지 뭐야. 푹 자고 있는데 누가 깨워서 일어났지. 눈을 떠보니 파란색 옷을 잘 차려입은 두 사나이가 인사를 하는 거야.

"누구시오?"

"저희는 괴안국왕의 명을 받고 순우분님을 모시러 왔습니다."

"아니, 저를 왜?"

"순우분님이 재주가 뛰어나고 인격이 높으신데, 이 나라에서는 제대로 쓰임을 받지 못함을 안타깝게 여긴 저희 임금님께서 순우분님을 모셔오라 하셨습니다."

순우분은 기분이 좋아져서 얼른 따라 나섰지.

파란색 옷을 입은 두 사람은 나무를 콕콕 쳤어. 그러자 나무 사이가 갈라지더니 문이 생기는 거야. 그 문으로 순우분은 따라 들어갔어. 조금 가자마자 거대한 성문이 보이고, 국왕이 직접 나와서 순우분을 맞이했어. 순우분은 좋아서 어쩔줄 몰랐지.

"어서 오게. 자네 같은 사람을 계속 찾았네. 자네가 내 사위가 되어 이 나라의 발전을 위해 애써 주게."

순우분은 가자마자 결혼식을 올리고 임금의 사위가 되었어. 궁궐에서 잠시 지내다가 남가(南柯) 지방을 다스리는 총 책임자가 되었어. 순우분은 남가 지방을 정말 잘 다스려서 백성들은 순우분을 존경했지. 남가 지방을 다스린 지 20년이 된 뒤에 순우분은 임금 바로 아래서 나라를 다스리는 재상이 되었어.

그러나 때마침 단라국이 대규모 군대를 이끌고 쳐들어왔고, 괴안국 군대는 처참히게 패배하고 말았어. 안타깝게도 아내까지 병으로 죽자, 순우분은 너무나 슬펐지. 괴안국 왕은 순우분에게 말했어.

"자네가 잘 도와주어서 나라가 번성했지만 이제 우리나라를 옮겨야 할 때가 왔네. 그동안 고마웠네. 이제 자네 고향으로 돌아가게."

순우분은 어리둥절했지만 임금님이 돌아가라고 하니 어쩔 수 있나. 그래서 다시 처음 괴안국으로 들어갔던 나무를 통해 돌아왔지.

나무를 통해 돌아오는 순간 순우분은 잠에서 깼어. 그 긴 세월이 한바탕 꿈이었던 거야. 순우분은 아무래도 이상했어. 그래서 자기가 잠들었던 나무의 뿌리 부분을 살펴보았어. 나무뿌리 근처에는 수많은 개미구멍이 나 있었어. 구멍을 계속 파보니 수많은 개미들이 왕개미를 둘러싸고 있는 거야.

"아, 여기가 바로 괴안국이고, 저 분이 바로 왕이구나."

구멍을 더 살펴보니 남쪽으로 뻗은 가지에도 개미집이 있었어.

"저기가 내가 20년 동안 다스렸던 남가 지방이구나."

남가(南柯)는 '남쪽으로 뻗은 가지'라는 뜻이거든. 그러니까 20년 세월이라고 느꼈지만 잠깐 동안 남쪽으로 뻗은 가지에서 개미들을 다스렸던 거야. 순우분은 개미구멍을 원래대로 돌려놓았는데, 그날 밤 큰 비가 내렸어. 이튿날 개미구멍에 다시 가 보았지만 개미들은 완전히 사라지고 없었어. 괴안국 임금님이 순우분에게 나라를 옮겨야할 때가 되었다고 한 것은 바로 이를 두고 한 말이었어.

**남가일몽**, 정말 20년의 세월도 한바탕 꿈처럼 느껴질 뿐이지.

이들의 화려한 놀이가 **일장춘몽**이요, **남가일몽**이라니, 휴. 후회만 밀려와. 괜히 내 아까운 돈을 다 써 버렸어.

후회란 늘 늦는 거지. 그래도 너는 나라가 망한 뒤에 후회하는 **맥수지탄**(麥秀之嘆)은 아니잖아. 앞으로 다시 후회할 일을 하지 않으면 되지.

**맥수지탄**이란, '나라가 멸망한 것을 한탄한다'는 뜻이야. 맥수(麥秀)란, 보리가 무성하다는 말인데, 풍성하게 자란 보리를 보고 망한 나라를 떠올린 얘기에서 유래한 말이야.

은나라 마지막 임금은 맨날 놀기만 하고, 백성을 잘 보살피지 않았지. 은나라에는 세 사람의 충직한 신하들이 있었는데, 여러 번 임금에게 말을 했대. 제발 그러지 말라고. 하지만 은나라 임금은 전혀 말을 듣지 않을 뿐만 아니라, 충신들을 죽이려고 했어. 목숨이 위험해지자 두 사람은 다른 나라로 도망을 쳤고, 한 사람은 끝까지 남아서 임금을 바른 길로 이끌려다가 죽고 말았어. 그중에 '기자'라는 사람이 있었는데, 외국으로 도망친 뒤에 미치광이처럼 행동하며 자신의 신분을 숨겼어. 심지어 노예가 되기도 했대.

시간이 흘러 은나라가 주나라에 의해 멸망하자, 주나라의 새 임금은 '기자'를 불렀어. 뛰어난 신하니까 새로운 나라를 발전시키는 데 도움이 될 거라고 생각한 거야. '기자'는 임금의 부름을 받고 주나라 수도로 향했어. 가는 도중에 옛날 은나라 수도가 있던 곳을 지나는데 궁궐이 폐허가 되어 있는 거야. 궁궐에는 보리만 무성했어(맥수, 麥秀). '기자'는 은나라 마지막 임금이 나라를 잘못 다스려 망한 것이 못내 안타까워 탄식을 했지.

"그때 은나라 임금이 자기와 두 신하의 말을 들었으면 나라가 안 망했을 텐데. 저 풍성한 보리를 보니 절로 탄식이 나오는구나."

아무리 후회하고 안타까워 해봤자 어쩌겠어. 나라는 망했고, 되돌릴 수는 없으니까. 그저 무성한 보리만 보며 탄식할 뿐(맥수지탄, 麥秀之嘆)이지. 너도 그렇잖아. 이미 나가 버린 돈, 써 버린 돈을 생각하면서 탄식하지만, 어쩌겠어. 한번 나간 돈은 다시 돌아오지 않으니…….

어휴, 논이 정말 얼마 안 남았어. 이 논으로 지내려면 뭐 하나 제대로 사지 못할 거야. 나는 그렇게 살기 싫은데…….

우리 딸이 돈 때문에 **전전긍긍**(戰戰兢兢)하게 생겼구나. '전전(戰戰)'이란 '몹시 두려워서 벌벌 떠는 모양'이고, '긍긍(兢兢)'이란 '몸을 움츠리고 조심하는 모양'을 말해. 그러니까 **전전긍긍**은 '매우 두려워 벌벌 떨며 두려워한다'는 뜻이지.

엄마 말이 맞아. 정말 돈 때문에 **전전긍긍**하게 생겼어. 나는 내가 저축한 돈도 많아서 돈을 제법 잘 관리한다고 믿었는데. 쩝.

너는 스스로 돈을 벌지 않잖아. 그러니까 네가 아무리 돈을 잘 모으고, 관리한다고 해도 그건 **사상누각**(砂上樓閣), 모래 위에 지은 집처럼 불안한 상태지. 돈을 버는 것이 안정이 되어야 저축이든, 쓰는 것이든 안정이 되는 법인데, 너는 돈을 벌지 않으니까 아무리 잘 관리한다고 해도 **사상누각**처럼 늘 불안정하지.

그것은 저도 알아요. 그렇다고 학생인 제가 돈 버는 데 직접 나설 수는 없잖아요.

당연하지. 만약 네가 돈을 벌려고 나섰다가는 공부를 망칠 거야. **교각살우**(矯角殺牛)인 셈이지. 이는 '소뿔을 바로 잡으려다 소를 죽인다'는 말로, 작은 결점이나 부족한 점을 고치려다 전체를 망친다는 말이야. 우리 속담에 '빈대 잡으려다 초가삼간 다 태운다'는 말과 같은 뜻이지. 너의 본업은 공부야. 돈에 지나치게 신경 쓰다 공부를 망치는 **교각살우**와 같은 실수는 하지 않기를 바란다.

그것은 당연해 엄마. 공부를 망치고 나면 **맥수지탄**보다 더한 후회가 밀려올 거야. 아무튼 난 기분이 나면 앞뒤 안 가리고 돈 쓰는 것은 정말 고쳐야 해. 도대체 이게 몇 번째인지 몰라.

**환골탈태**(換骨奪胎) 수준의 노력이 필요하지. 이는 '뼈를 바꿔놓고 태를 달리 쓴다'는 말로, 외모가 몰라볼 정도로 아름다워지거나 예전보다 실력이나 성격이 몰라볼 정도로 훌륭해졌을 때 사용해.

옛날 사람들은 **환골탈태**를 주로 글을 두고 많이 사용했어. 평범한 글이라도 뛰어난 사람 손을 거치면 몰라보게 바뀌거나 별 볼 일 없는 경치도 뛰어난 시인에 의해 표현되면 뛰어난 자연처럼 느껴지는 것을 두고 **환골탈태**라고 했지.

우리 딸은 돈 모으는 것은 뛰어난데, 돈을 쓰는 것은 서툴러. 이제 돈 쓰는 능력도 환골탈태해야만 지금처럼 후회하는 일이 생기지 않을 거야.

고사성어 **메모지**

:: **일장춘몽** [一場春夢]    '화려한 듯하지만 지나고 나면 한바탕의 봄 꿈처럼 헛되다' 는 뜻

:: **남가일몽** [南柯一夢]    '남쪽 나뭇가지의 꿈'이라는 말로, 인생의 부유함과 권력이 사실은 한때의 꿈과 같을 뿐이라는 뜻

:: **맥수지탄** [麥秀之嘆]    풍성하게 자란 보리를 보고 망한 나라를 떠올린 얘기에서 유래한 말로, '나라가 망함을 떠올리며 탄식한다'는 뜻

:: **전전긍긍** [戰戰兢兢]    매우 두려워 벌벌 떨며 두려워함.

:: **사상누각** [砂上樓閣]    모래 위에 지은 집처럼 불안한 상태

:: **교각살우** [矯角殺牛]    '소뿔을 바로 잡으려다 소를 죽인다'는 말로, 작은 결점이나 부족한 점을 고치려 전체를 망친다는 뜻

:: **환골탈태** [換骨奪胎]    '뼈를 바꿔놓고 태를 달리 쓴다'는 말로, 외모가 몰라볼 정도로 아름다워지거나 예전보다 실력이나 성격이 몰라볼 정도로 훌륭해졌음을 가리키는 말

# 포기하고 싶은 마음이 들 때

엄마, 코피, 코피!

어휴, 어째 너무 심하게 공부한다 싶더니, 괜찮아? 그러게 학원 그렇게 많이 다니지 말랬지. 괜히 무리하게 욕심내다가 괜히 몸만 상하는 거 아니니?

솔직히 힘들지만……. 학원 숙제 다 하고, 학교 숙제까지 다 하려면 한시도 쉴 틈이 없어.

괜히 욕심 부리다가 고생을 돈 들여서 하네.

자기의 줄로 자기를 묶은 셈이니 **자승자박**(自繩自縛)이지. 엄마가 너무 학원 많이 다니면 분명 힘들 거라고 했는데도, 자기는 할 수 있다며 큰소리치더니 결국 그 말 때문에 포기도 못하고, 그래서 몸은 몸대로 고생하고. 완전히 **자승자박**이야.

저도 그만 두고 싶지만 돈이 아깝잖아요. 엄마아빠가 고생해서 벌어다 주시는데…….

불쌍하기는 하지만 솔직히 **자업자득**(自業自得)이야. 자신이 잘못을 저질렀으면 그 고생은 자신이 해야지 뭐.

옛날에 한 임금이 스님과 바둑을 두고 있었어. 스님은 임금님의 바둑 친구였지. 두 사람은 바둑을 두는 데 푹 빠져 있었어. 그때 한 신하가 임금님께 왔어.

"전하, 이러저러한 자가 찾아왔는데, 어찌할까요?"

임금님은 신하가 하는 말을 제대로 듣지 못했어. 한참 스님이랑 바둑의 승패를 결정할 싸움을 벌이고 있었거든. 말 그대로 내가 죽느냐, 상대방이 죽느냐 하는 절박한 상황이었어. 임금님이 명령을 내리지 않으니 신하는 다시 말했어.

"전하, 이러저러한 자가 찾아왔는데, 어찌할까요?"

임금님은 바둑을 두느라 여전히 신하의 말을 제대로 듣지 못했어.

"전하, 어찌할까요?"

그때 임금님은 신하가 하는 말은 못 듣고 바둑만 생각하며 이렇게 말했어.

"이걸, 죽여야 하는데, 죽여야 하는데."

신하는 그 말을 듣고는 그대로 나가서 찾아온 사람을 죽이고 말았어. 얼마 뒤 바둑을 끝낸 임금님이 신하에게 물었어.

"혹시, 이러저러한 자가 찾아오지 않았느냐?"

"네, 전하. 전하께서 죽이라고 하시기에 죽였습니다."

"뭐라고? 아니, 내가 언제 죽이라고 했단 말이냐?"

"아까 제가 '이러저러한 자가 찾아왔는데 어찌할까요?'라고 여쭀을 때 임금님께서 '죽여야지, 죽여야지'하셨습니다."

"아! 이런. 그것은 바둑을 두고 한 말인데……. 날 멀리서 찾아온 손님을 죽이다니. 이런 어이없는 일이."

임금님은 한숨을 쉬며 후회했어. 그때 앞에 있던 스님이 말했지.

"임금님, 임금님은 방금 자신도 모르게 전생의 원수를 갚으셨습니다."

"무슨 뜻이오? 대사!"

"임금님께서는 전생에서 방금 찾아온 사람에 의해 죽임을 당했습니다. 그 뒤 임금님은 여러 생을 거치며 도를 닦았고, 마침내 임금이 되었습니다. 이번 생에서 임금님은 자신을 죽인 사람을 만나 원수를 갚은 것입니다. 안타까운 일이기는 하지만 그 사람은 전생에 자신이 지은 죄로 인해서 죽은 것입니다. **자업자득**이지요. 죄를 지으면 그 죄는 스스로 받게 되어 있습니다. 이번 생에 받지 않으면 다음 생에서라도 반드시 죄의 대가를 치루지요."

이처럼 자신이 저지른 잘못은 자신에게 해로움이 되어 돌아오는 거야.

 휴, 아무튼 저는 제가 저지른 일이니 끝까지 제가 감당할 거예요.

그나저나, 우리 아들은 또 왜 이렇게 힘든 표정이니?

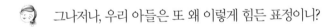 내일까지 해야 할 미술 숙제가 있는데, 아무리 해도 마음에 안 들어서요. 정말 열심히 그리기는 했는데 제가 봐도 정말 못 그렸어요.

늘 하는 말이지만 너는 **자격지심**(自激之心)이 너무 심해. 자신이 일을 해 놓고 그 일이 부족하다고만 생각하니 어쩌면 좋니. 자신이 한 일을 두고 너무 잘했다고 생각해도 문제지만, 너처럼 **자격지심**이 심해서 스스로 부족하다고만 생각하는 것도 좋지 않아.

저도 알아요. 하지만 해도 안 되는 것을 어쩌겠어요. 이제는 완전히 포기에요.

완전히 **자포자기**(自暴自棄)구만. 절망 상태에 빠져서 모든 것을 포기하려고 하는구나.

어떤 제자가 스승에게 친구에 대해서 물었어.

"포양과 친구가 되는 게 좋겠습니까?"

"포양은 어떤 사람인가?"

"그는 드높은 도리를 깨닫기 위해 자기 몸을 괴롭히고, 학대합니다."

"자포(自暴), 즉 스스로를 학대하는 사람과는 친구가 되지 않는 것이 좋다."

얼마 뒤 제자가 다시 스승에게 물었어.

"기음과 친구가 되는 것이 좋겠습니까?"

"기음은 어떤 사람인가?"

"기음은 스스로를 버리고 아무렇게나 행동하고 다니는 사람입니다."

"자기(自棄), 즉 자신을 아무렇게나 버리는 사람과는 친구가 되지 않는 것이 좋다."

여기서 **자포자기**라는 말이 생겼어. **자포자기**란 '스스로를 돌보지 않고 아무렇게나 행동하고, 되는 대로 살아가는 것'을 말해. 그런 사람과는 친구가 되지 말라는 거야. 어떤 순간에도 사람은 **자포자기**하면 안 돼. 자기를 믿고, 끝까지 최선을 다 해야지.

저도 노력하고 싶지만 저는 능력이 정말 없어요. 우리 반에서 그림을 잘 그리는 친구에 비하면 제 실력은 '새 발의 피'에요.

새 발의 피, **조족지혈**(鳥足之血)이라는 말이구나. 내 실력이 새 발의 피밖에 안 될 정도로 떨어진다고 생각하다니 안타깝네. 조금이라도 용기를 내면 좋겠구나. 포기하고 싶을 때 절망을 이겨내고 용기를 내는 것은 정말 필요하지.

엄마, 애한테는 뭐라고 해도 소용없어.

누나는 좀 잠자코 있어. 왜 그래 진짜!

어쭈, 이게! 누나한테 대들어? 확!

그만해라.

아들, 누나한테 대드는 무모한 용기 말고 제대로 된 용기를 내. 지금 네가 누나한테 대드는 것은 **필부지용**(匹夫之勇)일 뿐이야.
옛날 제나라 임금님이 맹자에게 물었어.
"이웃 나라와 잘 사귀려면 어떻게 해야 할까요?"
"어진 임금은 자기 나라가 아무리 크고 힘이 있어도 작은 나라를 섬깁니다. 지혜로운 임금은 작은 나라의 처지를 알고 큰 나라를 섬깁니다. 큰 나라이면서 작은 나라를 섬기는 것은 하늘의 도를 즐기는 것이요, 작은 나라이면서 큰 나라를 섬기는 것은 하늘의 도를 두려워하는 것입니다. 하늘의 도를 즐기는 임금은 천하를 편안하게 하고, 하늘의 도를 두려워하는 임금은 자기 나라를 편안하게 합니다. 그러니 임금님께서는 지혜롭고 어질게 행동하십시오. 그러면 저절로 이웃 나라와 잘 사귀게 될 것입니다."

제나라 임금은 고개를 끄덕였어. 정말 맞는 말이거든. 그런데 임금은 맹자에게 조금 잘난 척하고 싶었어.

"흠흠, 제가 어질고 지혜로운 면에서는 조금 부족할지 모르지만 용기는 좀 있지요. 제 용기는 쓸 곳이 없겠습니까?"

맹자는 차갑게 대답해.

"용기는 정말 좋은 품성이지요. 그러나 임금님께서 지금 말씀하시는 것은 작은 용기일 뿐입니다. 자신이 지닌 칼자루를 보면서 용기가 있다고 자랑하는 것은 평범함 필부(匹夫)의 용기입니다. 진정한 용기는 지혜와 인자함에서 나옵니다."

**필부지용**이란 '깊은 생각 없이 부리는 용기', '별것 아닌 일에 무모하게 행동하는 용기'를 말해. **필부지용**은 무모하거나, 쓸데없는 행동이야. 필요도 없고 이기지도 못할 누가에게 대드는 **필부지용**을 부리지 말고, 네가 진짜 포기하면 안 되는 것을 끝까지 물고 늘어지는 용기를 발휘해야지.

네. 그래도 제 친구보다는 나아요. 그 아이는 이틀 전에 포기했대요.

어휴, 지금 이 상황에서 그걸 자랑이라고 하는 거니. 완전히 **오십보백보**(五十步百步)야. 전쟁터에서 오십 걸음 도망간 사람이나, 백 걸음 도망간 사람이나 뭐가 다르겠니?

어떤 전쟁터에서 벌어진 일이야. 두 병사가 있었는데 둘 다 전투가 무서웠어. 전투가 벌어지기 바로 전, 한 병사가 먼저 도망을 쳤어. 다른 병사도 두리번거리다 도망을 쳤지. 먼저 도망친 병사는 백 걸음(백보, 百步)쯤, 뒤에 도망친 병사는 오십 걸음(오십보, 五十步)쯤 도망쳤지.

그때 먼저 도망친 병사가 뒤를 돌아보다 둘이 딱 눈이 마주쳤어. 뒤에 도망치던 병사는 먼저 도망친 병사를 보며 비웃었어.

"허허, 벌써 백 걸음이나 도망치다니, 정말 비겁하군."

먼저 도망친 병사도 지지 않고 대꾸를 했지.

"하하하. 오십 걸음 도망친 너나, 백 걸음 도망친 나나 비겁한 것은 똑같은데 누가 누굴 비웃는단 말이냐!"

**오십보백보**, 즉 부족하기는 마찬가지인데 부족함을 서로 따져봐야 그게 그거라는 뜻이야. '도토리 키 재기'와 똑같은 말이지.

네, 알았어요. 아무튼 다시 그려볼게요.

:: **자승자박** [自繩自縛]  '자기의 줄로 자기를 묶는다'는 말로, 자신이 한 행동이나 말 때문에 스스로 고생하고 어려움을 겪는다는 뜻

:: **자업자득** [自業自得]  '자신이 잘못을 저질렀으면 그 고생은 자신이 한다'는 뜻. 스스로 죄를 지으면 그 죄는 스스로 받게 되어 있다. 인과응보(因果應報)와 비슷한 말

:: **자격지심** [自激之心]  자기 스스로 자신이 부족하고 능력이 없다고 여기는 것

:: **자포자기** [自暴自棄]  '스스로를 학대하고 포기한다'는 말로, 절망 상태에 빠져서 모든 것을 포기하고 아무렇게 행동하고 말한다는 뜻

:: **조족지혈** [鳥足之血]  새 발의 피. 남과 비교해 아주 부족한 실력이나 아주 적게 가진 것을 표현하는 말

:: **필부지용** [匹夫之勇]  깊은 생각 없이 부리는 용기, 별것 아닌 일에 무모하게 행동하는 용기

:: **오십보백보** [五十步百步]  도토리 키 재기. '전쟁터에서 오십 걸음 도망간 사람이나 백 걸음 도망간 사람이나 똑같다'는 말로, 부족하고 못난 것이 별 차이가 나지 않는다는 뜻

# 욕심에 사로잡혔을 때

나중에 돈을 얼마나 벌면 좋겠니?

먹고 살 만큼만요.

어휴, 소심하긴. 나는 돈이 많으면 많을수록 좋아.

많으면 많을수록 좋다니, **다다익선**(多多益善)이구나. 항우와의 싸움에서 이겨 한나라를 세운 유방에게는 장량, 소하, 한신이라는 천하제일의 인재가 있었어. 그중 한신은 백번 싸우면 백번 이길 정도로 전쟁을 잘 지휘했기 때문에 유방이 가장 아끼면서도 두려워했어.

어느 날 유방이 여러 장군들과 더불어 서로의 능력에 대해 얘기를 나눌 때였어. 유방이 한신에게 물었지.

"난 장수로서 어느 정도 능력이요?"

"제가 보기에는 형편없습니다. 몇백 명은 잘 이끌겠지만 조금만 많아져도 제대로 이끌지 못할 분입니다."

유방은 기분이 나빴어. 자기 능력을 형편없다고 평가했으니까.

"그럼, 한신 그대는 병사를 어느 정도 이끌 능력이 있다고 생각하나?"

"저는 **다다익선**, 많으면 많을수록 좋습니다. 군대가 많으면 많을수록 저는 더 큰 능력을 발휘합니다."

유방은 기분이 몹시 상했어.

"**다다익선**이라……. 그런데 그렇게 뛰어난 능력을 지닌 자네가 겨우 몇백 명의 군사를 이끌 능력 밖에 없는 내 밑에 있는가?"

유방은 잔뜩 기분 나쁜 표정으로 물었지.

"폐하의 일반 병사를 이끄는 능력은 저에 비하면 조족지혈(鳥足之血)입니다. 그러나 폐하는 장수들을 다스리는 능력에 있어서는 최고입니다. 이것이 제가 폐하 아래에 있는 까닭입니다."

그 말을 들은 유방은 아주 기분이 좋아져 아주 큰소리를 내며 웃었다는구나. 실제로 유방은 군사를 다스리는 능력은 형편 없었지만 장수들을 지휘하고 능력에 맞게 역할을 주는 능력은 아주 탁월했다고 해. 항우가 유방에 비하면 훨씬 뛰어난 인물임에도 결국 유방에게 진 것은 바로 유방이 부하들을 잘 통솔했기 때문이야.

 딱 한신이 나랑 같아. 나는 돈이 **다다익선**이라고 생각해.

**과유불급**(過猶不及)이라는 말도 생각해보렴. 지나침은 부족함과 똑같아.

공자에게 제자 한 사람이 자기와 함께 공부하는 '자장'과 '자하'에 관해 물었어.

"스승님, 자장은 사람됨이 어떻습니까?"

"자장은 무슨 일을 하든지 조금 지나친 면이 많지."

"그럼, 자하는 사람됨이 어떻습니까?"

"자하는 무슨 일을 하든지 조금 부족한 면이 많지."

제자는 고개를 끄덕였어.

"그럼 아무래도 지나친 면이 많은 자장이 부족한 면이 많은 자하보다 낫군요."

공자는 고개를 저었어.

"**과유불급**이니라. 지나침은 부족함과 같은 법이지. 부족함도 문제가 되지만 너무 지나치거나 과해도 분명 문제가 생기느니라. 그러니 부족함이나 지나침이나 결국 문제가 많기는 마찬가지야."

돈은 부족하면 가난해서 살기 힘들지만 너무 많으면 근심 걱정이 생기고, 욕심이 많아지며, 주위의 질투와 시기를 받게 되지. 그러니 **과유불급**이라는 말이 딱 맞아.

그런 면도 있지만, 돈 욕심은 당연하잖아.

물론 그래. **견물생심**(見物生心)이라고, 아무런 욕심이 없다가도 물건을 보면 욕심이 생기기 마련이지.

옛날에 아주 수련을 많이 하신 스님이 있었어.

"사람은 욕심을 내면 안 됩니다. 욕심이 불행의 뿌리입니다."

많은 사람들이 스님의 가르침을 따랐지.

그러던 어느 날 어떤 손님이 절에 들렀는데, 떠난 뒤에 보니 아주 귀한 보물이 떨어져 있는 거야. 스님은 난생 처음 보는 보물에 마음을 빼앗겼어. 얼마 뒤 손님이 다시 절에 들렀지.

"스님, 혹시 이러저러한 보물을 못 보셨습니까?"

스님은 잠시 망설이다가 고개를 저었어.

"못 봤습니다."

손님은 절의 이곳저곳을 한참 뒤지다가 결국 포기하고 길을 떠났어.

스님은 손님이 떠난 뒤 다시 보물을 꺼내 봤어. 화려한 보물이었지. 하지만 가만히 생각해보니 스님에게는 특별히 쓸 데도 없었어.

"허허, 보물을 보지 않을 때는 욕심이 없다가 보물을 직접 보니 욕심이 생겼구나. **견물생심**이로다."

스님은 얼른 보물을 들고 손님을 찾아가서 돌려주었어. 물론 자신의 욕심도 솔직하게 고백했지. 그 보물을 받아든 손님은 환하게 웃더니 갑자기 하늘로 사라져 버리더래.

그것 봐, 아빠. 아무리 뛰어난 스님도 욕심에 사로잡히는 것을 보면 평범한 사람이 욕심을 내는 것은 당연하다고 봐.

네가 아빠가 말하는 것을 잘못 이해했구나. 내 말은 물건을 보고 욕심을 내기 전에 그것이 과연 옳은 일인지, 내게 꼭 필요한 것인지를 생각해봐야 한다는 거야. **견리사의**(見利思義), 이익이 되는 것을 보면 먼저 옳은지를 따져보아야 해. 스님은 처음에 이익이 되는 물건을 보고 욕심을 냈지만, 옳지 않다는 생각이 들자 주인에게 돌려주었어. 마찬가지야. 돈이 많으면 많을수록 좋다고 생각하지만 그러다보면 옳지 않은 돈도 벌어들이게 돼. 그래서 **견리사의**라고 한 거야. 이익보다 옳음을 먼저 따져야지.

 **견리사의**, 진짜 어려워보여.

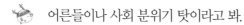 맞아. 정말 어렵지. 어렵기 때문에 포기하는 것이 아니라 어렵기 때문에 해야 하는 거야. 세상의 수많은 사람들이 돈 욕심 때문에 인생을 망치고 세상을 망쳐. 권력자들은 돈 욕심에 부정한 돈을 받아서 인생을 망치고, 부자들은 더 많은 돈을 벌기 위해 불법을 저지르다 인생을 망치지.

 평범한 사람도 비슷하다고 생각해. 진짜 행복을 누리지 못하고 돈을 버는 일에만 매달려서 가족과 사랑하는 사람을 제대로 돌보지 못하는 경우가 정말 많아.

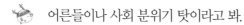 그래 잘 아는구나. 돈이 목적이 아니라 수단인데도 마치 돈을 목적으로 여기지. 요즘 학생들을 보면 돈을 인생에서 가장 중요한 가치로 여겨. 안타까운 일이지.

 어른들이나 사회 분위기 탓이라고 봐.

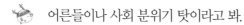 그래 맞아. 아빠가 하고 싶은 말은 돈 욕심에 불행해지는 사람들을 보며 교훈을 삼으라는 거야.

 음, 동의해.

**타산지석**(他山之石)이라고 했어. **타산지석**이란, '남의 산에 있는 돌'이라는 뜻으로, 남의 산에 있는 돌로 나의 구슬을 다듬는 데 쓰라는 말이야. 남의 산에 있는 돌이란 형편없는 것, 가치 없는 것을 뜻해. 즉 다른 사람의 잘못이나 다른 사람의 부족한 점을 잘 살펴서 내가 바르게 살아가는 데 활용하라는 말이야.

　　남의 산에 있는 돌로 칼을 날카롭게 갈고,
　　남의 산에 있는 돌로 구슬을 아름답게 빛낸다.

　네가 살아가는 데 닥칠 문제들은 이미 앞서서 살았던 많은 사람들이 겪었어. 그러니 너는 그들의 잘못과 실수를 통해 배워야 해. 돈 욕심은 사람과 인생을 망치는 주범이었어. 그런 예는 너무도 많아. 그러니 다른 사람의 잘못과 실수를 **타산지석**으로 삼아야 해. 다시 강조하지만 **견리사의**, 이익을 보면 옳음을 생각해. 이게 아빠가 사랑하는 우리 딸에게 꼭 전해주고 싶은 말이야.

 명심할게. 아빠!

:: **다다익선** [多多益善]  　많으면 많을수록 좋음.

:: **과유불급** [過猶不及]  　지나침은 부족함과 똑같음.

:: **견물생심** [見物生心]  　아무런 욕심이 없다가도 물건을 보면 욕심이 생기기 마련
　　　　　　　　　　　　 임.

:: **견리사의** [見利思義]  　이익이 되는 것을 보면 먼저 옳은지를 따져보아야 함.

:: **타산지석** [他山之石]  　'남의 산의 돌'이라는 뜻으로, 다른 사람의 잘못이나 다른 사
　　　　　　　　　　　　 람의 부족한 점을 살펴서 내가 바르게 살아가는 데 활용하
　　　　　　　　　　　　 라는 말

# 18

# 불운하다고 느낄 때

아니, 아들! 어쩌다 다쳤어?

자전거랑 부딪쳤어요.

앞을 잘 봤어야지.

휴, 그냥 가만히 걷고 있는데 뒤에서 자전거가 갑자기 와서 들이받았는데 내가 뭘 어떻게 해요.

**청천벽력**(靑天霹靂)이었겠다. **청천벽력**은 '마른하늘에 날벼락'이라는 말이지.

옛날에 아주 효자가 있었어. 효자는 홀로 계시는 어머님을 극진히 모셨어. 재주도 아주 뛰어나서 많은 사람들이 그 사람에게 나랏일을 하라고 권했지만, 그는 오직 늙으신 어머님을 모시는 데만 관심이 있었어. 마침 효자의 소문이 임금님 귀에도 들어갔어. 효자는 임금님이 몇 번이나 불렀지만 나가지 않았어.

"네가 지닌 재주를 세상을 위해 쓰지 않으면 하늘의 뜻을 어기는 것이니라."

어머니가 이렇게 말씀하셨지.

효자는 어머니의 뜻을 어길 수 없어서 결국 벼슬길에 나아가. 벼슬길에 나아간 효자는 나라를 위해 큰일을 많이 해. 효자 덕분에 나라는 강해지고 백성들은 태평성대를 누렸지.

"이제 제가 충분히 나라를 위해 일했으니 다시 어머니를 모시며 살고 싶습니다."

임금님은 효자의 요청을 몇 번이나 거절하다가 효자의 간청이 하도 절실하기에 결국 승낙해. 효자는 하늘을 나는 기분이었지. 서둘러 어머니께 가려는 준비를 하는데 안타까운 소식이 전해져. 어머니가 돌아가셨다는 거야. 효자는 펑펑 울었어.

"이 무슨 **청천벽력**같은 소리입니까. 이제야 겨우 나라에 충성을 다하고, 죽는 그날까지 효도하며 살려고 했는데, 제게 효도할 기회도 주지 않고 돌아가시다니, 아! **청천벽력**도 이런 **청천벽력**이 없습니다."

효자의 사연을 들은 백성들은 모두 다 같이 슬퍼했대. 자전거가 갑자기 뒤에서 부딪친 것이 효자가 어머니를 잃은 정도는 아니지만 **청천벽력**이 맞기는 하지? 많이 아프겠다.

엄마, 나는 왜 이렇게 재수가 없을까요?

음. 자전거와 부딪쳐서 재수 없다고 느끼는구나. 그것이 재수 없는 일이기는 하지만 황희 정승보다는 나아.

세종대왕 때 영의정을 지낸 황희 정승 알지? 아주 착하고 검소하게 사셨지. 황희 정승은 검소한 게 지나쳐서 너무나 가난하게 사셨다고 해. 세종대왕도 황희 정승이 가난하게 사는 것을 알고 고민하다가 한번은 꾀를 냈어.

"내일 아침 남대문을 열 때부터 저녁에 닫을 때까지 남대문을 통해 물건을 팔러 들어오는 장사꾼들의 물건은 전부 나랏돈으로 사서 황희 정승에게 주어라."

황희 정승은 거절하려 했지만 세종대왕이 너무나 강하게 밀어붙이는 바람에 받아들였어. 이번 한 번 만이라는 조건을 달고…….

그런데 다음 날, 이게 웬일? 새벽부터 폭풍우가 치는 거야. 정말 엄청난 바람과 비가 몰아쳤어. 폭풍우가 치는데 누가 물건을 팔려고 남대문을 통과하겠어. 아무도 안 오지. 그러다 어둑어둑해져서 남대문을 막 닫으려고 할 때 어떤 시골 영감이 달걀 한 꾸러미를 들고 남대문을 통과하는 거야. 세종대왕의 명을 받은 신하는 이걸 얼른 샀지. 결국 하루 종일 남대문을 통과한 물건이라고는 날샐 한 꾸러미가 전부였어.

하는 수 없이 신하는 달걀 한 꾸러미를 황희 정승에게 드렸지. 황희 정승이 그 달걀을 받아서 삶아먹으려고 했는데, 아 글쎄 전부 썩은 달걀이었다는 거야. **계란유골**(鷄卵有骨)이라는 말은 여기서 나와. 이는 '계란에도 뼈가 있다'는 말인데, 운수가 나쁜 사람의 일은 모처럼 좋은 기회가 있더라도 무엇 하나 뜻대로 되는 일이 없다는 뜻이야.

'재수 없는 사람은 뒤로 넘어져도 코가 깨진다', '재수 없는 사냥꾼은 곰을 잡아도 웅담이 없다', '도둑을 맞으려면 개도 안 짖는다' 등이 같은 뜻으로 쓰이는 속담이야.

맞아요. 제가 딱 **계란유골**이에요. 오늘 국어 시간에 애들이 막 떠들었어요. 저는 별로 안 떠들다가 막판에 조금 떠들었는데 그때 딱 선생님께 걸렸어요. 그랬더니 선생님이 숙제를 했느냐고 물어보시는 거예요. 하필 오늘따라 다른 숙제는 다 했는데 딱 하나 국어 숙제만 안 했거든요. 다른 숙제는 다 했는데 하나도 검사를 안 했고요. 떠들어서 야단맞고, 숙제 안 했다고 야단맞고, 거기다 집에 오다가 자전거에 들이받기까지 했으니, 휴~

아이고, 우리 아들. 완전히 **설상가상**(雪上加霜)이었구나. 눈 위에 또 서리가 내리듯 어려운 일, 힘든 일, 재수 없는 일이 겹쳐서 일어났네.

**설상가상**은 금상첨화(錦上添花)와 완전히 반대네요.

그래도 넌 **풍전등화**(風前燈火), 바람 앞에 켠 등불처럼 매우 위급한 경우는 아니잖아. 그런 **풍전등화**와 같은 처지에 놓인 사람들을 생각해보면, 네가 오늘 겪은 것이 아주 불운한 일은 아니야. 너에게는 너를 사랑하는 엄마와 아빠가 있잖아. 어떤 상황에서도 엄마아빠는 널 지지하고, 사랑할 거야. 그것만으로 너는 행복하잖아.

히히, 엄마의 사랑에 아빠의 사랑까지. 그러니까 금상첨화(錦上添花)네요.

그럼, 금상첨화(錦上添花)지!

162

고사성어 **메모지**

:: **청천벽력** [靑天霹靂]　　마른하늘에 날벼락처럼 충격적인 사건이나 상황

:: **계란유골** [鷄卵有骨]　　'계란에도 뼈가 있다'는 말로, 운수가 나쁜 사람의 일은 모처
　　　　　　　　　　　　　　럼 좋은 기회가 있더라도 무엇 하나 뜻대로 되는 일이 없다
　　　　　　　　　　　　　　는 뜻

:: **설상가상** [雪上加霜]　　눈 위에 또 서리가 내리듯 어려운 일, 힘든 일, 재수 없는 일
　　　　　　　　　　　　　　이 겹쳐서 일어난다는 뜻

:: **풍전등화** [風前燈火]　　바람 앞에 켠 등불처럼 매우 위급한 경우. 누란지위(累卵之
　　　　　　　　　　　　　　危)와 같은 뜻

19. 바쁘다고 느껴질 때

20. 공부법이 궁금할 때

21. 독서의 매력에 빠질 때

22. '공부 싫어'를 외치고 싶을 때

23. 노력하겠다고 결심할 때

5부

# 공부

## 19

# 바쁘다고 느껴질 때

 올 한 해도 정말 여러 가지 일이 많았어.

그래. 정말 **다사다난**(多事多難)했지. 여러 가지 일도 많고 어려움도 많았으니까. 한 해를 보내고 나서 되돌아보면 참 많은 일이 있었다는 것을 알게 되지. 우리 가족에게도, 아빠에게도, 그리고 너에게도. 특히 나라에는 정말 일이 많았지. 올해처럼 별의별 일이 다양하게 벌어진 경우는 별로 겪어보지 못한 거 같아. 말 그대로 **다사다난**이야. 일도 많고, 어려움도 많고.

그러게. 너무 바쁘다 보니 정말 어떻게 살았는지 모르겠어.

최소한의 **고사성어**300

내가 보기에도 넌 지나치게 **동분서주**(東奔西走)해. 도대체 뭐가 그리 바쁜지 이리 뛰고 저리 뛰고, 너무 바빠.

솔직히 내가 생각해도 내가 조금 정신없이 보냈어. 오늘은 동쪽으로 뛰고, 다음 날은 서쪽으로 뛴다는 말이 딱 맞아. 말 그대로 **동분서주했어**.

그렇게 바쁘게 사니 **주마간산**(走馬看山)이지. **주마간산**은 '달리는 말을 타고 산천을 구경한다'는 말로 자세히 살피지 못하고 대충대충 보고 지나간다는 뜻이야. 말을 타고 빠르게 달리니 주위 풍경을 볼 겨를이 없지.

옛날에 어떤 사람이 이웃 마을에 현명한 스승이 찾아왔다는 말을 듣고 급하게 말을 몰아 갔어. 이번 기회를 놓치면 언제 다시 볼 지 알 수 없었기 때문이지. 그 사람은 현명한 스승을 뵙자마자 질문을 던졌어.

"어떻게 하면 인생을 아름답게 살 수 있겠습니까?"

현명한 스승은 대답은 하지 않고 엉뚱한 것을 물었어.

"혹시 여기 올 때 밀을 타고 오셨습니까?"

"네. 그렇습니다. 선생님께서 여기에 계시다는 소식을 듣고 서둘러 말을 달려 왔지요."

"그러셨군요. 제가 이 마을에 와 보니 풍경이 참 아름답던데, 오시던 길은 어떻든가요?"

질문을 받은 사람은 머리를 긁적였어.

"죄송합니다. 제가 말을 타고 너무 급하게 오느라 주위 구경을 할 여유가 없었습니다."

현명한 스승은 살며시 웃었어.

"**주마간산**이지요. 달리는 말 위에서는 주위 풍경을 보기 어렵습니다. 여기 오실 때 오직 저를 만나겠다는 생각만 하셨지, 주위를 둘러볼 생각은 하지 못하셨지요. 삶도 그렇습니다. 목표를 향해 나아가는 것도 중요하지만, 자기 삶을 잘 둘러보는 것이 필요하답니다. 돌아가실 때는 천천히 말을 타고 가십시오. 아마 멋진 풍경에 절로 행복한 감정이 넘칠 것입니다. 아름다움을 발견하면 아름다운 삶이 됩니다. 천천히 가면서 주위의 아름다움을 감상하십시오."

대답을 들은 사람은 고개를 끄덕였어. 자신이 너무 목표만 생각하고 바쁘게 살았다는 생각이 들었거든. 너도 그래. 목표를 향해 힘차게 사는 삶도 좋지만, 너무 급하게 살면 주위를 둘러보며 아름다움을 느낄 틈이 없어. **주마간산**으로 살면 삶의 아름다움을 발견하지 못해.

 그래도 열심히 노력하며 살아야 하잖아.

물론 노력을 해야지. **주마가편**(走馬加鞭)이라고 했어. 이는 '달리는 말에 채찍질을 한다'는 말이야. 상황이 좋을 때 더욱 힘내서 노력하라는 말이지.

어떤 스승 밑에 아주 뛰어난 제자가 있었어. 정말 주위의 어느 누구도 제자를 따라올 수 없을 정도로 천재였지. 하지만 주위에 견줄 만한 사람이 없자 점차 자기가 최고인 줄 알고는 공부를 게을리했어. 스승은 걱정이 되어 제자에게 질문을 던졌어.

"학문의 끝이 무엇이냐?"

제자는 스승의 질문에 답은 못하고 멀뚱멀뚱 쳐다봤어.

"학문의 끝이 어디더냐?"

제자는 이번에도 답을 못했어.

"그 끝이 어딘지 모르겠습니다."

"맞다. 끝이 없다. 그런데 넌 겨우 주위에 있는 몇몇 친구들보다 잘났다는 현실에 만족해 학문을 게을리하는구나."

제자는 가슴이 뜨끔했어.

"**주마가편**이라고 했다. '달리는 말에 채찍질을 한다'는 뜻이다. 지금 너에게 딱 필요한 말이구나."

"명심하겠습니다. 스승님."

제자는 그때부터 자만하지 않고 더욱 열심히 노력을 했대. 물론 나중에 큰 인물이 되었지.

흠. 헷갈려요. **주마가편**을 생각하면 더 열심히 해야 하고, **주마간산**을 생각하면 천천히 살아야 하고.

그것은 반대말이 아니야. 자만하지 말고 더욱 열심히 노력하라는 말이 **주마가편**이고, 살아가면서 주위를 살피고 여유를 즐기라는 말이 **주마간산**이야. 노력한다고 주위를 돌보지 못하고, 여유롭지 않은 것은 아니지. 중요한 것은 **주객전도**(主客顚倒)를 하지 않는 거야.

옛날 한 주막에 손님이 왔어. 손님이 오면 주인이 와서 주문을 받아야지. 그런데 희한하게 이 주막에는 손님이 와도 주인이 내다보지 않는 거야.

"여보슈. 여기 주인 없소?"

손님이 한참을 부른 뒤에야 주인이 살짝 문을 열어.

"왜 그러슈?"

"지나가는 나그네인데 배가 고파서 그러니 밥 좀 주시오."

"허허, 배가 고프면 당신이 해 먹지, 왜 달라고 하슈?"

손님은 어이가 없었지만, 배가 고팠기 때문에 하는 수 없이 부엌에 들어가 밥을 하고 반찬을 준비해서 상을 차렸어. 손님이 막 밥을 먹으려는데, 주인이 나와서 밥상 앞에 떡하니 앉는 거야.

"수저 좀 가져다주슈."

손님은 주인의 말에 어이가 없었지만 배가 고파 하는 수 없이 수저를 가져다줬어.

"젓가락은 왜 안 주슈?"

손님은 꾹 참고 젓가락도 가져다줬어. 어쨌든 허기를 달래기 위해 밥을 먹고 나서 떠나려는데 주인이 손님을 붙잡고,

"밥을 먹었으면 설거지를 해야 하지 않겠수?"

손님은 하는 수 없이 설거지를 했어. 그러고는 마저 길을 가려고 했지.

"아니, 밥을 먹고는 왜 돈은 안 내오? 돈 내슈."

손님은 돈을 주지 않고 이렇게 말했어.

"주막에서 밥을 하고 밥상을 차리는 것은 손님이오? 주인이오?"

"주인."

"수저와 젓가락을 가져다주는 것은 손님이오? 주인이오?"

"주인."

"설거지를 하는 것은 주인이오? 손님이오?"

"주인."

"그럼 내가 밥을 하고, 밥상을 차리고, 수저와 젓가락을 가져다주고, 설거지까지 했으니 내가 주인이 아니오. 그러니 밥값은 당신이 내게 줘야 하지 않겠소."

그러자 주인은 아무 소리도 못했대.

"손님과 주인이 바뀌었으니, 돈을 내는 것도 바뀌는 것이 마땅하오."

결국 손님은 돈을 주인에게서 받아 갔어.

"허허, **주객전도**가 꼭 나쁜 것은 아니구만."

손님은 돈도 벌고, 밥도 배불리 먹으니 기분이 좋아서 흥얼거리며 길을 떠났

다는구나.

　　**주객전도**는 주인과 손님이 뒤바뀐 것을 말해. 너에게 주된 것은 인생을 행복하게 사는 거야. 공부는 보조적이지. 공부를 잘하겠다는 생각에 진짜 중심인 행복을 놓치면 안 되는 거야. 그래서 너무 바쁠 때는 늘 내가 혹시 **주객전도**된 삶을 살고 있지는 않은지 생각해봐야 해.

　　맞는 말이야. 그렇지만 솔직히 학생들은 너무 바빠. 특히 나 같은 사람은 하고 싶은 일이 많아서 더더욱⋯⋯.

　　예전에 가난한 선비들은 **주경야독**(晝耕夜讀)을 했지. 워낙 가난하니 낮에는 밖에 나가서 일을 하고, 밤에는 공부를 했어. 어느 한 순간도 허튼 삶을 살지 않았던 것이지. 자신이 처한 가난을 탓하지 않으면서 일도 열심히 하고, 공부도 포기하지 않았어. 그것이 바로 진짜 삶이지. 사실 넌 **주경야독**할 정도로 힘들고 어렵지는 않잖아.

　　그렇기는 해. 엄마아빠가 돈을 벌어다 주니까. 흠, 그러니까 결론을 내리면 '성실하면서도 여유롭게' 살라는 말이구나. 어렵지만 맞는 말이야.

:: **다사다난** [多事多難]  여러 가지 일도 많고 어려움도 많다. 정말 바쁘게 보낸 뒤에 사용하는 말

:: **동분서주** [東奔西走]  동쪽으로 뛰고, 서쪽으로 뛴다. 정신없이 바쁘게 보낸다는 뜻

:: **주마간산** [走馬看山]  '달리는 말을 타고 산천을 구경한다'는 말로, 자세히 살피지 못하고 대충대충 보고 지나간다는 뜻

:: **주마가편** [走馬加鞭]  달리는 말에 채찍질을 한다. 상황이 좋을 때 더욱 힘내서 노력하고, 열심히 하는 상황에서 더욱 열심히 하라는 뜻

:: **주객전도** [主客顚倒]  주인과 손님이 뒤바뀌었다. 주된 것과 부차적인 것이 뒤바뀔 때 사용하는 말

:: **주경야독** [晝耕夜讀]  낮에는 밖에 나가서 일을 하고, 밤에는 공부를 함.

# 공부법이 궁금할 때

20

🐱 엄마, 어떻게 하면 공부를 잘해? 도대체 어떻게 해야 하는지 모르겠어요.

👩 그러게. 어떻게 공부하면 좋을까? 일단 엄마 생각에는 공부한 내용을 **일목요연**(一目瞭然)하게 정리하는 것이 좋다고 봐. 한 번 보고도 똑똑하고 환하게 알 수 있도록 정리하는 거지.

🐱 저도 **일목요연**하게 잘 정리하고 싶어요. 그렇지만 정말 어려워요. 스스로 정리해서 알기 쉽게 정리하기만 하면……. 솔직히 공부를 잘할 수밖에 없죠.

👩 맞는 말이야. 스스로 정리하는 능력이 정말 중요하지. 내가 생각하기에는

잘 정리하려면 배우려고만 하지 말고 가르쳐보는 자세로 공부하는 것이 어떨까 싶어. **교학상장**(敎學相長)이라는 말이 있거든. **교학상장**은 '배우는 사람뿐만 아니라 가르치는 사람도 배움을 얻는다'는 뜻이야. 원래 스승은 가르치기만 하고 제자는 배우는 것 같지만 가르치면서도 배움을 얻거든. 그것이 중요해.

　누군가를 가르친다고 생각하고 공부를 해봐. 그냥 혼자 공부하려고 할 때보다 훨씬 더 깊이 있게 이해할 수 있을 거야. 네가 필요하다면 엄마가 들어줄게. 엄마아빠에게 가르치려고 공부하면 **일목요연**하게 정리하기가 쉬울 거야.


　　휴, 엄마를 어떻게 가르쳐요. 부담스럽게.


　　공부를 할 때는 절대 부끄러워하지 마. **불치하문**(不恥下問)이라고 했어. 이는 '아랫사람에게 묻는 것을 부끄럽게 여기지 말라'는 뜻이야.

　춘추시대 위나라에 '공어'라는 사람이 있었어. 공어는 정말 머리도 좋고, 공부도 잘했어. 그런데 '공어'는 자기보다 훨씬 부족한 사람을 만나도 자꾸 이것저것 배우려고 하는 거야. 주위 사람들이 이상하게 여겨 그에게 물었지.

　"아니 공어께서는 실력이 뛰어난데, 공부를 훨씬 못하는 사람에게 자꾸 배우려고 하십니까?"

　"모든 사람에겐 다 배울 것이 있습니다. 제가 아무리 뛰어나다고 해도 사람들에게는 저마다 가진 재주가 있지요. **불치하문**, 아랫사람에게 묻는 것을 부끄러워하지 않아야 합니다. 그것이 진정한 배움입니다."

　그 말을 들은 주위 사람들은 정말 감탄을 했지. 그렇게 실력이 뛰어나면서도 자기보다 부족한 사람에게 배우려는 자세는 놀라운 거야. 공어처럼 대단한 사람도 배울 때는 부끄러움 없어야 한다고 하는데, 공어에 비해 훨씬 실력이 떨어지는 네가 이것저것 가리려고 하면 안 되지.

알았어요. 그렇게 해볼게요.

또 해주고 싶은 말이 '성실과 끈기'야. **형설지공**(螢雪之功)이라는 말이 있어. 이는 '반딧불과 하얀 눈빛으로 공부하여 큰 성과를 얻었다'는 말로, 어렵게 공부해서 성공한 것을 뜻해.

진나라 때 '차윤'이라는 사람이 있었어. 차윤은 어려서부터 성실하고 열심히 공부했지. 하지만 집은 정말 가난했어. 차윤은 가난한 집안 형편 때문에 낮에는 일을 해야 했지. 밤이 되어 공부를 하고 싶었지만 공부를 할 수가 없었어. 왜냐하면 가난해서 등불을 밝힌 기름이 없었거든. 요즘이야 전기로 불을 밝히지만 그때는 기름으로 등불을 밝혔거든.

차윤은 밤에 공부하기 위해 등불을 밝힐 것이 없을까 고민하던 중 반짝 반짝 빛을 내며 날아다니는 반딧불이를 봤어.

"저건, 반딧불이잖아? 저것을 여러 마리 잡으면 환하지는 않아도 글을 읽을 수는 있겠구나."

차윤은 반딧불이를 잡아 주머니에 넣었어. 한두 마리는 빛이 밝지 않지만 수십 마리를 잡아 넣으니 책을 읽을 만한 빛이 나왔어. 그 빛으로 공부를 했지. 아무 때나 원하기만 하면 전기로 밤을 환하게 밝히는 지금 시대를 생각하면 상상이 안 되지? 차윤은 반딧불이로 공부를 해서 나중에 높은 벼슬에 올라.

같은 시대에 '손강'이라는 사람이 있었는데, 손강도 차윤처럼 몹시 가난했어. 마찬가지로 낮에는 일하고, 밤에는 책을 읽고 싶은데 밤을 밝힐 기름이 없는 거야. 손강은 겨울이 되면 창가에 앉아 밖에 쌓인 눈빛에 책을 비춰가며 공부를 했어. 그 추운 날 눈빛에 책을 비춰가며 공부를 했다니 대단하지.

**형설지공**에서 '형'은 반딧불을 말하고, '설'은 눈을 말해. 반딧불과 하얀 눈 빛을 이용해 열심히 공부했다는 말이야. 정말 대단한 정성이지.

공부는 이처럼 성실과 끈기로 해야 하는 거야. 넌 솔직히 차윤과 손강에 비하면 정말 좋은 환경에서 공부하잖아. 오히려 너무 좋은 환경에서 공부하다 보니 끈질긴 노력이 부족해. 공부를 잘하는 비결은 특별히 따로 없어. **형설지공**처럼 끈기와 성실이야말로 공부를 잘하는 가장 중요한 비결이지.

맞아요. 솔직히 저도 늘 결심을 해요. 결심을 하지만 조금만 힘들고 어려운 문제를 만나면 이겨내기보다는 포기하고 싶어져요.

그래 맞아. 쉽지 않지. 그런데 쉽지 않기 때문에 재미있는 거야. 쉽게 이루면 재미가 없어. 네가 좋아하는 게임을 생각해봐. 게임이 너무 쉬우면 재미가 없어. 어렵게, 어렵게 성공을 해야 재미가 있지. 정말 **천신만고**(千辛萬苦) 끝에 아주 어려운 게임을 정복하면 그 쾌감은 이루 말할 수 없지. 공부할 때도 마찬가지야. 아주 어려운 문제나 어려운 부분을 만나면 온 마음과 몸을 다해 정성을 들여야 해. 그야말로 몸과 마음을 수고롭게 하는 것, **천신만고**를 겪으면서 노력을 하면 짜릿한 성취감을 느낄 수 있을거야.

**천신만고**를 겪으며 공부하라! 그것이 몰입이라는 말과 비슷하네요. 얼마 전에 선생님께 몰입해서 공부하면 얼마나 뛰어난 효과를 발휘하는지 들었거든요.

난 공부하는 방법도 중요하지만 목적도 중요하다고 생각해. 대부분의 학생들이 공부를 시험 성적을 얻기 위한 수단으로만 여겨. 또 공부란 그 자체의 재미가 가장 중요하다고 생각해. 엄마는 세상에 숨겨진 원리와 지혜를 찾아가는 과정이 공부라고 믿어. **격물치지**(格物致知)라는 말이 있어. '사물에 담긴 진짜 이치를 연구하고 깨닫는다'는 말이야.

조선시대 때 개성에 '황진이'라고 아주 유명한 기생이 있었어. 정말 아름답고, 공부 실력도 대단했지. 당시 개성에는 '벽계수'라는 사람과 '서화담'이라는 선비가 유명했어. 둘 다 학문 실력이 대단했지. 황진이는 벽계수와 서화담의 실력이 뛰어나다는 말을 듣고 코웃음을 쳤어.

"흥, 선비란 모두 겉으로는 멋진 척하고, 높은 학문을 이룬 듯 보이지만 속은 시커먼 남자일 뿐이야."

모두 벽계수와 서화담은 그렇지 않다고 했지만 황진이는 믿지 않았지.

"그럼 내가 그 둘이 형편없는 사람들이라는 것을 보여주겠어."

황진이는 먼저 벽계수를 찾아갔어. 벽계수는 황진이 말대로 겉으로는 멋진 척했지만 속은 일반 사람과 하나도 다를 바가 없었지. 벽계수는 황진이 유혹에 넘어가 수십 년 쌓은 공부를 모두 포기하고 말았어.

"봐, 내 말이 맞잖아."

다음에는 서화담을 찾아갔어. 그런데 서화담은 전혀 달랐어. 서화담은 진짜였던 거야. 황진이가 아무리 노력해도 서화담은 황진이를 거들떠보지도 않았어. 결국 황진이는 서화담을 인정할 수밖에 없었지.

"다른 이들은 남에게 보여주는 공부를 하지만, 서화담은 진짜 공부를 해. 사물에 담긴 진짜 이치를 탐구하는 사람이 서화담이야. 서화담의 공부는 **격물치지**다."

황진이는 서화담을 인정했을 뿐만 아니라 존경하고, 진실로 사랑하게 되었지.

너도 공부를 단지 시험 성적을 얻기 위한 수단으로만 여기지 말고 세상의 진리를 발견하겠다는 큰 뜻을 품으면 좋겠어. **격물치지**의 자세로 공부하다보면 공부하는 재미를 느끼게 되고, 진짜 공부를 하게 될 거야.

😊   엄마 말을 들으니까 힘이 나요. 맞아요. 시험이 아니라 진짜 궁금한 것을 찾아 나가는 과정이 진짜 공부인 것 같아요.


😊   우리 아들 말을 들으니 곧 몰라보게 변하는 모습을 보게 될 듯하네. **괄목상대**(刮目相對), 이는 '눈을 비비고 다시 본다'는 말로 실력이나 재주가 예전에 비해 몰라보게 달라진 경우를 뜻해.

중국 삼국시대 때, 오나라에 '여몽'이라는 사람이 있었어. 그는 정말 무식하고 멍청했어. 하지만 싸움에는 능했지. 용맹하게 잘 싸워서 여몽은 장군이 되었어. 하지만 너무 무식해서 늘 탈이었지. 오나라 임금인 손권이 멍청한 여몽을 보다 못해 구박을 해.

"여몽 장군은 공부 좀 해야겠는 걸. 어디 무식해서 대화를 하겠나."

여몽은 충격을 받고 그때부터 공부를 시작하지. 어떤 상황에서도 책을 놓지 않고 정말 열심히 했어. 전쟁 중에도 틈만 나면 책을 읽었지.

손권의 신하 중에는 정말 뛰어난 실력을 지닌 '노숙'이라는 사람이 있었어. 노숙은 여몽의 친구이기도 하고, 그 유명한 제갈공명과 친한 사이기도 해. 노숙이 어느 날 여몽을 찾아왔어. 둘은 자연스럽게 대화를 나누었어. 그런데 여몽이 하는 말이 예전과 다른 거야. 정말 놀랍고 뛰어난 말을 자연스럽게 하는거야. 노숙은 정말 놀랐어.

"아니, 여몽. 도대체 언제 그렇게 공부했어? 완전히 다른 사람이 되었네?"

"허허, 그런가? 내가 조금 열심히 공부했지."

"아니, 그 정도가 아니야. 무릇 선비는 사흘이 지난 뒤 다시 만나면 눈을 비비고 다시 볼 정도(괄목상대, 刮目相對)로 실력이 늘어야 하는 법인데, 자네야말로 정말 딱 **괄목상대**네. 대단해. 정말 대단해."

그 뒤로 더 이상 여몽은 무식하다는 소리를 듣지 않았어. 용기뿐만 아니라

최소한의 **고사성어300**

뛰어난 지혜도 갖춘 명장이 되었지.

엄마가 어느 날 두 눈을 크게 뜨고 놀라서 우리 아들을 바라보게 될까? 괄목상대한 아들을 보면 정말 기쁠 거야.

히히, 저도 기대가 돼요.

고사성어 **메모지**

:: **일목요연** [一目瞭然]    한 번 보고도 똑똑하고 환하게 알 수 있도록 정리함.

:: **교학상장** [敎學相長]    배우는 사람뿐만 아니라 가르치는 사람도 배움을 얻음.

:: **불치하문** [不恥下問]    아랫사람에게 묻는 것을 부끄럽게 여기지 말라는 뜻

:: **형설지공** [螢雪之功]    '반딧불이와 눈 빛으로 공부하여 큰 성과를 얻었다'는 말로, 어렵게 공부해서 성공한 것을 뜻함.

:: **천신만고** [千辛萬苦]    온 마음과 몸을 다해 정성을 들이는 것, 그야말로 몸과 마음을 수고롭게 한다는 말

:: **격물치지** [格物致知]    사물에 담긴 진짜 이치를 연구하고 깨달음.

:: **괄목상대** [刮目相對]    '눈을 비비고 다시 본다는 말'로, 실력이나 재주가 예전에 비해 몰라보게 달라진 경우를 뜻함.

# 독서의 매력에 빠질 때

아들, 공부한다고 독서를 멀리 하면 안 돼.

저도 알아요. 하지만 공부할 양이 너무 많아요. 솔직히 독서를 하고 싶지만 학교 성적에 별로 도움도 안 되고…….

**개권유익**(開卷有益), 책을 읽으면 유익하다는 말이야. 송나라 두 번째 임금인 태종은 정말 책을 좋아하고 많이 읽었어. 특히 역사책을 좋아했지. 태종은 역사책을 잘 만드는 일도 중요하다는 생각에 많은 학자들을 시켜서 수천 권의 책을 펴내기도 해.

자신이 바라던 대로 수천 권의 매우 뛰어난 책이 만들어지자 태종은 정말 기뻐했어. 그래서 날마다 새롭게 만들어진 책을 읽었지. 황제의 자리는 정말 일이 많아. 그럼에도 태종은 날마다 일정한 분량을 정해 두고 책을 읽었어. 너무 책을 많이 읽으니 주위에 있던 신하들이 걱정을 하며 말렸지.

"폐하, 바쁘실 때는 책을 조금 멀리 하시지요. 그렇게 책을 읽다가 건강을 해치실까 걱정됩니다."

태종은 고개를 저었어.

"책을 펼치면 반드시 이로움이 있는 법(개권유익, 開卷有益)이네. 내 건강을 염려하는 것은 고마우나, 난 책을 읽을 때는 조금도 힘들거나 피로하지 않다네. 그러니 걱정 말게."

아무리 바쁘다고 해도 독서를 멀리하면 안 돼. 책이 주는 이로움은 그 어떤 공부도 따라오지 못해.

네, 알았어요. 그런데 아빠 생각에는 독서를 하면 가장 이로운 점이 뭐라고 생각하세요?

나는 **독서상우**(讀書尙友)가 가장 큰 이로움이라고 믿어. **독서상우**, '책을 읽으면 옛날에 살던 위인들과 친구가 된다'는 말이야.

잘 배우려면 좋은 선생님을 만나야 해. 좋은 선생님은 훌륭한 가르침을 주고, 훌륭한 가르침을 받으면 훌륭한 사람이 될 수 있지. 그래서 옛날부터 공부하는 사람들은 좋은 스승을 만나려고 노력했어. 그런데 배움을 얻을 스승을 만나는 것에는 한계가 있어. 돈이나 시간, 사는 장소에 많이 영향을 받지.

더욱이 과거에 살았던 위대한 위인은 스승으로 삼고 싶어도 만나지 못해. 하지만 위대한 위인들을 스승으로 삼을 방법이 있지. 바로 책을 읽는 거야. 위대한 위인들이 남긴 책을 본다는 것은 그 위인을 만나 가르침을 얻는 거나 마찬가지야. 더욱이 책만 펴면 언제 어디서나 배움을 얻으니, 그야말로 최고의 스승이요, 친구인 셈이지. **독서상우**, 책에 나온 모든 사람은 다 내 친구야. 그러니 얼마나 좋아. 그래서 아빠는 **독서상우**야 말로 독서의 최고 장점이라고 봐.

맞는 말이네요. 그런데 아빠, 저는 어떻게 책을 읽어야 할지 막막할 때가 많아요. 그냥 책을 열심히 읽기만 하면 남는 게 별로 없어요.

맞아. 독서에도 방법이 있지. 아빠가 옛 사람들이 말한 독서 방법을 몇 가지 알려 줄게. 먼저 **독서삼도**(讀書三到)라는 말이 있어. **독서삼도**란, '책을 읽을 때는 눈으로 보고, 입으로 읽고, 마음으로 이해해야 한다'는 뜻이야.

책을 읽을 때는 그냥 눈으로만 읽으면 안 돼. 흔히 눈으로만 읽으면 소리 내어 읽지 않는 경우가 많아지는데, 소리 내어 읽으면 책에 훨씬 집중하게 돼. 물론 긴 책을 전부 소리 내어 읽을 수는 없겠지만, 마음에 와 닿는 부분이나 중요한 부분은 소리 내어 읽으면 훨씬 집중이 잘 돼.

무엇보다 중요한 것은 마음으로 이해하는 거야. 그냥 읽지만 말고 책의 뜻을 생각하면서 마음 속으로 받아들이는 자세가 중요하지. 그래서 **독서삼도**야. 눈과 입과 마음을 다 함께 사용해서 책을 읽어야 제대로 독서를 하는 거야.

**독서삼도**는 학교 공부할 때도 필요하겠네요.

맞아. **독서삼도**를 제대로 하면 **독서삼매**(讀書三昧)의 경지에 이르게 돼. 독서삼매는 아무 생각 없이 오직 책 읽기에만 푹 빠진 상태를 말해. 말 그대로 온 정신이 책에만 머무는 거지. 이게 진짜 책 읽기야. 온 마음과 정신이 딴 생각 없이 책에 묻혀 있으면 책 내용이 온전히 자기 것이 되지. 요즘 유행하는 말로는 몰입이야. 옛날 사람들은 **독서삼매**에 빠지는 것이야 말로 가장 큰 즐거움이라고 생각했지.

책에 푹 빠져 집중해서 읽는 것 말고 또 다른 독서법은 없나요?

반복이야. 좋은 책은 여러 번 읽어야 해. **위편삼절**(韋編三絕), '책을 맨 가죽 끈이 세 번이나 끊어졌다'는 말로, 같은 책을 헤아릴 수 없이 많이 읽는다는 말이야.

공자는 《주역》이라는 책을 정말 좋아했대. 늘 주역을 가까이 하며 읽고, 또 읽었어. 그때 당시에는 책을 종이로 만들지 못하고 '죽간'이라고 해서 대나무로 만들었어. 대나무와 대나무를 가죽 끈으로 연결했지. 공자는 죽간으로 만든 주역을 읽고 또 읽었는데, 얼마나 많이 읽었는지 대나무를 이은 가죽 끈이 끊어질 때까지 읽은 거야. 그것도 세 번이나. 정말 엄청나게 많이 읽은 거지.

너도 생각해봐. 책을 묶은 곳이 닳아서 세 번이나 끊어질 때까지 반복해서 읽었으면 얼마나 책을 많이 읽었겠어? **위편삼절**은 책을 세 번 읽으라는 말이 아니라 좋은 책은 반복해서 읽으라는 말이야.

저도 초등학생 때까지는 좋아하는 책을 반복해서 읽었어요. 하지만 중학생이 되니까 반복해서 읽기가 싫어졌어요. 이미 아는 내용을 계속 본다고 달라지는 게 있을까 싶어서요.

**독서백편의자현**(讀書百遍義自見), '글을 백번 읽으면 뜻이 저절로 나타난다'는 말이야. 쉽게 말하면 아무리 어려운 내용의 책이라도 수없이 반복해서 읽으면 저절로 뜻을 이해하게 된다는 말이지. 여기서 '백'은 그냥 '100'이 아니라 많은 횟수를 뜻해.

한나라 헌제 때 동우라는 학자가 있었어. 그는 남다르게 공부를 좋아해서 늘 책을 끼고 다녔지. 그가 뛰어난 인재라는 사실을 안 황제가 그를 불러서 벼슬을 주었지. 동우가 뛰어난 학자라는 사실이 알려지면서 많은 사람들이 동우에게 배우려고 와.

"제발 저에게 학문을 가르쳐 주십시오."

부탁하는 사람들이 많았지만 동우는 제자를 받아들이지 않았어.

"아니, 왜 제자를 받지 않으시는 겁니까?"

"저에게 와 봐야 배울 게 없습니다."

"그것은 지나친 겸손이십니다. 동우님이 얼마나 대단한 학자인지는 세상 사람들이 다 압니다."

그래도 동우는 거절하기만 했어. 그러고는 이렇게 말했지.

"저는 가르칠 것이 없습니다. 제게 배울 생각 마시고 그저 책을 백 번 읽으십시오. 백 번 읽으면 책의 뜻이 저절로 다가옵니다(독서백편의자현, 讀書百遍義自見)."

동우는 이렇게 말하며 한사코 가르치는 걸 거부했지.

**독서백편의자현**이라는 말을 들은 어떤 사람이 동우에게 물어.

"책을 백 번 읽으라니요. 도대체 책 한 권을 백 번씩이나 읽을 시간이 어디 있습니까?"

동우는 이렇게 답하지.

"살아갈 때는 세 종류의 여유 시간이 있습니다. 인생의 여유 시간은 겨울, 밤, 비오는 때입니다. 겨울은 농사에서 벗어나 일 년 중 가장 여유로운 시간이고, 밤은 하루 중 가장 여유로운 시간이며, 비오는 날은 밖에서 할 일이 없으니 여유로운 시간입니다."

"저는 겨울, 밤, 비오는 날에 관계없이 늘 바쁩니다."

"시간을 따지지 말고 시간이 날 때마다 틈틈이 꾸준히 읽으라는 말입니다. 시간을 탓하다가는 아무것도 하지 못하지요. 누구에게나 책 읽을 시간은 있습니다. 오나라 여몽은 전쟁 중에도 책을 읽었다고 하니 시간을 탓하는 것은 핑계일 뿐이지요."

반복은 기억을 위한 가장 좋은 방법이면서, 글을 이해하는 가장 좋은 방법이야. 그러니까 틈날 때마다 반복해. 그리고 동우의 말처럼 책 읽을 시간이 없다는 것도 핑계일 뿐이야. 하려는 마음이 중요하지.

한 권을 여러 번 보는 것도 중요하지만, 다양한 책을 많이 읽는 것도 중요하다고 생각해요.

맞는 말이야. 당나라 시대에 유명한 시인인 두보는 **남아수독오거서**(男兒須讀五車書)라고 했어. 남자라면(사람이라면) 다섯 수레 정도의 책은 읽어야 한다는 말이야. 다섯 수레라니 정말 엄청나지. 자동차 다섯 대를 가득 채울 정도의 책을 읽어야 한다고 상상해봐. 그 정도는 읽어야 책을 읽었다고 할 만하지.

**남아수독오거서**라, 정말 엄청나네요. 저도 한번 그 정도 책을 읽어보고 싶네요.

:: **개권유익** [開卷有益]   책을 읽으면 유익함.

:: **독서상우** [讀書尙友]   책을 읽으면 옛날에 살던 위인들과 친구가 됨.

:: **독서삼도** [讀書三到]   '책을 읽는 세 가지 방법'이라는 뜻으로, 책을 읽을 때는 눈
　　　　　　　　　　　　　　으로 보고, 입으로 읽고, 마음으로 이해해야 한다는 뜻

:: **독서삼매** [讀書三昧]   아무 생각 없이 오직 책 읽기에만 푹 빠진 상태

:: **위편삼절** [韋編三絕]   '책을 맨 가죽 끈이 세 번이나 끊어졌다'는 말로, 같은 책을
　　　　　　　　　　　　　　헤아릴 수 없이 많이 읽는다는 뜻

:: **독서백편의자현** [讀書百遍義自見]   글을 백번 읽으면 뜻이 저절로 나타남.

:: **남아수독오거서** [男兒須讀五車書]   '남자라면(사람이라면) 다섯 수레 정도의 책
　　　　　　　　　　　　　　은 읽어야 한다'는 뜻

# '공부 싫어'를 외치고 싶을 때

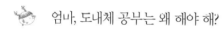 엄마, 도대체 공부는 왜 해야 해?

우리 딸, 갑자기 왜 그러니?

'아는 것이 힘'이 아니라 '아는 것이 근심'인 경우가 많아. 모르면 그냥 넘어
갈 일을 알게 되면 꼭 따지게 되고, 신경을 쓰게 돼. 그러니 모르는 것이 낫지.

**식자우환**(識字憂患), '아는 것이 오히려 근심거리가 된다'는 말이야. 삼국지
에서 유비는 제갈공명 덕분에 힘이 강해지지. 그런데 제갈공명이 유비에게 오기
전에 유비에게는 '서서'라는 사람이 있었어. 서서는 제갈공명보다는 못했지만 정

말 뛰어난 재주가 있었지. 그래서 조조의 군대를 많이 괴롭혔어. 조조는 서서 때문에 고민에 빠져. 유비는 두려울 것이 없지만 유비 옆에 서서가 있으면 유비가 두려운 존재가 되기 때문이지.

"흠, 도대체 어떻게 하면 되겠는가?"

조조가 신하인 정욱에게 물어. 정욱은 곰곰이 생각하다 꾀를 내지.

"서서는 대단한 효자입니다. 서서의 어머니가 지금 우리나라에 살고 있습니다. 만약 서서 어머니의 글씨를 흉내내어 서서에게 '어머니가 병이 깊으니 빨리 돌아오라'고 편지를 보내면 서서는 반드시 돌아올 것입니다. 그때 서서를 붙잡으면 서서와 유비를 갈라놓을 수 있습니다."

"그거 좋은 방법이구만."

조조는 글씨를 잘 흉내내는 사람을 시켜 서서 어머니의 글씨를 흉내내게 해. 서서의 어머니는 학문이 매우 높고, 글도 잘 쓰는 사람이었지. 어머니가 많이 아프다는 편지를 받은 서서는 어쩔 수 없이 유비를 떠나 어머니에게 와.

서서를 본 어머니는 앞뒤 사연을 듣고는 매우 화를 내.

"내가 너에게 어진 임금을 섬기라고 했거늘 이런 가짜 편지에 속아서 돌아오다니 정말 실망스럽구나."

"죄송합니다. 어머니. 하지만 어머니가 아프시다고 해서 어쩔 수가 없었습니다."

"허허, **식자우환**이로다. 내가 글자도 모르고 글도 쓸 줄 몰랐다면 결코 이런 일이 일어나지 않았을 텐데, 내가 글을 아는 것이 결국 근심을 불러들였구나."라고 하면서 후회를 했다는 거야. 안타깝게도 서서의 어머니는 그 길로 목을 매 자살을 했고, 서서는 통곡을 했지. 그 뒤로 서서는 조조 밑에 있으면서도 단 한 번도 조조를 위해 일을 하지 않았다고 해.

 그것 봐! 아는 것이 병이잖아.

네 말은 **침소봉대**(針小棒大)일 뿐이야. **침소봉대**는 '작은 바늘을 큰 몽둥이처럼 부풀리는 것'을 말해. 작은 일로 크게 허풍을 치거나 작은 일을 큰 일처럼 말하는 걸 뜻하지. **침소봉대**는 학생들이 하는 말로 '뻥~'치는 것을 뜻해.

**식자우환**의 사례는 극히 일부일 뿐인데 넌 마치 대부분의 일이 그렇다고 말하는 거야. 그것은 작은 사례로 전체를 판단하는 오류야. 작은 일을 큰 일처럼 뻥~치지 말고, **침소봉대**하지마.

그것은 인정해. 그렇지만 솔직히 학교 공부는 현실에 거의 쓸모가 없어. 난 쓸모 있는 것을 배워야 한다고 생각해.

**실사구시**(實事求是), '사실에 바탕을 두고 진리를 탐구한다'는 뜻이야. **실사구시**하면 떠오르는 게 바로 실학이지.

조선시대 성리학자들은 백성들의 실제 삶과는 별로 상관도 없는 학문을 했어. 우주가 어떻고, 이치가 어떻고, 기가 어떻다는 등의 공부만 했지. 실제 백성들의 생활과는 아무런 관련이 없는 장례식 복장 문제로 서로 죽일 듯이 싸우기도 했고…….

박지원이라는 실학자는 《양반전》을 통해 양반들이 얼마나 쓸모없는 사람들인지, 양반들이 하는 짓이 얼마나 한심한지 노골적으로 비판하지. 그러면서 정말 현실에 쓸모 있는 학문을 해야 한다고 주장해.

상업을 어떻게 발전시킬 것인가? 집을 어떻게 지어야 하는가? 교통의 발달은 왜 필요한가? 땅은 어떻게 분배해야 백성들에게 좋은가? 관리들은 어떤 자세로 백성을 다스려야 하는가? 등 정말 현실에서 꼭 필요한 학문을 하지. 바로 이게 실학이야. 이익, 유형원, 박지원, 박제가, 정약용, 홍대용 등이 조선 후기 실학자들로 유명해.

실학자들이 내세운 학문의 원리가 바로 **실사구시**야. 이 말에서 실학이라는 말도 나왔지.

이용후생(利用厚生)이라는 말도 **실사구시**와 비슷한 말이야. **이용후생**에서 '이용'은 장인(匠人)이 그릇을 만들고 장사꾼이 재물을 운반하는 것을 말하고, 후생은 옷을 입고 고기를 먹어 추위에 떨지 않고 굶주리지 않는 것을 말해. 그러니까 **이용후생**은 백성들이 물건을 만들고, 장사를 하고, 옷을 해 입고, 음식을 먹어서 배부르고 따뜻하고 행복하게 사는 걸 말해. 학문이란 백성들이 잘살게 하는 데 필요하지, 학문 그 자체로 필요하다는 말이 아니라는 거야. **이용후생**은 **실사구시**와 함께 실학이 지닌 특징을 잘 보여주지.

그것 봐. 엄마. 학문은 **실사구시**이고 **이용후생**이어야 하는데, 우리가 배우는 학문은 현실에서 정말 쓸모가 없어. 도대체 2차방정식, 함수 같은 것을 내가 배워서 어디다 쓰냐? 난 과학자가 될 것도 아닌데 말이야. 그래서 나는 공부가 싫어.

연목구어(緣木求魚)라는 말이 있어. '나무에 올라 물고기를 구한다'는 뜻이지. 우물에서 숭늉 찾는다는 우리 속담과 같은 뜻이야.

학문이 실생활에 도움이 되어야 한다는 말에는 엄마도 동의해. 그렇지만 지금 배우는 공부가 실생활에 바로 당장 쓰임새가 있어야 한다는 말에는 동의하기 어려워. 네가 지금 하는 공부는 현실에 써먹기 위한 공부의 토대를 쌓고 있는 거야.

네가 지금 배우는 2차방정식, 함수가 지금 당장은 아무런 쓸모가 없을지 몰라. 그렇지만 네가 2차방정식과 함수를 이해하기 위해 노력하는 과정에서 이해력은 분명히 높아져. 높아진 이해력은 네가 더 높은 수준의 학문을 하는 데 분명히 필요해.

무엇보다 지금 배우는 공부가 나중에 쓸모가 있을지, 없을지는 아무도 몰라. 스티브 잡스는 대학을 중간에 그만 두고 자신이 배우고 싶은 것을 열심히 배웠다고 해. 그때 배웠던 것 중의 하나가 동양의 서예였는데, 그 당시에는 그것을 왜 배우는지 몰랐대. 당장은 쓸모도 없었지. 서양 사람들이 서예를 배워서 무엇에 쓸 거야. 그런데도 스티브 잡스는 그것을 배웠어.

나중에 스티브 잡스는 서예를 바탕으로 다양한 글씨체를 만들고, 이미지를 중심으로 컴퓨터를 운영하는 체제를 만들어내. 그러니까 당시에는 전혀 쓸모없던 배움이 나중에는 정말 큰 쓸모를 발휘한 거지.

지금 당장의 쓸모를 찾지 마. 우물에서 숭늉 찾고, **연목구어**하지 말라는 말이야. 급하게 보지 말고, 길게 보면 내가 공부하는 것이 어떤 쓰임이 있을지는 아무도 몰라.

음, 엄마 말에 동의해. 그런데 솔직히 학교에서는 너무 교과서 위주로만 가르쳐. 체험노 하고, 현장 실습도 하는 공부를 많이 하면 좋겠는데.

그것은 나도 동의해. **백문불여일견**(百聞不如一見)이라고 하지. '백 번 듣는 것이 한 번 보는 것만 못하다'는 뜻으로, 무엇이든지 경험해야 확실히 알 수 있다는 말이야. 경험보다 좋은 공부는 없지.

한나라 때의 일이야. 한나라 서북쪽에 '강족'이라는 민족이 있었는데, 강족들이 한나라로 자꾸 쳐들어왔나봐. 한나라 군사들은 열심히 싸웠지만 강족에게 크게 패했지. 황제는 어떻게 해야 강족을 물리칠 수 있을지 고민스러웠어. 그래서 70세가 넘은 장군인 조충국을 불러서 물었지. 조충국은 북방 민족과 싸움에서 큰 공을 여러 번 세운 장수였어.

"장군, 어떻게 하면 강족을 물리칠 수 있겠소? 병력은 얼마나 필요하오?"

황제는 답답한 마음에 질문을 쏟아내지. 조충국은 황제의 질문을 받고 이렇게 답해.

"폐하, '백 번 듣는 것이 한 번 보는 것만 못하옵니다(백문불여일견, 百聞不如一見).' 제대로 된 방법을 찾아내기 위해서는 멀리 떨어진 이곳에서 머리로 생각할 것이 아니라, 직접 가서 현실을 파악하고 대책을 마련해야 합니다."

"그래요? 좋습니다. 그럼 장군을 그쪽 책임자로 임명할 테니 장군이 가서 강족을 물리칠 구체적인 방법을 찾아보시오."

조충국은 강족이 쳐들어오는 지역으로 달려갔어. 그러고는 지형, 날씨, 백성들의 상황, 강족들의 무기나 싸우는 방식 등을 세밀히 살폈지.

"그들은 말을 타고 다니는 기병이고, 말을 다루는 실력이 우리보다 훨씬 뛰어나구나. 우리가 강족과 똑같이 기병으로 싸우면 상대가 안 되겠어. 그렇다면 기병보다는 우리 한나라 군대의 장점을 살리는 방식의 군대가 필요하겠군."

이처럼 현장을 조사한 조충국은 강족을 물리칠 가장 좋은 방법을 생각해냈고, 결국 강족을 물리쳤다고 해.

공부는 생활에서 필요한 것이니만큼 직접 체험하는 것도 필요하다고 생각한단다. 엄마도 너처럼 학교가 현장 학습이나, 실습 등을 많이 했으면 좋겠는데. 그렇지 못하는 현실이 참 안타까워.

 맞아. 그래서 내가 공부하기가 싫다는 거야.

네 말은 **침소봉대**야. 작은 것을 지나치게 확대해서 말하고 있어. 공부는 필요해. 그것은 누구도 부정 못해.

고사성어 **메모지**

:: **식자우환** [識字憂患]    아는 것이 오히려 근심거리가 됨.

:: **침소봉대** [針小棒大]    작은 바늘을 큰 몽둥이처럼 부풀린다. 작은 일로 크게 허풍을 치거나 작은 일을 큰 일처럼 말하는 것을 뜻함.

:: **실사구시** [實事求是]    사실에 바탕을 두고 진리를 탐구함.

:: **이용후생** [利用厚生]    백성들이 물건을 만들고, 장사를 하고, 옷을 해 입고, 음식을 먹어서 배부르고 따뜻하고 행복하게 사는 것을 뜻함.

:: **연목구어** [緣木求魚]    '나무에 올라 물고기를 구한다'는 뜻으로, 우물에서 숭늉 찾는다는 우리 속담과 같은 뜻

:: **백문불여일견** [百聞不如一見]    '백 번 듣는 것이 한 번 보는 것만 못하다'는 뜻으로, 무엇이든지 경험해야 확실히 알 수 있다는 말

# 23
# 노력하겠다고 결심할 때

🙍 아들, 열심히 공부하는구나. **고진감래**(苦盡甘來)라고 했어. **고진감래**는 '쓴 맛이 지나가면 단맛이 온다'는 뜻으로, 고생 끝에는 반드시 낙이 온다는 말이야. 정상을 향해 등산을 하는 것은 정말 힘들어. 오르는 길은 끝도 없고 힘들고 고달 프지. 그렇지만 오르고 또 오르면 결국 산 정상에 도착할 수 있어. 올라가는 힘겨 움을 이겨내면 결국 정상에 설 수 있는 법이야. 네가 지금 공부하는 것이 힘들고 괴롭지만 언젠가는 반드시 달콤한 결과가 나올 거야. **고진감래**니까.

😄 저도 **고진감래**라고 믿어요. 그렇지만 너무 힘들 때는 중간에 포기하고 싶 은 마음도 많이 들어요.

당연하지. 중국 역사에서 가장 시를 잘 쓰는 사람으로 꼽히는 '이백'이라는 사람도 젊은 시절에 공부하다가 포기하려고 했대. 이백이 어렸을 때 좋은 스승을 찾아서 산에 들어가 공부를 했어. 어느 날 끝없는 공부에 질린 이백은 스승께 말씀도 드리지 않고 산을 내려가 버리지.

"내가 다른 것으로 성공하고 말지, 이렇게 지겨운 공부는 더 이상 안 한다. 안 해!"

투덜거리며 산을 내려오던 이백은 계곡의 냇가에서 열심히 무언가를 갈고 있는 한 할머니를 발견했어. 걷느라 힘들기도 하고, 궁금하기도 했던 이백은 할머니가 무엇을 하는지 구경하려고 할머니에게 다가가. 이백이 다가가서 보니 할머니는 도끼를 열심히 갈고 있었어. 그런데 도끼날이 날카롭게 섰는데도 계속 갈고 있는 거야. 이백은 할머니가 도끼를 그렇게 열심히 가는 이유가 궁금했어.

"도끼는 이미 충분히 간 것 같은데요."

할머니는 도끼를 계속 갈면서 말했어.

"이 도끼를 갈아서 바늘을 만들려고 한다(마부작침, 磨斧作針)네."

이백은 삼싹 놀랐어. 큰 도끼를 갈아서 바늘로 만들려면 얼마나 시간이 걸릴지 짐작하기도 어려웠거든.

"아니, 할머니. 그렇게 큰 도끼를 갈아서 언제 바늘을 만듭니까? 그냥 바늘을 하나 사지 그러세요?"

"허허, 중간에 포기하지만 않으면 도끼를 갈아서 바늘을 만들지 못한다는 법도 없지. 누구처럼 포기하지만 않으면 말이야."

이백은 할머니의 말을 듣고 가슴이 뜨끔했어.

'중간에 포기하지 않으면 **마부작침**(磨斧作針)도 가능한데, 나는 조금 힘들다고 중간에 포기하려고 하다니……. 다시 스승님께 가자.'

이백은 도끼를 가는 할머니께 무릎을 꿇고 절을 했어.

"좋은 가르침 감사합니다. 저는 작은 힘겨움에 포기하려 했는데 **마부작침**의 교훈을 접하고 포기하지 않겠다는 결심을 굳혔습니다. 다시 스승님께 올라가 계속 배우겠습니다."

그 뒤로 이백은 힘들어서 포기하고 싶을 때는 늘 **마부작침**을 생각하며 계속 노력했다고 해. **마부작침**, '도끼를 갈아서 바늘을 만든다'는 뜻으로 아무리 어려운 일이라도 참고 견디면 언젠가는 반드시 성공한다는 말이야.

🐱 와! 대단하네요. **마부작침**이라, 생각만 해도 그 끈기가 대단하네요.

🙂 도끼를 갈아 바늘을 만드는 것은 별거 아니야. 어떤 사람은 산을 옮기기도 했어. **우공이산**(愚公移山), '어리석은 사람이 산을 옮긴다'는 뜻으로, 아무리 어리석어 보여도 한 가지 일에 매진하면 큰일을 이룬다는 말이야.

옛날에 큰 산 사이의 좁은 땅에 우공(愚公, 어리석은 사람)이 살았어. 나이가 무려 90세였지. 그런데 어느 날 증손자가 우공을 보더니 이러는 거야.

"할아버지 저기 산이 가려서 너무 답답해요."

이 말을 들은 우공은 가만히 고민하더니 가족들을 모두 모이게 해.

"아무래도 저 두 산 때문에 우리들이 사는 곳이 너무 비좁고 살기 어려운 듯하다. 나는 저 두 산을 모두 깎아서 없애려고 하는데, 너희들 생각은 어떠냐?"

가족들도 두 산 때문에 비좁고 답답하게 느꼈기 때문에 모두 찬성했어. 우공의 아내만이 근심어린 얼굴로 우공에게 물었어.

"산의 흙은 파낸다고 해도, 도대체 저 산에서 나는 많은 흙은 어디다 버릴 거요?"

우공은 태연하게 대답해.

"저 멀리 떨어진 바다에 버리면 되지 않겠소."

우공이 사는 곳에서 바다까지는 정말 먼 곳이라 한 번 갔다 오는데 정말 오래 걸리는 거리였지. 우공의 아내는 혀를 차기는 했지만 굳이 말리지는 않았어. '몇 번 하다가 포기하고 말겠거니'하고 생각했거든.

다음 날 아침부터 우공은 아들과 손자들을 데리고 산에 있는 흙을 파서 짊어지고 바다까지 걸어가서 흙을 버렸어. 한 번 다녀오는데도 몇날 며칠이 걸렸지. 그걸 본 이웃 사람들은 모두 비웃었어.

"도대체 살 날이 얼마 남지도 않은 노인네가 어느 세월에 저 산을 다 깎는단 말이요. 허허, 정말 어리석어도 이렇게 어리석을 수가 없네 그려."

이 말을 들은 우공이 태연하게 이웃 사람에게 말해.

"내가 죽으면 아들이 하고, 아들이 죽으면 손자가 하고, 손자가 죽으면 증손자가 하고……, 이렇게 계속 하다보면 결국에는 저 산이 없어질 것이 아니오."

이웃 사람은 어이가 없어서 웃고 말았어. 그런데 우공의 이 말을 듣고 정말 놀란 것은 두 산의 산신이었어. 가만히 생각하니 저 어리석은 사람(우공)은 반드시 그렇게 할 것 같거든. 두 산의 산신은 곧바로 옥황상제께 산이 사라지지 않게 해달라고 부탁해. 우공이 산을 파내서 바다에 버리면 산이 완전히 사라져. 산신이 산이 사라지면 큰일이거든.

옥황상제는 산신들의 얘기를 듣고는 아주 힘센 신들을 보내서 두 산을 다른 곳으로 옮겨줘. 그래서 원래 그 산이 있던 지방엔 지금 가 봐도 작은 언덕조차 없이 평평한 평야지대가 넓게 펼쳐져 있대.

**우공이산**, 어리석은 사람이 산을 옮긴 거지. 아무리 머리가 좋아도 끈질기게 노력하는 사람을 이기지 못해.

대단하네요. 저 같은 경우, 처음에는 결심이 단단하지만 시간이 갈수록 결심이 흔들려요. 처음부터 끝까지 계속 노력하기가 쉽지 않아요.

맞아. **초지일관**(初志一貫), 처음에 세운 뜻을 끝까지 밀고 나가는 것은 정말 어렵지. **고진감래도, 마부작침도, 우공이산도** 모두 **초지일관**, 자신이 처음 세운 뜻을 밀고 나갈 때 성공을 거둘 수 있음을 말하고 있지.

솔직히 말씀드리면 지난 번 시험에서 저보다 못하던 친구 녀석이 저보다 성적이 더 잘 나왔어요. 성적을 보고는 정말 신경질이 나고, 화가 났어요.

난 네가 왜 그렇게 갑자기 열심히 공부하나 했더니, 친구한테 진 것 때문에 **절치부심**(切齒腐心)했구나. **절치부심**은 '이를 갈고 마음을 썩인다'는 뜻으로, 몹시 화가 나서 복수를 하기 위해 이를 가는 것을 말해.

춘추전국시대 때 '형가'라는 사람은 진나라 왕을 죽이려면 어떻게 할까 고민했어. 진나라는 강력한 군사력으로 여러 나라를 침략했고, 이 때문에 진나라를 미워하는 사람들이 많았는데, 형가도 그중 한 사람이었어. 형가는 고민 끝에 번오기 장군을 찾아가. 번오기 장군은 연나라의 장군으로, 가족을 모두 진나라에 잃었고, 진나라에서도 죽이려고 무진장 애쓰는 사람이었지.

"번오기 장군님, 제가 이번에 진나라 왕을 속여 가까이 접근한 뒤에 진나라 왕을 죽이려 합니다."

형가의 말을 들은 번오기 장군은 귀가 번쩍 뜨였어.

"나도 이를 갈고 마음을 썩이며(절치부심, 切齒腐心) 진나라 왕을 죽일 방법을 생각하고 있는 중입니다. 도대체 진나라 왕을 죽이려면 어찌해야 할까요? 좋은 방법이 있습니까?"

형가는 잠시 망설이더니 번오기 장군에게 방법을 말했지.

"진나라 왕을 죽이기 위해서는 진나라 왕의 믿음을 얻어야 합니다. 그리고 그에게 가까이 다가가야 합니다. 그러려면 번오기 장군의 목이 필요합니다. 진나라가 가장 원하는 것은 바로 번오기 장군님의 목숨입니다. 장군을 죽여 그 목을 바친다면 진나라 왕은 저를 믿을 것이고, 그러면 저는 진나라 왕을 죽일 기회를 얻을 것입니다."

정말 놀라운 제안이었지. 그런데 이 말을 들은 번오기 장군은 아주 반가운 얼굴을 해.

"정말 대단한 방법이오. 내가 수년 동안 진나라에 원수를 갚을 방법이 없을까 **절치부심**하였는데, 당신이 바로 그 해결책을 알려주는구려."

번오기 장군은 바로 그 자리에서 스스로 목숨을 끊어. 형가는 번오기 장군에게 절을 하고는 목을 잘라 진나라로 가지. 형가는 어찌어찌해서 진나라 왕에게 접근하지만, 결국 진나라 왕을 죽이는 데는 실패하고 말아. 번오기의 희생이 성공으로 이어지지는 못했지. 이때 형가와 번오기가 죽이려 했던 진나라 왕이 바로 진시황이야.

와! 번오기란 사람, 전 도저히 흉내내기 어려운 사람이네요. 그렇게 희생했는데 실패해서 안타깝네요.

얼마나 분노가 가득했으면 자신의 목숨을 던져서라도 원수를 갚으려고 했겠니? 그 정도 수준이 되니까 **절치부심**이라고 하는 거야. 번오기의 희생은 비록 실패했지만 **절치부심**, 복수를 준비해서 성공하는 경우도 있지. 가장 대표적인 게 **와신상담**(臥薪嘗膽)이야.

**와신상담**은 '지푸라기 위에서 누워 자고, 쓰디 쓴 쓸개를 맛본다'는 뜻으로, 원수를 갚기 위해 괴로움과 어려움을 참고 견디는 것을 말해. **와신상담**은 중국 역사에서 가장 철천지 원수 사이인 오나라와 월나라 사이에 벌어진 사건을 바탕으로 해.

월나라와 오나라가 크게 전쟁을 한 적이 있는데, 이때 구천이 임금으로 있는 월나라가 합려가 임금으로 있는 오나라를 싸워서 이겨. 싸움에서 진 합려는 전쟁에서 다친 상처 때문에 죽음에 이르고 말아. 최후를 맞이하면서 합려는 아들인 부차에게 유언을 해.

"반드시 월나라 구천에게 원수를 갚아라."

"네, 명심하겠습니다. 아버지. 반드시 3년 안에 원수를 갚겠습니다."

아버지가 죽어가면서 남긴 유언을 들은 오나라 왕 부차는 아버지의 뜻을 되새기며 **절치부심**해. 부차는 임금이었음에도 지푸라기 위해서 잠을 자. **와신상담**의 '와신'은 '지푸라기 위에 눕는다'는 뜻이야. 잠을 편히 자지 않으면서 복수를 위해 노력한 거지.

또 부차는 아버지의 유언을 잊지 않기 위해 틈만 나면 신하들에게 "월나라 왕 구천이 너의 아버지를 죽였다는 걸 잊지 마라."는 말을 하게 해. 그때마다 부차는 "네, 잊지 않겠습니다. 아버지 원수를 반드시 3년 안에 갚겠습니다."하며 큰 소리로 다짐을 했지. 부차는 은밀하게 군사력을 길렀어.

부차가 군대를 몰래 기른다는 소식이 월나라 왕 구천에게 흘러들어가. 구천은 부차를 가만 두면 안 되겠다고 생각하고 군사를 일으켜 공격을 해. 구천은 자기 나라 군대가 훨씬 강할 거라고 생각해. 하지만 막상 전투가 벌어지니 월나라 군사들은 오나라 군사들에게 상대가 안 됐어. 어찌나 오나라 군사들이 막강한지 제대로 싸워보지도 못하고 패했지. 결국 구천은 산으로 도망을 쳤어.

오나라 군사들은 구천을 완전히 포위하고 구천을 죽이려 했지. 그때 구천의 신하인 범려가 꾀를 내.

"오나라에는 '백비'라는 자가 있는데, 그 자는 권력이 크면서도 뇌물을 매우 밝히는 자입니다. 그 자에게 뇌물을 많이 바쳐서 우리를 살려달라고 하면 분명 오나라 왕 부차는 백비의 말을 듣고 우리를 살려줄 것입니다. 일단은 항복을 하고, 나중에 복수할 기회를 기다려야 합니다."

구천은 범려의 말대로 오나라 백비에게 뇌물을 엄청나게 바쳐. 백비는 뇌물을 받고 흐뭇해서 구천을 살려주기로 마음먹지. 오나라에서는 구천을 죽일 것인지, 살려줄 것인지를 두고 논쟁이 벌어졌는데, 백비가 강력하게 주장해서 구천은 살아나게 돼. 목숨을 구한 구천은 월나라로 돌아가지. 물론 월나라는 그 이전과 달리 오나라의 지배를 받아.

구천은 월나라로 돌아온 뒤에 옆에 항상 쓸개를 두고 그 쓴맛을 보며 부차에게 당한 치욕을 기억해. 군사를 기르고 나라를 강력하게 하는데 한시도 게을리하지 않지. 무려 12년 동안이나 쓸개를 먹으면서 복수를 준비 해. 마침내 전쟁이 벌어지고, 장장 7년 동안의 싸움 끝에 구천은 부차를 굴복시키고 오나라를 멸망시키지. **와신상담**의 '상담'은 쓸개를 맛본다는 뜻이야. **와신상담**, 구천이나 부차나 정말 대단하지?

🐱    그러게요. 정말 대단하네요. 어떤 상황에서도 자신의 결심을 **초지일관** 잊지 않으려는 태노가 성말 삼난스러워요.

🐵    아무리 꺾으려 해도 꺾이지 않고, '어떤 어려움이 닥쳐도 포기하지 않는 자세'를 **백절불굴**(百折不屈)이라고 하는데, 부차야말로 딱 **백절불굴**이야.

🐱    제가 열심히 공부하면 정말 훌륭한 사람이 될 수 있을까요? 솔직히 공부하면서도 늘 그것이 걱정이 되고, 믿음이 안 가요.

🐵    **절차탁마**(切磋琢磨)는 '뼈나 돌을 갈고 닦아서 아름다운 보석으로 빛낸다'는 뜻으로, 학문을 갈고 닦아 훌륭한 사람이 되는 것을 말해. 뼈나 돌도 열심히

갈고 닦으면 보석처럼 빛나는 아름다움을 만들어내는데, 하물며 사람이 열심히 공부를 하고, 자신을 갈고 닦으면 당연히 훌륭한 사람이 될 수밖에 없지. 우리 아들이 **절차탁마**처럼, 빛나는 보석이 되리라는 걸 엄마는 믿어.

고마워요, 엄마. 진짜 열심히 노력해볼게요.

 고사성어 **메모지**

:: **고진감래** [苦盡甘來]     '쓴맛이 지나가면 단맛이 온다'는 뜻으로, 고생 끝에는 반드
시 낙이 온다는 말

:: **마부작침** [磨斧作針]     도끼를 갈아서 바늘을 만든다. 아무리 어려운 일이라도 참
고 계속하면 언젠가는 반드시 성공한다는 말

:: **우공이산** [愚公移山]     '어리석은 사람이 산을 옮긴다'는 뜻으로, 아무리 어리석어
보여도 한 가지 일에 매진하면 큰일을 이룬다는 말

:: **초지일관** [初志一貫]     처음에 세운 뜻을 끝까지 밀고 나감.

:: **절치부심** [切齒腐心]     '이를 갈고 마음을 썩인다'는 뜻으로, 몹시 화가 나서 복수를
하기 위해 애를 쓴다는 말

:: **와신상담** [臥薪嘗膽]     '지푸라기 위에서 누워 자고, 쓰디 쓴 쓸개를 맛본다'는 뜻으
로, 원수를 갚기 위해 괴로움과 어려움을 참고 견딘다는 말

:: **백절불굴** [百折不屈]     아무리 꺾으려고 해도 꺾이지 않고, 어떤 어려움이 닥쳐도
포기하지 않는 자세

:: **절차탁마** [切磋琢磨]     '뼈나 돌을 갈고 닦아서 아름다운 보석으로 빛낸다'는 뜻으
로, 학문을 갈고 닦아 훌륭한 사람이 된다는 말

24. 친구와 우정을 나눌 때

25. 연애로 가슴이 뛸 때

26. 대화가 치열해질 때

27. 갈등이 생길 때

6부

# 관계

# 친구와 우정을 나눌 때

고사성어 중에는 우정에 관련된 것이 가장 많아. 얘기도 다르고, 말도 다르지만 결국 뜻하는 바는 전부 멋진 우정을 표현하고 있지.

자~ 첫 번째, **간담상조**(肝膽相照). **간담상조**는 간과 쓸개(담낭, 膽囊)처럼 서로 가까운 관계, 서로 마음을 터놓고 사귀는 사이를 말해.

당나라 때 '유종원'과 '한유'는 매우 친한 친구 사이였어. 그러다 한유가 아주 외진 곳으로 떠나게 되었어. 황제의 눈밖에 나면서 미움을 받은 탓이지.

"이번에 멀리 외진 곳으로 떠나야 하네."

한유의 말을 들은 유종원은 깜짝 놀랐지.

"아니, 자네는 늙으신 어머님을 모셔야 하지 않는가? 살기도 힘든 곳에서 어머님을 모시는 것은 무척 어려울 텐데. 걱정이구만."

"하지만 방법이 없네. 나라님이 시키시니 따라야지."

고민하던 유종원은 자신이 가겠다고 나서.

"아니야, 자넨 거길 가면 안 돼. 자네 어머님을 모시려면 여기에 있어야 하네. 내가 대신 가겠네. 그곳에는 내가 대신 가겠다고 지원할 테니 자네는 걱정 말게."

이렇게 유종원은 친구 대신 외진 곳으로 근무를 나가고, 거기서 병을 얻어 죽고 말지. 친구의 죽음을 크게 슬퍼한 한유는 유종원의 무덤에 이런 글을 남겨.

"사람이란 어려움에 처해봐야 비로소 진짜 우정이 나타난다. 평소 아무런 문제가 없을 때는 서로 좋아하고, 기뻐하고, 함께 놀며 즐긴다. 심지어는 '서로 간과 쓸개를 꺼내 보이며(간담상조, 肝膽相照) 서로 해와 달이 다 될 때까지 서로 배신하지 말자'고 맹세하기도 한다. 그러나 상황이 어려워지거나 서로 이해관계가 엇갈리는 날에는 눈을 부릅뜨고 언제 봤냐는 듯 모른 체한다. 더욱이 어려움에 처하면 구해주기는커녕 오히려 더 깊이 위험에 빠뜨리려고 돌을 던지는 인간이 수두룩했다. 유종원은 그리하지 않았다. 그야말로 편할 때나 어려울 때나 진실로 **간담상조**한 신실한 친구다."

 맞아. 어려울 때 돕는 친구가 진짜 친구지.

우정하면 **관포지교**(管鮑之交)지. **관포지교**는 '관중'과 '포숙아'의 우정을 뜻하는 말로, 이 역시 두터운 우정을 말해.

춘추시대 초기 제나라에는 관중과 포숙아가 있었어. 두 사람은 아주 친한 친구 사이였지. 그런데 어쩌다 보니 서로 다른 주인을 섬기게 됐고, 그 두 주인이 임금 자리를 놓고 서로 목숨 걸고 싸우게 된 거야.

싸움 과정에서 관중은 포숙아가 모시는 주인을 죽일 뻔하기도 했어. 그러나 결국 싸움의 승자는 포숙아가 모시던 주인이었지. 이 사람이 바로 춘추시대 처음으로 천하를 제패한 환공이야. 환공은 임금에 오르자 가장 먼저 자신을 죽이려 한 관중을 죽이려고 했어. 그때 포숙아가 이렇게 말하지.

"전하께서는 제나라만을 다스리는 것으로 만족하십니까?"

"아니오. 나는 천하를 지배하고 싶소."

"전하, 그럼 전하께는 반드시 관중이 필요합니다. 관중은 전하를 천하의 지배자로 만들어줄 것입니다."

"관중의 재주가 그리 뛰어나오? 그러나 그는 나를 죽이려 했소."

"이미 지난 일입니다. 전하의 꿈을 펼치기 위해서는 관중의 재주가 반드시 필요합니다. 관중을 재상으로 삼아 나라를 다스리십시오."

환공은 포숙아를 신뢰했기 때문에 포숙아의 말을 받아들여. 그래서 관중을 임금 바로 아래 벼슬을 주지.

자신이 재상이 되는 걸 포기하고 친구인 관중을 재상으로 추천한 포숙아는 정말 대단하지. 자기 이익을 완전히 포기했으니까. 무엇보다 자신을 죽이려고 한 관중을 재상으로 임명한 환공도 참 대단한 사람이야.

아무튼 환공은 관중을 재상으로 임명하고, 관중의 뜻에 따라 나라를 다스려. 포숙아의 말대로 관중은 환공을 춘추시대 처음으로 천하를 제패한 지배자로 만들어주지.

관중은 훗날 포숙아에게 감사하는 마음을 이렇게 표현해.

"나는 젊어서 포숙아와 장사를 할 때 늘 이익금을 내가 더 많이 차지했지만 그는 나를 욕심쟁이라고 말하지 않았는데, 내가 가난하다는 것을 알고 있었기 때문이다. 또 내가 사업에 실패해 포숙아를 어려움에 빠뜨린 적이 있었지만 나를 비난하지 않고 나를 이해해 주었다. 내가 벼슬길에 나가 실패했어도 내가 무능하다고 말하지 않고, 다만 운이 없다고 말할 뿐이었다. 내가 싸움터에 나가 도망쳤을 때도 나를 겁쟁이라 부르지 않았는데, 내게 늙으신 어머님이 계시는 것을 알았기 때문이다. 포숙아는 늘 나를 이해하고 감싸주었다. 나를 낳아준 분은 부모였지만 나를 알아준 사람은 포숙아였다."

마지막 말 정말 멋지지? 나를 낳아준 분은 부모였지만, 나를 알아준 사람은 포숙아였다! 친구를 끝까지 믿어주고, 친구의 진짜 능력을 알아주는 포숙아와 같은 사람, 이게 진짜 우정이지.

우정하면 **도원결의**(桃園結義)를 빼놓지 말아야 해. 삼국지의 유비, 관우, 장비가 복숭아나무 아래서 맺은 우정의 맹세야말로 우정을 나타내는 최고의 말이라고 생각해.

한나라 말기에는 나라가 많이 혼란스러웠어. 정치를 잘못하는 바람에 백성들은 날마다 굶주렸고, 결국 견디다 못해 도적떼가 되었지. 누런 수건을 쓰고 다닌다고 해서 이 도적떼를 '황건적'이라고 했는데, 그 수가 무려 수십만 명이었다고 해. 관군은 도적떼를 전혀 진압하지 못했어. 결국 각 지방에서 뜻 있는 사람들이 직접 도적떼를 토벌하기 위해 나섰지.

유주 탁현이라는 곳에 유비가 살고 있었는데, 유비는 어지러운 나라 걱정을 하다가 관우와 장비를 만났어. 셋은 나라 걱정을 하다가 서로 의형제가 되기로 해. 셋은 복숭아나무 아래서 죽을 때까지 함께하기로 의형제를 맺지. 이걸 바로 **도원결의**라고 해.

유비, 관우, 장비 세 사람은 여러 젊은이들을 모아 황건적 토벌에 앞장서고, 나중에 제갈공명을 만나 촉나라를 세우고 조조의 위나라, 손권의 오나라와 더불어 삼국시대를 열어. 그들은 서로의 우정을 위해 목숨까지 걸 정도였어.

**도원결의**와는 다르지만 절친하고 두터운 관계를 나타내는 말로, **수어지**

교(水魚之交)라는 말도 있어. 이 또한 유비와 관련된 말이야. **수어지교**는 물과 물고기의 사귐이라는 뜻으로 임금과 신하, 부부 사이, 친구 사이가 물과 물고기처럼 친하고 가깝다는 말이야.

유비에게는 관우, 장비, 조자룡과 같은 훌륭한 장수가 있었지만 이를 잘 통솔할 지혜가 있는 사람이 없었어. 그래서 유비는 나중에 제갈공명을 얻자 무척 기뻐하지. 제갈공명은 정말 뛰어난 능력을 발휘해서 유비의 고민을 해결해주지.

그런데 유비가 지나치게 제갈공명을 믿고 신뢰한다고 생각한 관우나 장비는 불만을 품어. 그도 그럴 것이 이제 막 들어온 새파란 젊은이를 믿고 자신들은 제대로 대우해주지 않는다고 생각했거든.

"아니, 형님. 형님은 도대체 우리는 거들떠보지도 않고 왜 맨날 제갈공명 말만 듣는 거요?"

장비가 투덜거렸어.

"형님. 저도 불만입니다. 아직 능력이 제대로 확인되지도 않은 제갈공명을 너무 믿는 거 아닙니까?"

관우도 마찬가지였지.

유비는 관우와 장비의 불만을 듣고 이렇게 말해.

"내가 제갈공명을 얻은 것은 마치 물고기가 물을 얻은 것과 같아. 나와 제갈공명은 물고기와 물과 같은 사이(수어지교, 水魚之交)야. 더 이상 제갈공명에 대해서 아무 말도 하지 말거라."

유비가 자신과 공명을 **수어지교**라고 말하자 관우와 장비는 유비의 신뢰가 매우 두터운 걸 확인하고는 더 이상 아무런 말을 하지 않았다고 해. 큰형을 믿은 거지. 그리고 얼마 지나지 않아 관우와 장비도 제갈공명의 신출귀몰한 능력을 확인하고는 제갈공명을 절대적으로 믿고 신뢰해.

유종원과 한유, 관중과 포숙아, 유비와 제갈공명은 모두 서로를 절대적으로 믿네요. 우정의 바탕은 믿음이에요.

맞는 말이야. 그리고 난 우정의 바탕엔 믿음과 더불어 존경심도 있어야 한다고 생각해. **문경지교**(刎頸之交)가 대표적이지. **문경지교**란 목을 베어줄 수 있을 정도로 절친한 벗을 말해.

전국시대 조나라에 '인상여'라는 사람이 살았어. 인상여는 여러 차례 나라에 공을 세워 아주 높은 벼슬에 올랐지. 인상여의 벼슬이 계속 높아지다 보니 전쟁을 통해 가장 큰 공을 세운 염파 장군보다 높은 벼슬이 되었어. 인상여가 자기보다 높은 벼슬로 올라가자 염파 장군은 매우 화가 났어.

"나는 전쟁터에서 목숨을 걸고 싸워서 적을 물리치고 공을 세웠다. 그런데 인상여는 간사한 꾀를 몇 번 쓰고는 나보다 높은 벼슬을 얻었으니, 어찌 이런 말도 안 되는 일이 있나! 내가 언제든 인상여를 만나면 톡톡히 망신을 주고 말리라."

인상여는 염파가 자기 때문에 화가 났다는 말을 듣고는 항상 염파를 피했어. 염파가 있다는 말을 들으면 황제 앞에도 나가지 않았고, 길거리에서도 염파 장군이 보이면 멀리 피해서 다녔지.

평소에 인상여를 존경했던 인상여의 부하는 인상여가 늘 염파를 피하자 크게 실망했어.

"주인님. 제가 그리 보지 않았는데, 정말 비겁하십니다."

"뭐가 말인가?"

"주인님이 요즘 염파 장군이 무서워 도망을 다니지 않습니까? 창피를 당할까 봐 무서워서 도망만 다니는 주인님을 보니 실망이 매우 큽니다. 저는 더 이상 주인님을 모시지 못하겠습니다. 그만 떠나겠습니다."

인상여는 떠나려는 부하에게 이렇게 말했어.

"자네는 염파 장군과 진나라 소양왕 중에서 어느 쪽이 더 무섭나?"

"그야 당연히 소양왕이 훨씬 무섭죠."

"나는 염파 장군보다 훨씬 무서운 소양왕도 두려워하지 않고 세치 혀로 혼을 내준 사람이야. 그런 내가 어찌 염파 장군 따위를 두려워하겠는가?"

"아니, 그럼 도대체 왜 염파 장군을 피해 다니시는 겁니까?"

"그것은 진나라 때문이네. 진나라가 우리나라를 계속 노리면서도 쳐들어오지 않는 것은 염파 장군과 내가 있기 때문이네. 그런데 만약 염파 장군과 내가 다투면 누가 좋아하겠는가? 진나라는 '기회는 이때다' 하고는 쳐들어 올 것이고, 우리나라는 큰 위험에 처할 거야. 내가 염파 장군을 피하는 것은 다 그 때문이네."

"아, 그렇게 놀라운 뜻이……. 소인이 주인님의 큰 뜻을 몰랐습니다. 죄송합니다."

부하는 이 말을 듣고는 인상여를 더욱 존경하며 따르게 되었지.

어찌어찌 해서 인상여가 부하에게 한 말은 염파에게도 전해졌어. 인상여가 자신을 피하는 이유를 전해들은 염파는 몹시 부끄러웠지. 염파는 옷을 벗은 다음 몸에 벌을 받을 때 쓰는 나무를 스스로 묶고는 인상여 앞으로 나아가 자신을 벌주라고 말해.

"제가 부족해서 높으신 뜻을 몰랐습니다. 저에게 벌을 주십시오. 제 목을 원하면 목숨을 빼앗아도 좋습니다."

"염파 장군! 왜 이러십니까? 제가 어찌 존경하는 염파 장군에게 벌을 주겠습니까? 일어나십시오."

그때부터 두 사람은 서로를 위해 목숨까지 내놓을 정도로 두터운 우정(문경지교, 刎頸之交)을 맺었다고 해.

목숨까지 걸고 사귀는 **문경지교**의 사이에서 한쪽이 죽으면 나머지 한쪽이 깊이 슬퍼하는 것은 당연하지.

춘추시대에 거문고를 잘 타는 '백아'라는 사람이 살았어. 백아 옆에는 백아가 연주하는 거문고 소리를 누구보다 잘 알아듣고, 감상해주는 친구인 '종자기'가 있었지.

백아가 거문고로 산천의 아름다움을 연주하면 종자기는 "아, 하늘은 높고 산은 푸르니 아름답구나."라고 하고, 백아가 소나무의 꿋꿋한 자태를 거문고로 연주하면 종자기는 "수백 년을 살아온 소나무의 꿋꿋한 기상이 느껴지는구나."라고 말을 하는 거야.

백아가 훌륭한 연주자였다면, 종자기는 백아의 연주를 누구보다 잘 알아듣는 감상자였어. 여기서 **지음**(知音)이라는 고사성어가 나와. 종자기가 백아가 연주한 음악을 알아듣는다는 말로, 절친한 친구 사이에 서로의 마음이 통하는 것을 뜻하지.

두 사람의 우정이 길게 이어지면 좋으련만, 몸이 안 좋았던 종자기가 일찍 병으로 죽고 말아. 종지기기 죽자 백이는 하늘을 우러러 탄식하지.

"아, 종자기가 죽었으니 이제 누가 내 음악을 알아준다는 말인가? 이제 더 이상 나는 거문고를 연주하지 않으리라!"

백아는 자신이 아끼던 거문고의 줄을 모두 끊어 버리고(백아절현. 伯牙絶絃) 다시는 거문고를 연주하지 않았다고 해. 백아가 종자기의 죽음을 슬퍼하며 거문고를 끊는 것에 빗대어 '친한 벗의 죽음'을 **백아절현**(伯牙絶絃)이라고 해.

친한 벗과 헤어지는 일은 정말 슬퍼요. 제가 유치원 때부터 사귀던 친구와 중학교 올라오면서 헤어졌는데 정말 슬펐어요.

어린 시절부터 사귀던 친구를 **죽마고우**(竹馬故友)라고 해. **죽마고우**는 '어릴 때 죽마(대나무로 만든 말)을 타고 놀았던 벗'이라는 말로, 우리말로는 '소꿉친구'라고 하지.

은호와 환온은 어릴 때부터 친구였어. 둘은 정말 사이좋게 우정을 나누었는데 벼슬길에 나서면서 우정이 틀어지기 시작해. 환온이 먼저 벼슬길에 나섰는데 큰 공을 여러 번 세우면서 강력한 권력을 움켜쥐지. 황제는 환온이 지나치게 힘이 강해지자 은호를 이용해 환온을 견제해. 은호와 환원은 사사건건 부딪쳤고, 주위에서 화해를 시키려고 해도 잘 되지 않았어.

그 무렵, 예전에 잃어 버렸던 땅을 지배하고 있던 세력들이 혼란에 빠지는 사건이 발생해. 황제는 이 기회를 노려 잃어 버린 땅을 되찾고자 은호를 대장군으로 임명해서 군대를 보내. 당당하게 군대를 이끌고 나가던 은호는 전쟁을 하러 가는 도중 말에서 떨어져 다치는 바람에 제대로 싸워 보지도 못하고 패하고 돌아와.

환온은 은호가 패해서 돌아오자 은호를 처벌해야 한다고 주장해. 그를 멀리 귀양 보내야 한다고 했지. 주위 사람들은 환온에게 은호와 나눈 어릴 적 우정을 생각하라며 말리지.

"아무리 그래도 그렇지, 그래도 은호와 어린 시절부터 친구였는데, 너무 하는 거 아닌가?"

환온은 주위 사람의 충고를 거부했어.

"은호와 나는 어릴 때부터 죽마를 같이 타고 놀던 친구(죽마고우, 竹馬故友)였소. 그때 함께 타고 놀던 죽마를 놓아 두면 은호가 늘 들고 왔지. 내 심부름꾼이나 마찬가지였어. 예나 지금이나 은호는 나보다 밑에 있는 사람이어야 해. 당연히 은호가 귀양을 가야 하고, 내가 권력을 쥐어야지."

주위 사람들은 고개를 절레절레 흔들었어. 결국 환온이 강력히 주장해 은호는 멀리 귀양을 갔고, 거기서 죽었어. 어린 시절 **죽마고우**로 지냈지만, 결국 권력 다툼 때문에 서로 우정을 저버렸지.

🐢 **죽마고우**에서 시작해 관중이나 포숙아, 유종원과 한유처럼 우정을 끝까지 지켰다면 더욱 좋았을 텐데……. 안타깝네.

👧 우정에도 수준이 있는 거야. **관포지교**나 **지음**처럼 끝까지 멋진 우정이 있는 반면에 환온과 은호처럼 서로를 미워하면서 끝나는 우정도 있지. 공자는 벗을 사귈 때는 지초와 난초처럼 향기롭고 맑게 사귀라(지란지교, 芝蘭之交)고 했어.

**지란지교**(芝蘭之交)의 '지란'은 영지와 난초를 일컫는 말로, 향기가 좋은 풀과 꽃을 말해. '제대로 된 우정이라면 향기가 나는 꽃처럼 아름다워야 한다'는 말이지. **지란지교**는 좋은 친구를 사귀라는 말이기도 해.

한번은 공자가 증자에게 다른 두 제자에 대해 말해.

"내가 죽은 뒤에 '가온'은 날마다 훌륭해지겠지만, '우나'는 날마다 나빠질 것이다."

증자가 궁금해서 물었지.

"아니 지금은 '가온'과 '우나'가 모두 비슷한 수준인데 무슨 이유로 '가온'은 훌륭해지고, '우나'는 나빠질 것이라고 말씀하십니까?"

"그 이유는 간단하다. '가온'이 사귀는 친구들은 모두 훌륭하지만, '우나'가 사귀는 친구는 전부 엉망이기 때문이다. 어떤 친구를 사귀느냐가 그 사람의 미래를 보여주지."

"그렇군요."

"자식이 어떤지 모르면 부모를 보면 되고, 나라가 어떤지 모르면 다스리는 사람을 보면 되고, 그 땅을 알지 못하면 땅에서 자라는 풀과 나무를 보면 되느니라.

착한 사람과 있으면 지초와 난초가 있는 방 안에 있는 것처럼 향기가 가득 묻어나지만, 나쁜 사람과 있으면 썩은 고기가 있는 방 안에 있는 것처럼 악취가 가득 묻어난다. 붉은색을 가까이 하면 붉어지고, 검은색을 가까이 하면 검어지기 마련이다. 그러니 지초와 난초처럼 향기 나는 사람과 우정을 나누어야 하느니라."

엄마가 늘 좋은 친구를 사귀라고 하는 이유는 공자님이 말씀하신 것과 같아.

🧑 난 좋은 친구를 사귀는 것도 중요하지만, 내가 좋은 친구가 될 수 있도록 나를 가꾸는 것도 중요하다고 봐.

🧑 사실 그것이 핵심이지. 향기 나는 꽃에는 나비와 벌이 몰려들기 마련이니까. 유유상종(類類相從)이라고 했어. 비슷한 사람끼리 서로 어울린다는 말이야.

제나라의 선왕은 순우곤에게 명령을 해.

"각 지방을 돌아다니며 훌륭한 인재가 있으면 찾아와라. 내가 중히 쓰겠다."

순우곤은 며칠 동안 돌아다니더니 젊은 인재 일곱 명을 데리고 와. 왕은 순우곤이 며칠 만에 한꺼번에 일곱 명이나 데려오자 약간 놀라.

"귀한 인재를 한 번에 일곱 명이나 데려오다니, 조금 많지 않나?"

순우곤이 답하지.

"원래 세상은 비슷한 것끼리 모이고, 모든 생명체는 무리를 지어 삽니다(유유상종, 類類相從). 인재도 마찬가지입니다. 좋은 인재도 **유유상종**하기 마련입니다. 그래서 저는 아주 쉽게 인재를 구해 왔습니다. 그러니 일곱 명은 결코 많은 숫자가 아닙니다."

선왕은 고개를 끄덕이며 순우곤이 데려온 인재들에게 높은 벼슬을 줘.

**유유상종**은 우리들이 쓰는 말로 '끼리끼리 논다'는 거네. 그거 요즘에는 별로 좋은 말로 안 쓰는데…….

그렇기는 하지. 아무튼 비슷한 사람끼리 끌리는 것은 분명해. **초록동색**(草綠同色)이라고도 하지. **초록동색**은 '풀과 초록색은 같은 색'이라는 말이야. **유유상종**과 마찬가지로 같은 처지에 있거나 비슷한 기질을 지닌 사람이 끼리끼리 어울린다는 말이지.

뭐니 뭐니 해도 우정은 정말 중요해요.

맞아. 우정은 정말 소중하지. 좋은 친구, 친한 친구는 인생을 더 없이 행복하게 만들어 주거든. 엄마도 좋은 친구가 없다면 정말 사는 게 쓸쓸할 거야. 난 목숨을 거는 사이는 필요 없고 그저 서로 허물없이, 마음이 맞아서 지내는 **막역지우**(莫逆之友) 정도가 딱 좋아.

나도 동의. 편안하게 수다를 떨면서 서로 웃음을 나누는 **막역지우**라면 난 만족해.

:: **간담상조** [肝膽相照]　간과 쓸개(담낭, 膽囊)처럼 서로 가까운 관계, 서로 마음을
터놓고 사귀는 사이

:: **관포지교** [管鮑之交]　관중과 포숙아의 우정을 뜻하는 말로, 두터운 우정을 뜻함.

:: **도원결의** [桃園結義]　삼국지의 유비, 관우, 장비가 복숭아나무 아래서 맺은 우정
을 뜻하는 말로, 죽을 때까지 함께하는 의형제와 같은 우정
을 뜻함.

:: **수어지교** [水魚之交]　'물과 물고기'의 사귐이라는 뜻으로, 임금과 신하, 부부 사
이, 친구 사이가 물과 물고기처럼 친하고 가깝다는 말

:: **문경지교** [刎頸之交]　목을 베어줄 수 있을 정도로 절친한 벗

:: **지음** [知音]　종자기가 백아가 연주한 음악을 알아듣는다는 말로, 절친한
친구 사이에 서로의 마음이 통하는 것을 뜻함.

:: **백아절현** [伯牙絶絃]　백아가 종자기의 죽음을 슬퍼하며 거문고를 끊은 것에 빗대
어 '친한 벗의 죽음'을 일컫는 말

:: **죽마고우** [竹馬故友]　'어릴 때 죽마(대나무로 만든 말)를 타고 놀았던 벗'이라는
말로, 우리말로는 소꿉친구

:: **지란지교** [芝蘭之交]　벗을 사귈 때는 영지와 난초처럼 향기롭고 맑게 사귀라는
말

:: **유유상종** [類類相從]　비슷한 사람끼리 서로 어울림.

:: **초록동색** [草綠同色]   '풀과 초록색은 같은 색'이라는 뜻으로 같은 처지에 있거나

비슷한 기질을 지닌 사람이 끼리끼리 어울린다는 말

:: **막역지우** [莫逆之友]   서로 허물없이, 마음이 맞아서 지내는 친구 사이

# 연애로 가슴이 뛸 때

누나에게 애인 생겼대요.

진짜? 얼마 전까지 분명히 없었는데, 어찌 된 거냐?

제 미모에 반한 애들 중에서 그냥 하나 골랐어요.

헐!

너, 죽을래?

최소한의 **고사성어300**

흠흠, 내가 봐도 우리 딸은 참 예뻐. 아빠 눈에는 **경국지색**(傾國之色)이야. **경국지색**의 '경국'은 나라를 위태롭게 한다는 말이야. 그러니까 너무 예뻐서 나라가 위태로울 정도라는 거지.

중국 역사를 보면 아주 예쁜 미인이 등장해서 임금을 유혹하고, 임금은 아름다운 여인에 빠져서 나라를 제대로 다스리지 못해 망하게 된 경우가 많아. 하나라의 '말희', 은나라의 '달기', 주나라의 '포사', 오나라의 '서시', 당나라의 '양귀비'가 대표적인 예라 할 수 있지.

그중에 한 사람만 얘기하면 주나라의 포사는 주나라 유왕이 전쟁에 나갔다가 포로로 잡아온 여인 중 한 멍이었어. 유왕은 포사의 아름다움에 반했지. 그런데 포사는 아무리 웃기는 일이 있어도, 아무리 즐거운 놀이를 해도 전혀 웃지를 않는 거야. 왜 웃지 않느냐고 물어도 아무런 대답도 없으니 유왕은 답답해 미칠 지경이었지.

"도대체 어떻게 하면 포사를 웃게 할까?"

유왕은 몇 날 며칠을 고민했어. 광대도 불러 보고, 웃기는 상황을 일부러 만들어 보기도 했지만 아무 소용이 없었지. 그러던 어느 날,

중국은 외적이 침입하면 봉화를 올려서 위급함을 알려. 오늘날처럼 통신이 발전하지 않은 시대에 봉화는 아주 빠른 통신 수단이었지. 한번은 어떤 병사의 실수로 봉화가 올라. 완전히 실수였지. 당시에는 봉화로 위급한 상황을 알리면 지방에 있는 장군이나 제후들이 군대를 이끌고 도와주러 오게 되어 있었어. 외적이 침입해왔다는 봉화가 올라가자 각 지방에 있던 장군이나 제후들은 군사들을 이끌고 정신없이 달려 왔어. 위급한 상황이기 때문에 정말 정신없이 왔지. 하지만 진짜로 외적이 쳐들어온 것이 아니라 실수로 봉화가 올라갔다고 하자 사람들은 황당했어.

"아, 뭐야! 새벽부터 정신이 없이 달려왔는데, 실수였다고? 봉화대 병사 누구

야? 제대로 안 해!"

　　장군들과 제후들은 짜증을 냈어. 유왕은 봉화대에 실수로 불을 올린 병사를 엄히 벌을 주려고 했어. 그런데 그때 이 광경을 지켜보던 포사가 환하게 웃는 거야. 정신없이 달려온 장군들, 어리둥절해 있는 병사들, 짜증내고 야단치는 풍경이 너무 웃겼던 거지.

　　유왕은 눈이 동그래졌어.

　　'아니, 포사가 웃잖아. 와! 웃지 않아도 예쁜데, 웃으니까 정말 너무 예쁘구나.'

　　온갖 방법을 써도 웃지 않았던 포사가 웃으니 왕은 너무나 행복했지. 웃는 포사의 아름다움은 그야말로 꽃보다 나았어. 그때부터 유왕은 포사의 환한 웃음이 보고 싶을 때면 봉화를 일부러 올렸어. 그때마다 장군들과 제후들은 군대를 이끌고 정신없이 달려왔지. 물론 포사는 환하게 웃고.

　　그러다 일이 터졌지. 포사를 너무 사랑한 나머지 원래 있던 왕비를 내쫓았는데, 내쫓긴 왕비의 아버지가 외적을 끌어들여 주나라를 공격한 거야. 당연히 봉화를 올려 군대를 불러모아야 했는데, 봉화를 올려도 아무도 달려오지 않는 거야. 양치기 소년 애기랑 똑같지 뭐. 결국 유왕은 죽고, 포사는 외적에게 끌려갔대.

　　주나라 왕이 죽으면서 춘추전국시대가 시작돼. 중국이 혼란한 시기로 접어드는 거지. 포사의 아름다움이 주나라를 망하게 했으니, 그야말로 **경국지색**이었던 거야.

　　🧑 　아! 어쩌지? 나 때문에 우리나라가 망하면 안 되는데…….

　　🙂 　소크라테스가 그랬어. 너 자신을 알라고!

　　👧 　**갑남을녀**(甲男乙女)가 좋은 거야. **갑남을녀**는 갑이라는 남자와 을이라는 여

자라는 뜻으로, 이름도 알려지지 않은 평범한 사람, 또는 특별히 내세울 것이 없는 평범한 사람을 말해.

 나는 **갑남을녀**도 싫고, **갑남을녀**도 아니야. 나는 내가 봐도 너무 예뻐!

 엄만 네가 너무 예쁘다니 슬프네.

 왜?

 **미인박명**(美人薄命)이라고 했거든. **미인박명**은 아름다운 여인은 불행한 일이 따르기 쉽고 빨리 죽기 쉽다는 말이야.

중국 최고의 미인은 당나라 시대의 '양귀비'를 꼽지. 당나라 현종 황제는 양귀비를 만나기 전까지는 나라를 정말 잘 다스렸다고 해. 중국 역사에 몇 손가락에 꼽힐 정도로 나라가 편안하고, 백성들이 살기 좋았다고 하니까 대단한 황제였지. 그런데 양귀비를 만나고 나서는 양귀비에 빠져 정치를 제대로 하지 않아. 특히 양귀비를 너무나 사랑한 나머지 양귀비 친인척들에게 온갖 권력과 부를 안겨 주지. 양귀비 친인척들은 양귀비를 등에 업고 백성들에게 온갖 나쁜 짓을 다해.

그러다 '안록산'이라는 사람이 불만을 품고 반란을 일으켜. 안록산은 막강한 군대를 거느리고 있었기 때문에 황제가 머물던 궁궐도 점령을 당했고, 결국 현종과 양귀비는 도망을 치게 되지. 도망을 치던 도중에 현종을 따르던 군대와 백성들은 양귀비와 그 친척들을 모조리 죽이라고 요구해.

"지금 당장 여기서 양귀비와 친척들을 죽이시오. 그렇지 않으면 우리는 황제를 따르지 않겠소."

군대와 백성이 자신을 따르지 않으면 죽어야 하잖아. 이럴까 저럴까 고민하던 현종은 양귀비를 버리기로 해. 결국 그 자리에서 양귀비는 죽고, 양귀비의 친인척들도 모조리 죽임을 당하지. 그때 양귀비 나이가 38세였어.

양귀비의 삶이 딱 **미인박명**이지. 역사를 보면 여인이 너무 아름다우면 결코 평탄하게 살 수 없었어.

어이고, 누나! 이제 큰일 났네. **미인박명**이니 고생하고, 빨리 죽겠네.

흥, **미인박명**은 다 옛날 일이지. 요즘은 미인 장수요, 미인 부자야.

네 연애 얘기를 하다 엉뚱한 길로 빠졌네. 그래, 어떻게 연애를 하게 된 거냐?

원래 내가 워낙 예뻐서 날 좋아하는 애들이 정말 많았잖아.

너의 사랑을 받으려고 **문전성시**(門前成市)를 이루었다는 말이구나. **문전성시**는 문 앞이 시장이 된다는 말로, 권력이 강하거나 부잣집에 사람이 많이 찾아들어 시장처럼 된다는 말이야. 아무튼 그래서?

그중에서 둘이 마음에 들었어. 그런데 둘 중 누구를 골라야 할지 너무 고민이 되는 거야. 한쪽은 공부도 잘하고 성격도 좋지만, 외모는 조금 별로고. 또 한쪽은 공부도 못하고 성격은 별로지만 정말 잘 생겼거든.

완전히 **동가식서가숙**(東家食西家宿)이구나. **동가식서가숙**은 동쪽에 가서 먹고 서쪽에 가서 잔다는 뜻으로, 일정한 거처가 없이 떠돌아다니며 이 집 저 집에서 얻어먹고 지낸다는 말인데, 원래 뜻은 한꺼번에 가질 수 없는 두 가지를 전부 가지려 한다는 말이야.

옛날 중국의 제나라에 한 처녀가 살았는데, 어느 날 그녀에게 동쪽과 서쪽 두 곳에서 한꺼번에 결혼 요청이 들어왔어.

"너에게 청혼이 둘이나 들어왔는데, 어떻게 해야 할지 모르겠구나."

"어떤 곳에서 청혼이 들어왔습니까?"

딸이 아빠에게 물었지.

"조건이 정반대여서 나도 고민스럽구나. 동쪽의 집 아들은 얼굴은 못 생겼지만 아주 부잣집이란다. 반면에 서쪽의 집 아들은 얼굴은 아주 미남이지만 가난하단다."

처녀는 한숨을 길게 내쉬었어.

"잘 생각해보고 선택하렴. 만일 동쪽의 총각에게 시집을 가고 싶으면 왼쪽 어깨의 옷을 내리고, 서쪽의 총각에게 시집을 가고 싶으면 오른쪽 어깨의 옷을 내려라."

처녀는 한참 고민하더니 양쪽 어깨의 옷을 전부 내렸어.

부모는 깜짝 놀랐지.

"도대체 왜 두 쪽 어깨의 옷을 전부 내렸느냐?"

"낮에는 동쪽 집에서 배불리 먹으며 지내고, 밤에는 서쪽 집에서 자고 싶어요(동가식서가숙, 東家食西家宿)."

"휴, 나도 그럴 수만 있다면 얼마나 좋겠냐마는. 이걸 어찌하면 좋으냐."

동쪽을 선택하자니 얼굴이 마음에 안 들고, 서쪽을 선택하자니 가난한 게 마음에 안 드는 상황, 정말 난감하지. **동가식서가숙**은 한꺼번에 가질 수 없는 두 가지를 모두 가지고 싶은 사람의 욕심을 일컫는 말이지. 솔직히 사람들 모두의 마음 속에 숨어 있는 욕심이지. 아무튼 넌 어떻게 했는데? 둘 중 누구를 택했어?

이번에 사귀기로 한 애는 전혀 다른 애야. 내가 둘 사이에서 고민하는 것을 친한 남자 친구한테 털어놨거든. 그 아이가 내 고민을 늘 들어줬어. 그러다 어느 순간, 마음이 통하게 된 거지. 갈등하는 얘기를 하다가 눈이 딱 마주쳤는데, 글쎄 가슴이 막 뛰는 거야. 그때 알았지. 내가 정말 좋아하는 애는 못생기고 공부 잘하는 애도, 공부 못하고 잘생긴 애도 아닌 바로 너구나. 그때 그 친구도 똑같은 기분이었나 봐. 뭐, 그 순간 말이 없어도 마음이 통했고, 우린 애인 사이가 된 거지.

아! 완전히 **염화미소(拈華微笑)**에 **이심전심(以心傳心)**이구나. 말이나 글이 아니라 마음과 마음으로 통하는 걸 **염화미소, 이심전심**이라고 하거든.

불교를 창시한 석가모니가 어느 날 모든 제자들을 불러모았어. 석가모니는 수많은 제자들에게 아무런 말도 하지 않고 연꽃 한 송이만을 보여줬어. 제자들이야 석가모니가 도대체 뭘 하는지 알지 못했어. 수많은 제자 중에서 오직 단 한 사람, 가섭은 석가모니가 뜻하는 것을 알고는 빙긋이 웃었어.

"오직 가섭만이 내 뜻을 **이심전심**으로 알아차리는구나. 가섭은 내가 연꽃을 든 이유를 설명해보거라."

"연꽃은 시궁창 같은 연못에서 자랍니다. 연꽃은 더러운 연못에서 자라지만 연꽃에는 시궁창의 더러움이 전혀 없습니다. 인간이 사는 세상은 고통과 괴로움으로 가득차지만, 깨달음을 얻으면 세상의 고통과 괴로움, 더러움에 전혀 물들지 않고 연꽃처럼 아름다움과 향기나는 사람이 됩니다."

부처님이 연꽃을 드니(염화) 가섭이 웃는다(미소), 그래서 **염화미소**야. 연꽃에 담긴 깊은 뜻은 아빠도 잘 이해가 안 되지만, 아무튼 **염화미소**와 **이심전심**의 느낌이 무엇인지는 잘 알지.

그 순간부터 걔를 생각하면 어찌나 행복하고 기분이 좋은지 몰라. 자나 깨나 잊지 못한다니까. 너무 행복해.

**오매불망**(寤寐不忘)이구나. 자나 깨나 잊지 못한다니. 데이트는 자주 하니?

그 뒤로 날마다 데이트했어. 그런데 어제부터 캠프를 가서 못 만나. 어떻게 된 캠프가 전화 통화도, 문자도 다 안 돼. 너무 보고 싶은데, 보지 못하니까 너무 가슴이 아파. 일주일 뒤에나 온다는데, 휴~ 그 시간이 마치 7년은 되는 것 같아.

**일일여삼추**(一日如三秋)라, '하루가 3년 같다'는 뜻으로, 하루하루가 너무 지루하게 느껴지거나 그리워서 몹시 애태우며 기다린다는 말이지.

*오늘 하루 그리운 님은 어디에 계시나*
*그리운 님을 하루 보지 않으니 삼년은 된 듯하네(일일여삼추. 一日如三秋)*

아빠도 그랬어. 엄마와 연애할 때 잠시라도 헤어져 있으면 보고 싶어서 미칠 지경이었지. **일일여삼추**가 아니라 한 시간이 삼 년 같았어. 헤어질 때마다 너무 안타까웠어. 내일까지 어떻게 기다리나 싶어서 애를 태웠지. 그래서 밤에 집에 가서 몇 시간이나 통화하기도 했고. 도저히 잠시 동안의 헤어짐을 견디지 못하겠는 거야. 그래서 청혼을 했지.

와! 멋지다. 나도 그렇게 될 것 같아.

그땐 아빠가 그랬지. 그런데 지금은 나보다 술을 더 사랑하나 봐. 빨리 들어오라고 그렇게 말해도 친구들과 술을 먹는다며 늦게 들어오니 말이야.

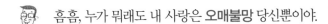 흠흠, 누가 뭐래도 내 사랑은 **오매불망** 당신뿐이야.

고사성어 **메모지**

:: **경국지색** [傾國之色]　나라를 위태롭게 할 정도로 아름다운 미인

:: **갑남을녀** [甲男乙女]　'갑이라는 남자와 을이라는 여자'라는 뜻으로, 이름도 알려지지 않은 평범한 사람 또는 특별히 내세울 것이 없는 평범한 사람을 말함.

:: **미인박명** [美人薄命]　아름다운 여인은 불행한 일이 따르기 쉽고, 빨리 죽기 쉽다는 말

:: **문전성시** [門前成市]　'문 앞이 시장이 된다는 말'로, 권력이 강하거나 부잣집에 사람이 많이 찾아들어 시장처럼 된다는 말

:: **동가식서가숙** [東家食西家宿]　'동쪽에 가서 먹고 서쪽에 가서 잔다'는 뜻으로, 일정한 거처가 없이 떠돌아다니며 이 집 저 집에서 얻어먹고 지낸다는 말인데, 원래 뜻은 한꺼번에 가질 수 없는 두 가지를 전부 가지려고 한다는 말

:: **염화미소** [拈華微笑]　말이나 글이 아니라 마음과 마음으로 통함.

:: **이심전심** [以心傳心]　말이나 글이 아니라 마음과 마음으로 통함.

:: **오매불망** [寤寐不忘]　자나 깨나 잊지 못함.

:: **일일여삼추** [一日如三秋]　하루가 3년 같다는 뜻으로, 하루하루가 너무 지루하게 느껴지거나 그리워하여 몹시 애태우며 기다린다는 말

# 대화가 치열해질 때

아무리 그래도 그렇지 누나 주장은 정말 아니야.

아니야, 아니야. 네가 조금만 생각해보면 내 말이 맞다는 것을 인정할 거야.

조금 전부터 둘이 토론을 하던데, 무슨 주제로 그렇게 **갑론을박**(甲論乙駁) 하고 있니? **갑론을박**은 '갑이 주장하면 을이 반박한다'는 뜻으로, 서로 주제를 두고 토론을 하듯이 얘기하는 것을 말하는데, 너희들이 딱 **갑론을박**하고 있구나.

누나는 학교에서 교복을 완전히 없애야 한다는 거예요. 전 교복이 있는 게 훨씬 낫다고 주장하는 거고요.

음, 그래서 그렇게 서로 **설왕설래**(說往說來)하고 있었구나. **설왕설래**는 '말은 서로 오고간다'는 뜻이야. 아무튼 넌 무슨 이유로 교복을 없애야 한다고 생각하는 거니?

교복은 자유를 억압해. 모두 똑같은 옷을 입고 있으니까 창의력이 생기지 않아. 교육에서 가장 중요한 게 자유와 창의력이라고 생각해.

누나 주장은 전혀 말이 되지 않아.

넌 누나 말이 **어불성설**(語不成說), 하는 말이 조금도 이치에 맞지 않는다고 생각하는구나. 그럼 넌 어떤 이유로 교복이 필요하다는 주장을 하는 거니?

교복을 입지 않으면 아이들이 자기 멋대로 옷을 입고 올 것이고, 그러면 가난한 애들과 부자인 애들의 옷차림이 크게 차이가 날 거야. 지금도 특정 메이커를 입고 오지 않으면 왕따를 당하는 분위기가 있는데 교복이 없어지면 아마 더 심해질 거야.

넌 중요한 것은 놓치고 사소한 것만 생각하고 있어.

그러니까 **본말전도**(本末顚倒), '핵심적인 것과 사소한 것이 뒤바뀌었다'는 뜻이지. 왜 동생의 주장이 **본말전도**라고 생각해?

교복이 아니더라도 잘 나가는 애들은 가방, 신발, 잠바, 학용품, 휴대전화 같은 걸로 돈 자랑하면서 살아. 돈 있는 애들이 돈 자랑하고, 돈 없는 애들이 왕따를 당하는 문제는 교복과 관계 있어. 그것은 전혀 다른 문제라고. 교복의 진짜 문제는 학생들의 개성을 죽이고 있는 거야. 교복이 개성을 죽이느냐, 개성을 살리느냐의 문제가 가장 중요해. 그래서 나는 얘가 **본말전도**된 주장을 한다고 말하는 거야.

🙂　복장을 자유롭게 하면 너무 아무 옷이나 입어서 학교에서 공부하는 분위기가 흐트러질 거야. 그건 진짜 큰 문제라고.

🦌　아니, 아니, 넌 이치에 맞지도 않는 말을 억지로 끌어다 붙이고 있어.

😊　동생이 **견강부회**(牽強附會)하고 있다는 말이네. 동생 말이 왜 **견강부회**라고 생각하는지 말해줄래?

🦌　학원에서는 교복 입고 공부하지 않지만 학업 분위기는 좋아. 교복을 안입는 초등학교 때도 공부를 잘했어. 그러니까 교복이 사라지면 공부하는 분위기가 흐트러진다는 말은 **견강부회**야. 완전 억지라고.

🙂　교복이 없으면 아침에 옷 입는 것 때문에 너무 고민이 많을 거야. 중학교 때부터는 사춘기여서 초등학생 때보다 옷 때문에 훨씬 고민이 많을 거라고.

😊　엄마가 보기에 지금 네 말은 **동문서답**(東問西答) 같은데? **동문서답**은 '동쪽을 묻는데 서쪽을 대답한다'는 뜻으로, 묻는 말에 비해 전혀 엉뚱한 대답을 한다는 말이야. '교복을 안 입어도 학업 분위기는 흐트러지지 않는다'는 누나 주장에 대한 네 의견이 무엇이냐고?

그러니까 애들이 옷에 너무 신경 쓰면 공부도 안 하고, 복장 때문에 왕따를 당하는 애들도 있고, 아침에 일어나서 옷 입는 걸로 신경도 많이 쓰고. 이게 전부 교복이 필요한 이유예요.

아까 했던 말이잖아.

그러게. **중언부언**(重言復言)이네. 지금 네가 한 말은 한 말을 또 한 것일 뿐이야. 아빠가 술 마시고 나서 집에 오면 한 말 또 하고, 다시 또 하고 그러지? 그게 바로 **중언부언**이야. 넌 딱 **중언부언**하고 있어. 넌 누나의 주장을 정확하게 반박해야 해. 내가 보기에는 아직 네가 누나의 논리를 제대로 반박하는 게 어려워보이는구나.

당신은 옆에서 얘기를 들으면서 왜 **일언반구**(一言半句)도 없어요? **일언반구**는 '한 마디의 말과 한 구의 반'이라는 뜻으로, 극히 짧은 말이나 글을 말해. 당신 의견을 듣고 싶네요.

내가 술을 마시면 **중언부언**한다고? 쩝! 아무튼 좋아, 내가 **촌철살인**(寸鐵殺人)의 논리를 던져 주지. **촌철살인**은 '한 치의 쇠로 사람을 죽인다'는 뜻으로, 간단하고 단순한 한두 마디의 말로 문제의 핵심을 정확히 짚는 논리를 제시하는 것을 말해. 내가 보기에 우리 딸은 예쁜 옷을 입고 자랑을 하고 싶은 거야. 그렇지 않아?

잠깐만, 당신 그걸 **촌철살인**이라고 하는 말이야? 내가 보기에 그 말은 촌철살인이라기보다 완전히 **언중유골**(言中有骨)인데? **언중유골**은 '말 속에 뼈가 있다'는 뜻으로, 겉으로는 별다른 말이 아니지만 속에는 남을 비꼬거나 비판하는 뜻이 담겨 있는 것을 말해. 당신 은근히 평소에 우리 딸이 옷 입는 데 대해 불만이 있더니, 이런 식으로 표현하는 것 같은데?

흠흠, 아~, 음, 아~, 이런 **탁상공론**(卓上空論)은 그만하고, 간식 안 먹어? 간식?

당신 피하지 마. 얼굴도 빨개지고? 아이들이 나누는 논쟁의 주제는 **탁상공론**, 전혀 현실과 상관없는 일로 토론하는 것과는 분명히 달라. 현실적인 문제라고. 청소년들도 자기들 문제에 대해 의견을 제시하고, 고민하고, 토론할 필요가 있어. 당신 괜히 말을 잘못했다 싶으니까 피하는 거잖아. 무엇보다 자신이 옷을 사 입고 싶은 마음이 있는 것과 중·고등학교 교복을 없애느냐는 문제는 별개야. 사 입고 싶은 마음은 사 입고 싶은 마음이고, 주장은 주장 그 자체로 옳고 그름을 따져야지.

흠흠, 그래. 내가 실수했어. 미안! 우리 딸 미안. 아빠의 실수!

괜찮아. 아빠! 어쨌든 난 교복은 정말 아니라고 봐.

교복은 필요해.

그 문제는 조금 더 토론이 필요해보이네. 더 깊이 생각해보자.
옛날에 공자님은 **술이부작**(述而不作), '옛 성인의 말을 전할 뿐 자신의 주장을 새롭게 내세우지 않는다'라고 했는데, 아무래도 그 말은 그리 맞는 말 같지 않구나. 공자님은 옛 선인들이 이미 인생의 진리와 세상의 문제에 대해 모든 해답을 내 놓았다고 생각해서 **술이부작**이라고 했지만, 솔직히 그것은 아니잖아. 새로운 문제가 끊임없이 생겨나고, 같은 문제라도 의견이 다른 사람은 계속 나타나기 마련이니까.

나는 어릴 때 당연히 어른들이 하는 말은 그대로 들어야 한다고 생각해서 내 의견을 말한다는 생각은 해본 적도 없었어. 지금 너희들이 너희들만의 생각을 자유롭게 얘기하는 모습을 보니 훨씬 좋아 보여. 토론은 역시 멋져. 앞으로도 이런 토론을 종종 해보자.

고사성어 **메모지**

:: **갑론을박** [甲論乙駁]   '갑이 주장하면 을이 반박한다'는 뜻으로, 서로 주제를 두고 토론을 하듯이 이야기를 나눈다는 말

:: **설왕설래** [說往說來]   말이 서로 오고간나는 뜻

:: **어불성설** [語不成說]   '하는 말이 조금도 이치에 맞지 않는다'는 뜻

:: **본말전도** [本末顚倒]   핵심적인 것과 사소한 것이 뒤바뀌었다는 말

:: **견강부회** [牽强附會]   이치에 맞지도 않는 말을 억지로 끌어다 붙인다는 뜻

:: **동문서답** [東問西答]   '동쪽을 묻는데 서쪽을 대답한다'는 뜻으로, 묻는 말에 전혀 엉뚱한 대답을 한다는 말

:: **중언부언** [重言復言]   한 말을 또 하고, 또 하는 것

:: **일언반구** [一言半句]   '한 마디의 말과 한 구의 반'이라는 뜻으로, 극히 짧은 말이나 글을 말함.

:: **촌철살인** [寸鐵殺人]     '한 치의 쇠로 사람을 죽인다'는 뜻으로, 간단하고 단순한 한 두 마디 말로 문제의 핵심을 정확히 짚는 논리를 제시하는 것을 말함.

:: **언중유골** [言中有骨]     '말 속에 뼈가 있다'는 뜻으로, 겉으로는 별다른 말이 아니지만 속에는 남을 비꼬거나 비판하는 뜻이 담겨 있다는 뜻

:: **탁상공론** [卓上空論]     전혀 현실과 상관없는 일을 주제로 토론하는 것. 현실성이 전혀 없는 이야기를 가지고 심각하게 싸우거나 논쟁하는 사람들을 비판할 때 사용

:: **술이부작** [述而不作]     옛 성인의 말을 전할 뿐 자신의 주장을 새롭게 내세우지 않음.

# 갈등이 생길 때

저랑 친한 친구 둘이 다퉜어요. 전 그 사이에 끼어서 어떻게 해야 할지 모르겠어요.

어떻게 해야 할지 **우왕좌왕**(右往左往)하고 있구나. **우왕좌왕**은 오른쪽으로 갔다, 왼쪽으로 갔다 한다는 뜻으로, 이리저리 오락가락하며 망설이는 것을 말해.

이렇게 해볼까 생각하면 저게 걱정이고, 저렇게 해볼까 하면 이게 걱정이에요. 뭘 선택해야 할지 진짜 모르겠어요. 솔직히 제가 결단력이 있다면 어떻게든 했을 텐데, 고민만 하다가 며칠이 흘렀어요.

빨리 결정하지 못하고 **우유부단**(優柔不斷)했구나. **우유부단**은 어떻게 할지 몰라 고민하기만 하고, 딱 부러지게 결정하지 못하고 망설이기만 하는 걸 말해. 평소에 내가 너한테서 많이 느끼는 거야. 사람이 결정할 때는 빨리 결정해야 하는데 말이야.

저도 그러고 싶은데, 이런저런 생각이 너무 많이 들어서 결정하기 힘들어요.

하긴, 그것은 너만의 문제는 아니야. 중요한 일일수록 대부분의 사람들은 쉽게 결정내리지 못하고 **좌고우면**(左顧右眄)할 수밖에 없지. **좌고우면**은 '왼쪽, 오른쪽을 살핀다'는 뜻으로, 이것저것 깊이 고민하느라 쉽게 결정을 내리지 못한다는 말이야.

위나라에 '오계중'이라는 사람이 살았는데, 어떤 고민을 할 때면 정말 거기에 푹 빠졌나 봐. 어느 날 조조의 셋째 아들 조식이 오계중을 찾아왔는데, 오계중은 그날도 무슨 일인지 한참 고민을 하고 있더래. 조식이 보니 오계중 옆에 이 사람 저 사람 지나가기도 하고, 하인들이 일을 하느라 왔다 갔다 해도 오계중은 주위 사람에겐 전혀 신경쓰지 않고 왼쪽으로 갔다, 오른쪽으로 갔다 하면서 고민을 하고 있더래(좌고우면, 左顧右眄). 조식은 오계중과 얘기를 나누고 싶었지만, 오계중이 너무나 깊이 고민을 하고 있어서 아무 소리 않고 그냥 돌아갔다는 거야. 나중에 오계중이 조식이 찾아왔다는 말을 듣고 조식에게 말하지.

"아니, 그때 찾아왔으면 말씀을 하시지, 왜 그냥 돌아가셨습니까?"

조식은 빙그레 웃으며 말해.

"그날 좌우를 바라보며 고민하는 모습(좌고우면, 左顧右眄)이 너무 심각해서, 마치 주위에 아무런 사람이 없는 듯하였습니다. **좌고우면**하시는데 제가 방해하면 안 될 듯하여 그냥 물러났습니다."

그 일을 계기로 둘은 더욱 친해졌다고 해.

제가 딱 **좌고우면**이에요. 진짜 고민 중이라고요.

이러지도 못하고, 저러지도 못하는 상황을 가장 잘 나타내는 말은 **계륵**(鷄肋)이지. **계륵**은 먹자니 먹을 것이 별로 없고, 버리자니 아까운 닭갈비를 뜻해.

조조가 유비의 군대와 싸울 때였어. 유비의 군대와 조조의 군대는 한중이라는 지역을 두고 서로 대립했는데, 싸움은 쉽사리 끝나지 않고 질질 끌고 있었어. 특히 먼 거리를 이동해 온 조조의 군대는 이러지도 못하고 저러지도 못하는 상황이었지.

어느 날 조조가 저녁을 먹는데 닭갈비(계륵, 鷄肋)가 반찬으로 올라왔어. 닭갈비를 먹는데 때마침 부하 장수인 하후돈이 들어와 조조에게 물어.

"오늘밤 군대 암호를 무엇으로 할까요?"

조조는 삼산 고민하다가 '**계륵**'이라고 말해.

하후돈은 조조가 정한 암호를 듣고 그대로 전하지. 그때 '양수'라는 사람이 하후돈이 전하는 '**계륵**'이라는 암호를 듣고는 짐을 꾸리는 거야. 양수의 행동을 이상하게 여긴 하후돈이 양수에게 물어.

"아니, 난 암호를 전했을 뿐인데 왜 짐을 꾸리는 것이오?"

"**계륵**이라는 암호를 듣고 곧 군대를 철수하라는 명령이 떨어질 것을 알았기 때문입니다."

하후돈은 이해가 안 갔어.

'**계륵**과 군대 철수가 무슨 상관이라는 말이지?'

"잘 모르겠소. 자세히 설명해주시오."

"**계륵**은 먹으려고 하면 먹을 만한 고기가 없지만, 버리자니 아깝습니다. 지금 유비 군대와 맞서고 있는 우리의 처지가 딱 **계륵**이지요. 암호가 뭐냐는 질문을 들으시고는 우리 군대의 처지를 생각해서 **계륵**이라는 암호를 정한 것이겠지요. 내일이나 모레쯤이면 군대 철수 명령이 떨어질테니 두고 보십시오. 그래서 미리 짐을 꾸리는 것입니다."

하후돈은 양수의 말을 들으니 그럴 듯했어. 그래서 같이 짐을 꾸렸지. 하후돈이 짐을 꾸리니 다른 장수들이나 병사들도 다들 짐을 꾸리기 시작했어. 그날 밤 조조가 부대 안을 돌아다니는데 장수들과 병사들이 전부 짐을 꾸리고 있는 거야. 그걸 본 조조가 이상해서 물었더니, 하후돈이 양수에게 들었던 말을 전해.

"양수라는 자가 감히 그딴 소리를 했단 말이냐?"

조조는 자기 마음을 훤히 들여다 본 양수가 얄미웠어. 그리고 평소에 지나치게 똑똑한 척하는 양수가 보기 싫었지. 그래서 군대의 규율을 어지럽게 했다며 양수를 죽이고 말지. 물론 조조는 양수가 예측한 대로 며칠 뒤에 군대를 철수시켜.

조조가 조금 심했네요. 그 정도 이유로 똑똑한 신하를 죽이다니……

삼국지를 읽어보면 조조의 마음은 좀처럼 알기 어려워. 완전히 **오리무중**(五里霧中)이지. **오리무중**은 사방 5리(약 2km)가 진한 안개에 쌓여 있어서 어디가 어딘지 확인하기 어려운 상태를 일컫는 말이야.

조조는 어떤 때는 대단히 넓은 마음으로 사람을 대하다가, 어떤 때는 정말 쫀쫀하게 사람을 대하고, 어떤 때는 의리와 명예를 중요하게 여기다가, 어떤 때는 완전히 이익에 얽매어 행동하기도 해. 그래서 아빠가 조조의 마음을 **오리무중**이라고 한 거야.

내가 보기에 어떻게 해야 할지 정하지 못하고 갈등하는 사람의 마음이 바로

240

오리무중인 경우가 많아. 짙은 안개에 갇혀서 무엇을 어떻게 해야 할지 전혀 알기 어려운 상태, 너의 마음이 딱 **오리무중**이지.

전 완전 **오리무중**은 아니에요. 제가 보기에 한 친구가 잘못했어요. 그렇지만 친구 탓이라고 제가 말해서 그 친구와 사이가 나빠지고 싶지는 않아요. 옳고 그름을 가려주고 싶기는 하지만, 제가 피해를 입는 것은 싫은 거죠.

네가 원하는 두 가지를 모두 얻는 것은 불가능해 보이는데? 어느 하나는 포기해야 하지 않을까?

옛날에 이런 일이 있었어. 어떤 장사꾼이 시장에서 방패와 창을 팔았어.

"방패 사세요. 방패! 이 방패는 너무나 단단해서 어떤 창으로도 뚫을 수 없습니다. 방패 사세요. 방패. 천하 최고의 방패 사세요."

한참을 방패를 사라고 소리치던 장사꾼은 잠시 뒤 창을 사라고 소리쳤어.

"창 사세요, 창! 이 창은 너무나 날카로워서 그 어떤 방패도 뚫을 수 있습니다. 천하무적 창 사세요. 창!"

그때 한 구경꾼이 이렇게 물었어.

"지금 파는 그 창으로, 그 방패를 찌르면 어떻게 되는 거요?"

질문을 받은 장사꾼은 아무 말도 못했어. 뭐든지 뚫는 창으로 뭐든지 막는 방패를 찌르면? 말이 안 되지. 자기 말이 스스로 이치에 맞지 않는다는 것을 안 장사꾼은 부끄러워서 얼른 그 자리를 떠났어.

**모순**(矛盾)이라는 말은 여기서 나왔지. 모순은 '창과 방패'라는 뜻으로, '말이나 행동의 앞뒤가 서로 맞지 않는다'는 말이야. **모순**과 같은 말로는 **자가당착**(自家撞着), **이율배반**(二律背反)이 있어. 전부 같은 뜻이야.

**자가당착**은 스스로 모순에 빠지는 걸 말하고, **이율배반**은 두 가지 규율이 서로 반대된다는 것을 말해. 예를 들면 어떤 법에서는 오른쪽 길로 가는 것이 맞다고 하고, 어떤 법에서는 왼쪽 길로 가는 것이 맞다고 하는 거지. 두 가지 법이 서로 충돌하니까 어떤 법을 따라야 할지 알 수가 없는 상태, 그것이 바로 **이율배반**이야. 자기는 하나도 지키지 않으면서 규칙을 지키라고 말하는 사람도 **이율배반**이고, **자가당착**이지.

내가 보기에 너는 둘 중 하나를 선택해야 해. 옳고 그름을 분명하게 드러내고 싶으면 그것을 선택해야 하고, 우정이 중요하면 그것을 선택해야 하지. 내가 보기에 네가 원하는 두 가지는 서로 **모순**이기 때문에 두 가지 모두를 다 얻는 것은 불가능해.

진짜 어렵네요. 이러지도 못하고, 저러지도 못하고.

**진퇴양난**(進退兩難)에 **진퇴유곡**(進退維谷)이지. **진퇴양난**은 나가지도 물러나지도 못하는 어려운 상태를 말하고, **진퇴유곡**은 나가지도 못하고 물러나지도 못하는 궁지에 몰린 상태를 말해. 뭐, 같은 말이지.

**진퇴양난**과 **진퇴유곡**은 **계륵**이랑 비슷하네요. 이러지도 못하고, 저러지도 못하고. 저한테는 해결 방법이 없어요.

완전히 **속수무책**(束手無策)이구나. **속수무책**은 손이 묶인 것처럼 해결책을 전혀 세울 수 없다는 말이야. 어쩔 도리가 없다는 것이지. 방법이 없으면 해결하려는 마음을 포기해야 하지 않을까?

둘 다 친한 친구라 그러고 싶지는 않거든요.

**결자해지**(結者解之)라고 했어. 일을 맺은 사람이 풀어야 한다는 말이야. 두 친구가 다퉜으면 두 친구가 해결하게 내버려 두는 것도 좋은 방법이야.

저도 그러고 싶지만, 그래도 전 친구잖아요. 그리고 누가 옳고 그른지 분명하게 알고 있다고요.

음, 내가 어떤 일인지 전혀 모르기 때문에 조심스럽기는 한데, 내가 보기에 옳고 그름을 그렇게 딱 부러지게 판단해도 되는지 생각해보면 좋겠어. 네가 알지 못하는 무언가가 있을 수도 있잖아? 내가 옳고, 남이 그르다는 생각은 항상 갈등 해결에 방해가 되거든.

**분서갱유**(焚書坑儒)라는 말이 있어. '책을 불사르고, 학자들을 땅에 묻어 죽인다'는 말이야. 옛날 진시황이 자신이 생각하는 학문과 다른 내용을 담은 책을 모조리 태워 버리고, 자신을 비판하거나 반대할 만한 학자들을 모조리 죽인 사건을 가리키는 말이야. 진시황은 자신과 생각이 다른 사람이나 학문을 인정하지 않았던 거지.

네가 혹시라도 다른 사람의 처지나 상황을 생각하지 않고, 네 중심으로 생각하는 것은 아닌지 깊이 고민해봐.

아빠 말을 들으니 그런 면도 있는 듯해요. 고민해볼게요. 그러나 저러나 이 문제를 해결하려면 어떻게 해야 할까요?

이때 가장 중요한 것은 방법이 아니라 정성이야. 네가 좋아하는 두 친구의 갈등을 정말 해결해주고 싶다는 간절한 마음, 그 간절한 마음을 네 친구들에게 정성스럽게 전해. 그 정성이 전해지면 갈등이 해결될 거라고 믿어. 난 어떤 일이든 특별한 방법보다 사람의 정성이 훨씬 중요하다고 믿어. 삼국지에서 유비가 제갈공명을 얻을 때의 일을 생각해봐.

유비가 제갈공명을 얻기 위해 세 번이나 찾아가죠.

그래. 거기서 **삼고초려**(三顧草廬)라는 말이 생겨 나. **삼고초려**는 '유비가 제갈공명의 초가집을 세 번 찾아갔다'는 뜻으로, 사람에게 지극 정성을 들이는 것을 말해. 유비는 한겨울인데도 아랑곳하지 않고 제갈공명을 세 번이나 찾아가. 마지막에는 제갈공명이 유비가 온 것도 모르고 낮잠을 자는데 깨우지 않고 깨어날 때까지 가만히 기다리기도 하지. 제갈공명은 20대의 청년이었고, 유비는 50세가 넘었는데도 제갈공명의 마음을 얻기 위해 최고의 정성을 들인 거지.

제갈공명은 유비의 정성에 감동해서 그 전까지 정치를 하지 않겠다는 결심을 바꾸고, 유비를 적극적으로 도와. 아마 제갈공명이 유비를 돕지 않았다면 삼국지는 조조가 일찌감치 승리를 해서 끝나 버렸을 거야. 제갈공명 때문에 유비는 강력한 힘을 얻어서 조조에게 맞서지.

이처럼 정성보다 좋은 방법은 없어. 내가 정말 친구의 갈등을 해결해주고 싶다면 **삼고초려**보다 더 많은 정성을 들여야 해. 그것이 유일한 방법이야.

**삼고초려**의 정성이라! 알았어요. 꼭 그렇게 할게요.

고사성어 메모지

:: **우왕좌왕** [右往左往]    '오른쪽으로 갔다, 왼쪽으로 갔다 한다'는 뜻으로, 이리저리 오락가락하며 망설인다는 뜻

:: **우유부단** [優柔不斷]    어떻게 할지 몰라 고민하기만 하고, 딱 부러지게 결정하지 못하고 망설인다는 뜻

:: **좌고우면** [左顧右眄]    '왼쪽 오른쪽을 살핀다'라는 뜻으로, 이것저것 깊이 고민하느라 쉽게 결정을 내리지 못한다는 말

:: **계륵** [鷄肋]    '먹자니 먹을 것이 별로 없고, 버리자니 아까운 닭갈비'라는 뜻으로, 이러기도 그렇고 저러기도 그런 고민스런 상황

:: **오리무중** [五里霧中]    사방 5리(약 2km)가 진한 안개에 쌓여 있어서 어디가 어딘지 확인하기 어려운 상태를 일컫는 말

:: **모순** [矛盾]    '창과 방패'라는 뜻으로, '말이나 행동의 앞뒤가 서로 맞지 않다'는 말

:: **자가당착** [自家撞着]    스스로 모순에 빠짐.

:: **이율배반** [二律背反]    두 가지 규율이 서로 반대된다는 뜻

:: **진퇴양난** [進退兩難]    나가지도 물러나지도 못하는 어려운 상태

:: **진퇴유곡** [進退維谷]    나가지도 못하고 물러나지도 못하는 궁지에 몰린 상태

:: **속수무책** [束手無策]    손이 묶인 것처럼 해결책을 전혀 세울 수 없다는 말

:: **결자해지** [結者解之]    일을 맺은 사람이 풀어야 함.

∷ **분서갱유** [焚書坑儒]    책을 불사르고, 학자들을 땅에 묻어 죽인다는 말로, 자신의 생각과 다른 사람을 탄압하고, 자기를 비판하는 사람들을 제거하려고 하는 것

∷ **삼고초려** [三顧草廬]    '유비가 제갈공명의 초가집을 세 번 찾아갔다'는 뜻으로, 사람에게 지극 정성을 들인다는 말

Memo

28. 스포츠를 즐길 때

29. 게임을 즐길 때

30. 시끄러운 교실에서 지낼 때

31. 학교 짱이 부러울 때

# 7부

# 남자

# 스포츠를 즐길 때

🙂 스페인 프리메라리그의 최강 라이벌 두 팀이 경기를 벌이게 되네요.

😎 완전히 손꼽아 기다리던 경기라 그런지 조금 흥분되기까지 하는 걸. 지금까지 두 팀 다 한 번도 지지 않고 **승승장구**(乘勝長驅)해 왔어. **승승장구**, '싸움에 이긴 김에 계속 휘몰아친다'는 말이야.

🙂 둘 다 전부 이겼어요. 골 넣은 점수 차이로 1위와 2위로 나뉘어 있어요.

😎 말 그대로 두 팀 다 **백전백승**(百戰百勝)이지. **백전백승**의 '백'은 숫자 100이 아니라 '많다'는 뜻이야. '많이 싸워서 전부 이겼다'는 말이지.

전쟁에 관한 학문을 다룬 책 중에서 최고로 꼽히는 《손자병법》을 보면 **백전백승**하는 것보다 싸우지 않고 이기는 것이 최고의 방법이라는 말이 있어. 그런 면에서 지금 1위 팀이 싸우기 전에 2위 팀을 깎아내리며 기분을 상하게 한 것은 싸우기 전에 기를 죽이기 위함이었지. 아마 1위 팀 선수들은 기존 대결에서 더 많이 승리했기 때문에 자신감이 넘쳐 보여.

2위 팀은 얼마 전에 감독이랑 선수가 사이가 안 좋다는 기사가 나기도 했어요.

그땐 진짜 **자중지란**(自中之亂)이었지. **자중지란**, '같은 팀이나 모둠 안에서 서로 다툼이 일어나는 것'을 말해. 내가 알기로는 감독이 어렵게 갈등을 해결했다고 하더라.

2위 팀 감독이 이번엔 제대로 준비를 했나 모르겠네요. 예전 경기는 라이벌이라고 하기에는 너무 일방적이었어요.

손자병법에 **지피지기백전불태**(知彼知己百戰不殆)라는 말이 있어. 상대를 알고 나를 알면 백 번 싸워도 위태롭지 않다는 뜻이야. 싸움에서 이기기 위해서는 상대를 잘 아는 것만으로도 안 되고, 자신도 잘 알아야 해.

내가 알기로는 2위 팀 감독이 이번에는 제대로 분석했어. 1위 팀의 약점과 강점, 선수 개개인의 능력을 완전히 분석해서 맞춤형 전술을 들고 나올 거야. 문제는 1위 팀 감독도 가만히 있지 않는다는 것인데, 과연 어느 팀 감독이 상대를 더 잘 파악하고, 자신의 강점을 잘 살리느냐에 따라 승부가 갈리겠지.

드디어 경기 시작이에요. 손에 저절로 땀이 나요.

이번 경기의 승자가 이번 시즌 우승을 하게 될 거야. 한마디로 이번 경기는 **건곤일척**(乾坤一擲)의 승부야. **건곤일척**은 '하늘과 땅을 걸고 한 번 주사위를 던진다'는 뜻으로, 모든 운명과 미래를 걸고 단 한 번의 싸움으로 승부를 겨루는 것을 말해.

중국 역사상 최고의 라이벌은 항우와 유방이지. 처음에는 항우가 앞서지만 나중에 뛰어난 신하들 덕분에 유방이 항우의 강력한 라이벌로 성장해. 둘은 천하의 주인 자리를 두고 몇 년 동안 싸움을 벌여.

그러다 싸움이 너무 길어지자 잠시 쉬기 위해 항우와 유방은 홍구라는 곳을 경계로 해서 천하를 둘로 나누고 전쟁을 멈춰. 그런데 유방의 부하인 장량은 지금은 싸움을 멈출 때가 아니라고 말해.

"지금이 기회입니다. 지금 항우를 쳐야 합니다. 항우의 군대는 지쳐 있습니다. 지금 싸움을 멈추면 항우의 군대는 점차 힘을 기를 것이고, 나중에는 우리가 어찌할 도리가 없을 정도로 강력해질 것입니다."

유방은 망설이다가 장량의 의견을 받아들여 항우와 다시 싸움을 벌이기로 해. 유방은 항우의 군대를 다시 공격했고, 항우와 유방의 군대는 천하의 주인 자리를 두고 '안휘성 해하'라는 곳에서 **건곤일척**의 승부를 하지. 단 한 번의 싸움으로 천하의 주인 자리가 결정되는 싸움이었어. 이 싸움에서 유방은 사면초가(四面楚歌) 작전을 펴서 승리를 거두지. 결국 **건곤일척**의 싸움에서 유방이 승리하고, 천하의 주인 자리를 차지해.

오늘 저 두 팀의 경기는 이번 시즌 1위를 가리는 **건곤일척**의 승부야! 어떻게 될지 진짜 궁금하다.

🙂 아! 아이고! 와! 경기 수준이 정말 라이벌답네요.

😀 그러게. 완전 **막상막하**(莫上莫下)네. **막상막하**는 '어느 게 위고, 어느 게 아래인지 구분하기 어렵다'는 말로 실력이 완전히 엇비슷함을 말해.

🙂 난형난제(難兄難弟)와도 같은 말이네요.

😀 맞아. 그리고 **백중지세**(伯仲之勢)와도 같은 말이야. **백중지세**는 누가 나은지 구분이 가지 않을 정도로 실력이 대등한 것을 말해.

옛날 중국에서는 맏형을 '백', 둘째를 '중', 셋째를 '숙', 막내를 '계'라고 불렀어. 따라서 **백중지**세란, '맏형과 둘째 사이에 능력을 구분하기 어렵다'는 말이야. 정확하게 난형난제(難兄難弟)와 같은 말이지.

한나라에는 '부의'와 '반고'라는 뛰어난 문장가가 있었어. 둘 다 어찌나 글을 잘 쓰는지 우열을 가리기가 힘들었지. 그래서 사람들은 부의와 반고의 실력을 **백중지**세라 하여 누가 더 나은시 도저히 구분하기 어렵다고 했어.

지금 저 두 팀의 경기를 보니 누가 더 실력이 나은지 구분이 안 되네. 진짜 완전 **백중지세**다.

🙂 아~ 아! 저걸 막다니, 완전 아깝다. 골키퍼 대단하네요. 어떻게 저걸 막지?

😀 2위 팀으로서는 완전히 **위기일발**(危機一髮)이었어. **위기일발**은 매우 위급한 순간을 말해. 저 골키퍼의 활약이 오늘 대단할 것 같은 예감이 드네. 저런 **위기일발**의 상황에서도 순발력 있게 막아내다니……

아무래도 한 번 위기가 온 뒤부터 2위 팀이 계속 밀리네요. 1위 팀의 기세가 올랐어요. 거의 일방적인데요.

1위 팀이 완전히 **기호지세**(騎虎之勢)구나. **기호지세**, '범을 타고 달리는 기세'라는 뜻으로 한 번 시작한 것을 계속해서 강력하게 밀어붙이는 걸 말해. 생각해봐. 호랑이 등에 올라타면 중간에 내리면 안 돼. 내리면 그대로 호랑이에게 잡아먹히지. 호랑이 등에 탔으면 호랑이를 죽일 때까지 끝까지 가야 하는 거야.

중국이 남북으로 나뉘어 오랫동안 다투던 남북조시대 끝 무렵의 얘기야. 북쪽 나라 황제가 죽자 양견이 곧바로 권력을 움켜쥐어. 다음 황제는 나이가 어렸어. 양견은 권력을 쥔 뒤 직접 황제가 될 것인지, 아니면 황제를 뒤에서 밀어주는 역할만 할 것인지 고민을 해.

한참 고민하는데 아내가 집에서 궁궐로 편지를 보내 와. 내용인즉,

"당신은 지금 호랑이를 타고 달리는 기세(기호지세, 騎虎之勢)입니다. 호랑이를 타다가 내리면 죽습니다. 호랑이를 죽일 때까지 호랑이 등에 타고 나아가야 합니다. 황제의 권력을 움켜쥐십시오. 어정쩡하게 황제 뒤를 봐주다가는 결국 지금의 황제에 의해 죽게 됩니다. 호랑이 등에 탔으면 끝장을 보십시오."

아내의 편지를 읽고 결심을 굳힌 양견은 곧바로 어린 황제를 폐하고, 스스로 황제의 자리에 올라. 이 사람이 바로 수백 년 동안 남북으로 나뉘어 있던 중국을 하나로 통일한 수나라 황제 '문제'야. 수나라 하면 살수대첩 때 고구려에 패한 나라로 유명하지. 고구려에 쳐들어올 때 황제는 '양제'였고, 양견은 '양제'가 아니라 '문제'라고 부르는데, 중국 역사상 몇 손가락에 꼽힐 정도로 정치를 잘한 멋진 황제였다고 해.

아무튼 양견은 권력을 쥐자 **기호지세**로 스스로 황제에 오르고, 갈라진 남북을 통일하기까지 했어. 경기를 할 때도 한 번 분위기를 탈 때 완전히 승부를 결정

**254**

지어야 해. 지금 여기서 **기호지세**로 승부를 결정짓지 못하면 결국 위기가 닥치지.

🙂    그러게요. 저렇게 밀어붙이면서도 골을 만들어내지 못하면 안 되는데, 골
기퍼 정말 잘하네요. 저렇게 밀어붙이는데도 결정을 못 지으면 분명 위기가 올
거예요. 앗! 경고에요. 아까 저 선수 경고를 받았는데, 그렇지! 경고 2번이면 퇴장.
이거 완전히 불리하게 됐는데요.

🙂    허허, 내가 뭐랬어. 분명히 **기호지세**로 몰아붙이지 못하면 도리어 당할 거
라고 했지. 이제 숫자도 한 명 적으니 밀릴 게 뻔해. 아이고, 저런! 한 명 빠지니까
나머지 10명이 **고군분투**(孤軍奮鬪)하는구나. **고군분투**는 숫자가 적고, 약한 군대
가 강한 적과 용감하게 싸우는 것을 말해. 역시 아무리 한 명이 빠져도 1위 팀은
괜히 1위 팀이 아니야. 정말 대단하다. 영화 '300'의 스파르타 군인들을 보는 듯한
걸. 저렇게 열심히 뛰다니 진짜 대단하다. 말 그대로 **고군분투**다.

🙂    앗! 골이에요. 골! 에고, 역시나 숫자가 부족하니 안 되네요.

🙂    그러게 한 명만 빠졌을 뿐인데, 시간이 지날수록 **중과부적**(衆寡不敵)인 느
낌이 드네. **중과부적**은 '적은 숫자로 많은 숫자의 적에 맞서기 어렵다'는 뜻이야.
    옛날 맹자가 제나라 황제를 만나 나눈 대화에 나오는 말이지.

| 맹자 | 전하는 천하를 지배하고 싶으십니까? |
| 임금 | 나야 당연히 그렇지. |
| 맹자 | 지금 천하의 나라가 몇이죠? |
| 임금 | 우리 빼고, 여덟 나라지. |

| 맹자 | 전쟁을 해서 여덟 나라를 다 정복하는 것이 가능할까요? |
|---|---|
| 임금 | 우리나라가 강력한 국가가 되면 가능하겠지. |
| 맹자 | 제나라 빼고 여덟 나라 아닙니까? 그 여덟 나라 전부와 제나라가 싸우면 어떨까요? |
| 임금 | 흠, 적이 너무 많군. |
| 맹자 | 맞습니다. 제나라 한 나라와 나머지 여덟 나라가 싸우면 이기기 어렵습니다. 적은 숫자로 많은 숫자를 이기는 것은 매우 어렵습니다(중과부적, 衆寡不敵). 그러니 전쟁으로 천하를 지배하려는 생각은 하지 말아야 합니다. |
| 임금 | 그러면 어찌 해야 하나? |
| 맹자 | 훌륭한 임금이 되십시오. 모든 백성들이 존경하는 임금이 되십시오. 이웃 나라 백성들도 따르고 싶을 만큼 훌륭한 임금이 되면, 천하는 저절로 임금님께 복종해올 것입니다. 이것이 군대를 전혀 쓰지 않고 천하를 지배하는 방법입니다. |

**중과부적**은 적은 수가 너무 많은 수와 싸우거나 너무 강한 상대를 만났을 때 쓰는 말이야. 아무리 1위 팀이 강하다지만, 10명으로 싸우는 것은 말 그대로 **중과부적**이구나. 뭐, 축구공은 둥그니까 혹시 기적이 일어날지 모르지만, 오늘 승부는 아무래도 결정된 것 같구나.

고사성어 **메모지**

:: **승승장구** [乘勝長驅]  싸움에 이긴 김에 계속 휘몰아침.

:: **백전백승** [百戰百勝]  많이 싸워서 전부 이김.

:: **자중지란** [自中之亂]  같은 팀이나 모둠 안에서 서로 다툼이 일어남.

:: **지피지기백전불태** [知彼知己百戰不殆]  상대를 알고 나를 알면 백 번 싸 워도 위태롭지 않음.

:: **건곤일척** [乾坤一擲]  '하늘과 땅을 걸고 한 번 주사위를 던진다'는 뜻으로, 모든 운명과 미래를 걸고 단 한 번의 싸움으로 승부를 겨루는 싸 움을 말함.

:: **막상막하** [莫上莫下]  '어느 것이 위고, 어느 것이 아래인지 구분하기 어렵다'는 뜻 으로, 실력이 완전히 엇비슷하다는 말

:: **백중지세** [伯仲之勢]  '누가 나은지 구분이 가지 않을 정도로 실력이 대등하다'는 말

:: **위기일발** [危機一髮]  매우 위급한 순간

:: **기호지세** [騎虎之勢]  '범을 타고 달리는 기세'라는 뜻으로, 한 번 시작한 것을 계 속해서 강력하게 밀어붙인다는 뜻

:: **고군분투** [孤軍奮鬪]  숫자가 적고, 약한 군대가 강한 적과 용감하게 싸움.

:: **중과부적** [衆寡不敵]  적은 숫자로 많은 숫자의 적에 맞서기 어려움.

# 게임을 즐길 때

아빠, 이 게임 굉장히 유명해요.

흠, 아빠는 **금시초문**(今時初聞)이야. 이제야 비로소 처음 들었네. 어떻게 하는 건데?

여기 안내 페이지가 있는데, 읽어 보실래요?

아빠에게 게임 설명서는 **무용지물**(無用之物), 아무 쓸모가 없어. 네가 설명해줘.

이게 이렇고……, 저렇고…….

흠, 좋아. 대충 이해했어. 그럼 어디 아빠랑 한번 붙어볼까? 자~. 시작!

앗싸!

이런 완전히 **일패도지**(一敗塗地)네. **일패도지**, 단 한 번 싸움에 패하여 죽은 자의 시체가 땅을 뒤덮었다는 뜻으로, '한 번의 패배로 다시는 일어서기 어려운 상태가 되었다'는 말이야.

진나라 시황제가 죽은 뒤 일이야. 진승은 사람들을 이끌고 나라에서 정한 시간에 맞추어 가야 했는데, 비가 오는 바람에 가기가 어려워졌어. 나라가 정한 날짜에 사람들을 이끌고 가지 못하면 전부 죽임을 당하는 게 진나라의 법이었지. 진나라 법은 정말 엄격하고 무서웠어. 진승은 늦어서 죽으나 반란을 일으키고 죽으나 마찬가지라고 생각하고 반란을 일으키지.

"세상에 왕과 귀족이 되는 씨앗이 따로 있는 것이 아니다. 이래 죽으나, 저래 죽으나 마찬가지라면 우리도 한 번 왕과 귀족이 되기 위해 싸움이나 해보자."

진승은 어쩔 수 없는 상황에 몰려 반란을 일으키지만 반란이 의외로 큰 성공을 거둬. 진나라는 겉으로 보기에는 막강했지만 속으로는 완전히 썩어 있었던 거야. 진승이 반란을 일으키자 전국 곳곳에서 반란이 일어나고 진나라는 나라 전체가 혼란에 빠지지.

패현이라는 곳을 다스리던 현령은 고민에 빠졌어. 이대로 있어야 할까? 진승 편에 붙어야할까? 아니면 다른 선택을 해야 할까?

"어찌해야 좋을까?"

그러자 주위의 부하들이 말해.

"이 지역에서 가장 이름이 높은 사람은 유방입니다. 아무래도 유방을 따라야 하지 않을까요?"

그 말을 들은 현령은 유방을 불러들여. 유방을 기다리던 현령은 성 밖에 도착한 유방을 보자 갑자기 불안해져.

'이거, 이러다 내가 유방에게 죽는 거 아닐까?'

현령은 성문을 닫고 유방이 못 들어오게 하지. 유방은 자신을 초대해 놓고 성으로 들여보내지도 않는 현령이 괘씸했어. 그래서 화살에 편지를 써서 성 안으로 날려보냈지.

"불의한 진나라를 쳐부수기 위해 일어섰습니다. 성 안의 상식 있는 사람들은 들고 일어나십시오. 불의한 진나라 현령을 죽이고, 성문을 여십시오. 저 유방과 함께 정의를 실현합시다."

수백 통의 편지가 화살과 함께 성 안으로 날아들어갔고 편지를 읽은 성 안의 백성들은 들고 일어나 현령을 죽이고, 유방을 맞아들여. 유방을 맞이한 성 안의 백성들은 유방에게 패현을 다스려 달라고 부탁하지.

유방은 성 안 백성들의 부탁을 거절해.

"지금 천하가 혼란스럽고 곳곳에서 반란이 일어나고 있습니다. 지금 훌륭한 인물을 가려 뽑은 뒤에 우리를 이끌게 해야 합니다. 만약 자질이 부족한 사람이 우리를 이끌면 단 한 번의 싸움에 패하여 죽은 자가 땅을 뒤덮을 것입니다(일패도지. 一敗塗地). 전 능력이 부족합니다. 더 뛰어난 인물을 뽑아서 지도자로 삼도록 합시다."

유방이 거절했음에도 백성들은 유방이 지도자가 되어주길 간절히 원했어.

"안 됩니다. 유방님보다 뛰어난 인물은 없습니다."

"맞습니다. 우리를 이끌어주십시오."

결국 백성들의 청을 거절하지 못한 유방은 패현을 다스리기로 해. 그 뒤 유방은 진나라를 멸망시키고, 항우와 싸움에서 승리해 천하를 제패하지. 유방 자신은 **일패도지**할 것이라고 걱정했는데, 정반대였어.

아빠, 조심하세요! 이제부터는 제가 인정사정 안 봐주고 공격할 테니까요~

윽, 이런! 첫 번째 싸움에서 **일패도지**하는 바람에 완전히 손을 쓸 겨를 없이 무너지는구나. 이거 완전히 **파죽지세**(破竹之勢), 대나무를 쪼개는 기세네. 보통 나무는 한쪽을 쪼갠다고 해서 끝까지 쪼개지지 않지만, 대나무는 한쪽 끝을 가르면 끝까지 쭉 쪼개져. **파죽지세**는 한쪽만 살짝 쪼개면 연속해서 끝까지 쪼개지는 대나무처럼 첫 번째 기세가 멈추지 않고 끝까지 한 번에 나아가는 것을 말해.

위나라, 오나라, 촉나라로 다투던 삼국지에서 가장 먼저 망한 것은 촉나라였어. 제갈공명이 죽은 뒤 촉나라는 위나라와 싸움에서 밀리고 결국 멸망당하지. 그 뒤 위나라의 권력자인 '사마염'은 황제를 폐한 뒤 자기 스스로 황제의 자리에 올라. 사마염은 두예 장군에게 군대를 주어 오나라를 공격하게 해.

두예는 대군을 이끌고 오나라의 무창이라는 곳을 순식간에 점령해 버려. 무창을 점령한 뒤 두예는 오나라를 계속 공격할 것인지 말 것인지를 두고 부하 장수들과 회의를 해.

대다수 장수들은 지금 싸움을 멈추자고 말해.

"지금 오나라를 계속 공격하는 것은 어렵습니다. 이제 곧 비가 자주 오는 시기가 옵니다. 비가 많이 오면 강물이 넘치고, 전염병이 번질지도 모릅니다. 그러니 일단 싸움을 멈추고, 적절한 시기에 다시 공격합시다."

두예는 생각이 달랐어.

"아니, 그 반대요. 지금 우리 군대의 기세는 '대나무가 쪼개지는 기세(파죽지세, 破竹之勢)'와 같소. 대나무란 처음 두 세 마디만 쪼개면 그 다음부터는 칼날이 닿기만 해도 저절로 쪼개지는 법이요. 무창을 점령했으니 이제 이 기세로 그대로 몰아치면 오나라를 **파죽지세**로 무너뜨릴 수 있소.”

두예는 자기 뜻대로 군대를 휘몰아 말 그대로 **파죽지세**로 오나라를 점령해. 오나라는 한 번 밀리자 제대로 저항 한번 해보지 못하고 그대로 무너지고 말지. 이로써 한동안 혼란스러웠던 중국은 다시 하나의 나라로 뭉쳐. 하지만 얼마 뒤 또다시 수많은 나라가 들어서고, 멸망하는 혼란의 시기가 닥치지. 이때를 '위진 남북조 시대'라고 하는데 혼란의 시기가 400여 년 동안 이어져.

이런, 내가 말하는 사이에 ……, 휴! 내 군대를 **파죽지세**로 무너뜨리는구나!

이겼다!

졌다. 안 되겠어. 연습하고 다시 붙어보자.

아빠, 왜 이렇게 잘해요? 진짜 몇 번밖에 안 했는데, 순식간에 실력이 늘었어요.

말 그대로 **일취월장**(日就月將)이지. 날이면 날마다 실력이 좋아지고, 달이면 달마다 실력이 나아진다.

**괄목상대**(刮目相對)와 같은 말이구나. 앗! 아빠가 언제 여기다 부대를 배치했지. 방심하다 뒤통수를 맞았네. 완전 위기일발(危機一髮)!

**암중모색**(暗中摸索)했어. **암중모색**은 어둠 속에서 손으로 더듬어 찾는다는 뜻으로, 어림짐작으로 무언가를 찾는 것을 말해. 아빠가 정확히 알고 한 게 아니라 어둠 속에서 헤매다가 아주 우연히 너의 본진 뒤에 부대를 배치한 거야.

당나라 때 '허경종'이라는 사람이 있었어. 그는 건망증이 아주 심해서 조금 전에 본 사람조차 잘 기억하지 못했다고 해. 그런 허경종을 한 친구가 비웃었지.

"도대체 방금 본 사람도 기억하지 못하다니, 자네 머리는 완전히 물고기 수준이구만."

"자네처럼 하나도 유명하지 않은 사람의 얼굴이면 수백 번 봐도 기억하지 못하지만, 뛰어난 재주를 지닌 사람이라면 어둠 속에서 손으로 더듬듯 찾아도(암중모색, 暗中摸索) 누군지 알아낸다네. 내가 주위 사람을 기억하지 못하는 것은 그들이 자네처럼 별 볼 일 없는 사람이기 때문이야."

허경종은 천연덕스럽게 이렇게 대답해. 나중에 허경종은 측천무후가 황제의 자리에 오르는 데 큰 기여를 하지. 측천무후는 중국 최초의 여자 황제였어. 아마 허경종은 **암중모색**해서 측천무후를 황제의 자리에 오르게 도왔을 거야.

으~윽! 사전에 철저하게 방어를 해야 했는데……. 아빠를 너무 얕봤어요.

일을 하든, 게임을 하든, 공부를 하든 늘 **철두철미**(徹頭徹尾)해야지. **철두철미**란, '처음부터 끝까지 철저하게 한다'는 말이야.

아! 이제 완전히 뒤바뀌었네. 이거 계속 몰리네. 안 되는데……. 아빠 같은 초보한테 이렇게 밀리다니…….

이제 내 군대를 휘몰아 널 **일망타진**(一網打盡)해주마. **일망타진**은 한 번 그물을 쳐서 물고기를 다 잡는다는 뜻이야. 이제 너의 군대는 그물에 한꺼번에 걸린 물고기처럼 모조리 사라질거야. 하하하!

송나라 인종 때 일이야. 인종 때는 워낙 뛰어난 인물들이 많아서 서로 학문이나 정치 방법을 두고 다투는 일이 잦았어. 그래서 벼슬아치들의 지위가 하루아침에 바뀌는 경우도 많았지. 한번은 정말 청렴하고 올곧은 선비였던 두연이 재상의 지위에 올랐어. 우리나라로 치면 영의정이 된 거지.

두연은 재상이 된 뒤에 황제가 잘못한 일이 있으면 올곧은 소리도 마다하지 않았어. 황제가 자기 마음대로 명령을 내리면 신하들과 상의하지 않고 명령을 내렸다 하여 황제의 명령을 거부하기까지 했어. 하지만 워낙 청렴하고 강직한 인물이라 황제도 어쩌지 못했지. 물론 이런 두연을 곱게 보지 않은 사람도 많았어. 그래도 두연이 워낙 청렴하고 강직했기 때문에 불만은 많아도 감히 말을 하지 못했어.

어느 날, 두연의 사위가 나랏돈을 자기 마음대로 사용한 사건이 발생해. 평소 두연을 안 좋게 생각하던 왕공진은 두연의 사위를 붙잡아서 죄를 샅샅이 조사해. 두연의 사위와 친하게 지내던 사람들도 전부 나랏돈을 같이 훔치고 사용했다는 죄로 잡아들여서 처벌을 하지. 모조리 잡아들인 뒤 왕공진은 두연에게 이렇게 보고해.

"이번에 나랏돈을 몰래 쓴 무리들을 한꺼번에 전부 잡아들였습니다. 그들을 **일망타진**(一網打盡)했으니 한번 가서 보시지요."

두연은 사위와 사위 친구들이 관련된 사건에 책임을 지고 결국 재상에서 물러나고 말아.

자, 아무튼 넌 끝이야. 완전 **일망타진**이구나! 아빠의 승리!

으윽! 졌다. 다시 한 판 해요.

남자 둘! 도대체 일요일 하루 종일 뭐 하는 거야! **주야장천**(晝夜長川)으로 게임만 할 거야? 당신은 애가 공부하게 도와주지는 못할망정 같이 게임을 하다니, 으이구 정말!

**주야장천**은 '밤낮으로 흐르는 시냇물'이라는 뜻으로, 밤낮없이 이어지는 것을 말해. 자, 우리 마나님의 말씀에 따라 오늘 게임은 아빠의 승리로 끝!

아! 안 돼! 패한 채로 끝나면 창피한데…….

::  **금시초문** [今時初聞]    이제야 비로소 처음 들었다는 뜻

::  **무용지물** [無用之物]    아무 쓸모가 없음.

::  **일패도지** [一敗塗地]    '단 한 번 싸움에 패하여 죽은 자의 시체가 땅을 뒤덮었다'는
                            뜻으로, 한 번의 패배로 다시는 일어서기 어려운 상태가 되
                            었다는 말

::  **파죽지세** [破竹之勢]    대나무를 쪼개는 기세. 대나무처럼 첫 번째 기세가 멈추지
                            않고 끝까지 한 번에 나아간다는 말

::  **일취월장** [日就月將]    날이면 날마다 실력이 좋아지고, 달이면 달마다 실력이 나
                            아짐.

::  **암중모색** [暗中摸索]    '어둠 속에서 손으로 더듬어 찾는다'는 뜻으로, 어림짐작으
                            로 무언가를 찾는다는 말

::  **철두철미** [徹頭徹尾]    처음부터 끝까지 철저하게 함.

::  **일망타진** [一網打盡]    '한 번 그물을 쳐서 물고기를 다 잡는다'는 뜻

::  **주야장천** [晝夜長川]    '밤낮으로 흐르는 시냇물'이라는 뜻으로, 밤낮없이 이어진다
                            는 말

# 시끄러운 교실에서 지낼 때

오늘 학교에서 난리도 아니었어요.

뭔 일이 있었기에?

학급회의를 했는데, 무질서하게 떠들고, 의견은 모아지지 않고, 시끄럽기만 하고, 휴! 우리 반은 좀처럼 단결할 줄 몰라요.

너희 반 애들이 완전히 **오합지중**(烏合之衆)이었구나. **오합지중**, '까마귀 떼처럼 모인 군중'이라는 뜻으로, 질서 없이 어중이떠중이가 모인 사람들을 말해.

한나라 때 경감 장군이 반란군을 토벌하러 군대를 이끌고 갈 때였어. 그런데 반란군의 숫자가 꽤 많았나 봐. 부하들이 반란군의 숫자가 많은 것을 보고 두려워했어. 아무리 용기를 내라고 해도 다들 겁을 집어먹었기 때문에 싸워봤자 이기기는 어려울 듯했어. 경감은 아무래도 안 되겠다 싶어서 아주 싸움을 잘하고, 경험이 많고, 용기가 넘치는 이들을 뽑아서 별동대를 만들었어.

"너희들은 적의 심장부로 들어가 적을 한바탕 휘젓고 돌아오라."

경감의 지시를 받은 별동대는 반란군을 향해 무작정 쳐들어갔어. 갑작스럽게 별동대가 쳐들어오자 그렇게 많던 반란군들은 일대 혼란에 빠져. 반란군들은 숫자는 많았지만 제대로 훈련을 받지 않았기 때문이지. 별동대는 반란군을 마구 휘저어놓고 대부분 살아돌아와. 경감이 군사들에게 외치지.

"자, 보아라! 저들은 숫자는 많지만 까마귀 떼처럼 모인 군중(오합지중, 烏合之衆)일 뿐 제대로 훈련을 받은 군대가 아니다. 우리는 최정예 군대다. 저 따위 **오합지중**은 우리들이 휘몰아치면 간단하게 물리칠 수 있다."

이미 별동대가 휘젓는 것을 보았기 때문에 병사들은 용기를 냈어. 숫자는 많았지만 **오합지중**이라는 경감의 말을 알아들은 거지. 결국 경감의 군대는 반란군을 쉽게 토벌했어.


맞아요. 우리 반은 **오합지중**이었어요. 회의를 하는데 하도 여기저기서 자기 말만 하겠다고 나서는 바람에 회의가 제대로 되지 못했어요.


**중구난방**(衆口難防)이었구나. **중구난방**은 '여러 사람의 말을 다 막기가 어렵다'는 뜻으로, 많은 사람이 한꺼번에 마구 떠들어대는 소리는 감당하기 어렵다는 말이지.

주나라 때 있었던 일이야. 어떤 임금이 백성을 무자비하게 다스렸나 봐. 조금이라도 자기에게 싫은 소리를 하면 붙잡아서 죽였어. 수많은 관리들이 백성들이 혹시라도 왕을 비방하는 소리를 하는지 감시했기 때문에 백성들은 아무리 임금이 싫어도 비판을 하지 못했지. 어느 날 왕은 자신만만하게 신하들을 앞에서 자랑을 했어.

"보아라! 내가 정말 정치를 잘하지 않느냐? 나라 어디를 가도 나를 비난하는 소리가 전혀 없고, 백성들이 내 말을 잘 들으니 나라가 평화롭지 않은가. 하하하!"

그때 신하 중에 '소공'이라는 사람이 나서서 말했어.

"백성의 입은 그 무엇으로도 막기 어렵습니다. 백성의 입을 막는 것은 나무와 돌로 물을 막는 것과 같습니다. 나무와 돌로 물을 막으면 언젠가 물이 넘치고, 결국 둑을 무너뜨립니다. 백성의 입을 막는 것은 어려운 일(중구난방. 衆口難防)입니다. 그러니 백성의 입을 열게 하십시오. 백성은 자신들의 불만을 말해야 합니다. 그것이 옳은 정치입니다."

"흥, 말도 안 되는 소리! 어찌 천한 백성들이 임금인 나를 비판하게 둔다는 말인가!"

결국 임금은 백성들을 계속 무자비하게 다스렸어. 당연하지만 이런 가혹한 정치는 오래 가지 못했지. 결국 소공의 말처럼 입이 막힌 백성들은 기회를 보아 분노를 터트렸고, 거대한 반란이 일어났어. 임금은 그로 인해 쫓겨났지.

터진 입은 막기 어렵죠. 그래도 좀 절제하면서 얘기하면 좋을 텐데, 너무 다양한 의견이 나와서 엉망이었어요.

진행을 조금만 잘하면 괜찮았을 텐데, 아쉽네. 원래 다양한 의견이 나와야 좋은 거야. **백가쟁명**(百家爭鳴)은 많은 사람들이 거리낌 없이 자유롭게 토론하고 논쟁하는 걸 말하는데, **백가쟁명**은 민주주의 사회에서 반드시 필요한 거야.

자유롭게 자기 의견을 말하지 못하면 민주주의라 하기 어렵지. 엄마는 형식적인 제도를 민주주의라고 하는 것이 아니라 자기 생각을 자유롭게 얘기하고, 토론하는 사회가 진짜 민주주의 사회라고 봐.

옛날 춘추전국시대에 '제자백가'라는 사람들이 있었어. 공자, 맹자, 노자, 장자, 묵자, 양자 등 지금도 유명한 중국의 사상가들이 그때 다 나왔지. 세상이 혼란했기 때문에 세상을 구하는 방법을 두고 수많은 토론이 벌어졌어.

제나라는 진나라와 더불어 가장 강대한 나라였는데, 제나라 수도에 '직하학사'가 생겼어. 여기에 수많은 학자들이 모여들어서 학문을 연구하고 논쟁을 벌이지. 제나라는 학자들이 자유롭게 연구하고 의견을 말할 수 있는 환경을 제공해 줘. 제자백가들이 거의 다 모여들어서 무엇이 옳은 정치인지, 무엇이 백성들을 진정으로 위하는지, 어떻게 해야 나라가 강해지는지를 두고 수없이 많은 토론을 벌여.

이때 **백가쟁명**이라는 말이 나와. 워낙 많은 학자들이 다양한 의견을 제시하며 토론을 하였기 때문에 나온 말이야. 이미 2,000여 년 전 중국에서도 **백가쟁명**을 할 정도로 토론이 보장되었는데, 민주주의 시대를 살아가는 너희 반에서는 **백가쟁명**이 단순히 떠드는 것이 되어 버리다니 참 안타깝다.

그래, 넌 어떻게 했니?

저는 아무 말도 안 했어요. 떠드는 것이 너무 싫어서.

**유구무언**(有口無言)이었구나. **유구무언**, 입은 있지만 말이 없다.

문제는 회의를 진행한 반장이었어요. 정말 어찌할 줄 모르고 허둥지둥 난리도 아니었어요.

너희 반 반장이 **천방지축**(天方地軸)이라는 것은 나도 알아. **천방지축**은 '하늘의 모서리와 땅의 축'이라는 말로, 너무 급하여 허둥지둥 날뛰거나 어리석은 사람이 덤벙거리는 것을 말해. 역시나 회의 때도 마찬가지였구나. 지도자가 잘해야 하는데, 지도자를 잘못 뽑으면 늘 그 밑에 있는 사람이 고생이지.

회의가 이렇게 엉망이다 보니 한번은 어떤 애들끼리 싸울 뻔하기도 했어요. 의견이 맞서니까 둘이 교실 가운데로 튀어나와서 서로 노려봤거든요. 아마 그때 누가 한 마디만 했으면 주먹다짐이 벌어졌을 거예요.

**일촉즉발**(一觸卽發)이었구나. 한 번 스치기만 해도 폭발한다는 뜻으로, 조그마한 일로도 일이 크게 벌어질 듯한 위급하고 아슬아슬한 상태를 말해. 그 다음에는 어떻게 됐는데?

다행히 다들 말려서 싸움은 안 일어났죠. 아무튼 정말 난리도, 그런 난리가 없었어요. 회의 시간이 완전히 지옥이었어요.

그래도 **아비규환**(阿鼻叫喚)은 아니었잖아. **아비규환**은 많은 사람이 괴로움을 당하여 울부짖는 처참한 상황을 말해. 전쟁이 나거나 많은 사람이 죽거나 혼란이 엄청나게 크게 벌어졌을 때를 **아비규환**이라고 하지.

**아비규환**은 불교의 '아비지옥'에서 온 말로, 지옥 중에서 가장 처참하게 괴로운 지옥이자 잠시도 고통이 멈추지 않는 지옥을 말해. 이곳에서는 엄청난 고통이 끝없이 주어지기 때문에 단 한 순간도 고통에서 벗어나지 못하고, 모든 죄를 씻어낸 뒤에야 지옥에서 벗어날 수 있다고 해.

아마 조금만 더 회의를 했으면 **아비규환**이 됐을 거예요. 선생님이 오셔서 겨우 회의가 끝났죠. 그런데 정말 억울한 일은 선생님께 저만 야단맞았다는 거예요.

아니, 왜?

제가 **아비규환**의 분위기를 견디다 못해 탁 일어났어요. 그때 누군가 뒤에서 지우개를 저한테 던졌어요. 때마침 선생님이 문을 열고 들어오셨고. 저랑 선생님의 눈이 딱 마주쳤지요. 제가 자리에서 일어난 일과 지우개가 날아간 일이 때 맞춰 같이 일어나는 바람에 선생님은 제가 지우개를 앞으로 던졌다고 생각하셨어요.

딱 **오비이락**(烏飛梨落)이구나. **오비이락**은 '까마귀 날자 배 떨어졌다'는 말로, 아무런 관계가 없는 일이 우연히 동시에 벌어져서 오해를 받는 경우를 말해. 정말 뭐라고 변명하기도 어려워서 억울하지. 회의는 회의대로 안 되고, 선생님께 야단맞고. 우리 아들이 오늘 정말 억울했겠다.

272

::  **오합지중** [烏合之衆]　'까마귀 떼와 같이 모인 군중'이라는 뜻으로, 질서 없이 어중이떠중이가 모인 사람들

::  **중구난방** [衆口難防]　'여러 사람의 말을 다 막기가 어렵다'는 뜻으로 많은 사람이 한꺼번에 마구 떠들어대는 소리는 감당하기 어렵다는 말

::  **백가쟁명** [百家爭鳴]　많은 사람들이 거리낌 없이 자유롭게 토론하고 논쟁한다는 말

::  **유구무언** [有口無言]　입은 있지만 말이 없음.

::  **천방지축** [天方地軸]　하늘의 모서리와 땅의 축이라는 말로, 너무 급하여 허둥지둥 날뛰거나 어리석은 사람이 덤벙거리는 모양새를 일컫는 말

::  **일촉즉발** [一觸卽發]　한 번 스치기만 해도 폭발한다'는 뜻요로, 조그마한 일로두 일이 크게 벌어질 것 같은 위급하고 아슬아슬한 상태

::  **아비규환** [阿鼻叫喚]　많은 사람이 괴로움을 당하여 울부짖는 처참한 상황

::  **오비이락** [烏飛梨落]　까마귀 날자 배 떨어졌다는 말로, 아무런 관계가 없는 일이 우연히 동시에 벌어져서 오해를 받는 경우에 사용함.

# 학교 짱이 부러울 때

 오늘 학교에서 큰 싸움이 벌어졌어요.

싸움? 웬 싸움?

학교 짱을 가리는 싸움이 벌어졌거든요. 싸움을 잘하는 애가 둘 있어요. 전에도 둘이 한번 붙었는데 그때까지 학교 짱이었던 애가 지고, 새로운 짱이 탄생했죠. 그런데 오늘 전에 졌던 애가 다시 도전해서 싸움이 벌어졌어요.

싸움에 졌던 애가 **권토중래**(捲土重來)를 노렸구나. **권토중래**, '흙먼지를 일으키며 다시 쳐들어온다'는 뜻으로, 한 번 패했다가 세력을 회복해서 다시 쳐들어온다는 말이야.

유방과 승부에서 패한 항우는 '오강'이라는 곳으로 도망을 쳐. 그 강만 건너면 자신이 처음 군대를 일으켰던 강동 땅이야. 강동은 항우의 고향이며, 항우를 절대적으로 지지하는 세력들이 많았지. 그럼에도 불구하고 항우는 더 이상 싸울 마음이 없었어.

"내가 처음 강동의 아들들 8,000명과 군대를 일으켜 떠나왔는데, 이제 그들 모두를 잃고 강동으로 돌아가야 하네. 정말 부끄럽고 창피해서 얼굴을 들 수가 없어. 이제 내 목숨을 끊어 내 부끄러움을 씻고자 하네."

그때 부하 중 한 명이 항우를 말려.

"안 됩니다. 지금의 모욕을 참으면 나중에 분명 다시 기회가 옵니다. 지금은 강동으로 다시 돌아가 **권토중래**를 할 기회를 노리십시오."

항우는 부하의 충고를 거절했어.

"아니야. 끝났어. 내 어찌 강동으로 돌아가 나를 다시 믿고 아들들을 내달라고 말하겠나. 이제 끝났네. **권토중래**는 불가능해."

그러면서 항우는 스스로 자결해 버려. 항우는 충분히 **권토중래**할 수 있었는데, 너무 쉽게 포기했어. 아무튼, 싸움은 어떻게 됐어?

🙂 예전 짱이 단 한 방에 상대를 때려 눕혔어요. 너무 싱겁게 끝나 버렸어요.

😎 **일도양단**(一刀兩斷)이었구나. **일도양단**은 '한 칼로 쳐서 둘로 쪼갠다'는 뜻으로, 단번에 결판내는 걸 말해.

삼국지에서 가장 재미있는 장면 중에 하나가 유비와 손권의 여동생이 결혼하는 거야. 원래 손권은 유비를 죽이려고 했는데 제갈공명의 꾀로 인해 진짜로 여동생을 시집 보내게 되었어. 결혼 축하 잔치를 할 때였어. 한참 잔치에서 흥겹게 노는데 유비가 칼을 차고 밖으로 나갔어. 유비는 건물 뒤편에 있는 바위 앞에 서더니 바위를 노려보며 이렇게 말했어.

"하늘이시여, 제가 만약 천하를 평정하는 꿈을 이룰 수 있다면 이 칼로 바위를 둘로 쪼개지게 해주소서."

유비는 칼을 뽑아들더니 단칼에 바위를 내리쳤어. 바위는 마치 무처럼 잘라졌어. **일도양단**이 된 거야. 그 모습을 뒤에서 보던 이가 있었으니 바로 손권이었어.

"유비님, 아니 매제! 도대체 뭐 때문에 칼로 바위를 내리치셨소?"

"아, 처남! 그것이…… 저…… 이 칼이 잘 드나 보려고요. 처남도 한번 해보시지요?"

손권은 칼을 뽑아 들었어. 그러곤 속으로 이렇게 말했지.

'내가 만약 천하를 제패할 수 있다면 바위를 둘로 쪼개지게 해 주소서.'

손권은 자신의 칼로 바위를 내리쳤어. 마찬가지로 손권이 칼로 내리친 바위도 **일도양단**이었어. 단칼에 모든 걸 끝내는 솜씨! 그것이 바로 **일도양단**이지.

솔직히 잠깐 동안 짱이었던 애는 짱답지 못했고, 싸움도 그리 잘하지 못한다는 소문이 많았어요. 원래 짱이 진짜 짱다웠고, 성격도 좋았어요.

원래 짱이던 애가 이젠 **명실상부**(名實相符)한 짱이 되었네. **명실상부**는 '겉으로 드러난 이름과 실제 능력이 서로 들어맞는다'는 뜻이야. 겉과 속이 같은 실력을 갖추었을 때 **명실상부**라고 말하지.

밀려난 애가 안됐어요. 자신이 짱이 됐다면서 엄청 잘난 척하며 다녔거든요.

276

삼일천하(三日天下)였구나. **삼일천하**는 짧은 기간 권력을 쥐었다가 권력을 잃어 버리는 것을 말해.

조선 인조 임금 때 '이괄'이라는 사람이 반란을 일으켜. 군대가 어찌나 막강했던지 순식간에 한양을 점령하고 권력을 장악하지. 권력을 잡은 게 얼마나 기뻤는지 이괄은 권력을 잡자마자 과거 시험까지 봐. 반란을 완전히 성공시키지도 못했는데 과거를 보다니 완전히 권력에 취한 거지. 반격에 나선 관군에게 단 3일 만에 패하면서 이괄은 죽임을 당해. 위세 좋던 이괄이 3일 만에 권력에서 쫓겨났다고 해서 사람들은 이괄의 권력을 **삼일천하**라며 놀렸어.

이와 비슷한 일은 조선시대 말 갑신정변 때도 있었어. 당시에는 개혁을 해야 한다는 '개화파'와 개혁을 거부한 '수구파'가 맞섰는데, 개화파들이 일본군을 등에 업고 수구파를 공격해. 그것이 바로 갑신정변이야. 갑신정변에 나선 김옥균 등은 권력을 쥐고 개혁을 추진해. 그러나 청나라 군대의 개입으로 3일 만에 권력을 내주고 쫓겨나지. 그때도 사람들은 개화파를 **삼일천하**라며 비웃었어.

그 뒤로 권력을 잡고 쉽게 내어주면 **삼일천하**라며 비웃었지.

새로 짱에 오른 애를 쫓아다니며 아부했던 애들이 진짜 불쌍해요.

권력이 바뀌었다고 **부화뇌동**(附和雷同)하다가 곤란하게 됐구나. **부화뇌동**은 천둥 소리에 맞춰 함께 움직인다는 뜻으로, 뚜렷한 생각 없이 남이 하는 대로 따라가는 줏대 없는 행동을 말해. **부화뇌동**은 좋은 경우에는 쓰지 않고, 자기 생각 없이 나쁜 행동을 따라가는 경우에 사용하지. 새로 짱이 된 애를 무조건 좋아라 하며 따르던 애들은 딱 **부화뇌동**이었어. 설마 넌 안 그랬겠지?

제가 왜 그러겠어요. 하지만 솔직히 짱이 된 애가 부럽기는 해요.

짱이 된 거 하나도 부러울 거 없어. **권불십년**(權不十年)이요 **화무십일홍**(花無十日紅)이라고 했어. **권불십년**은 권력이 10년 가지 못한다는 말이고, **화무십일홍**은 '열흘 동안 붉게 핀 꽃이 없다'는 뜻으로, 아무리 좋아 보여도 영원하지 않다는 말이야.

수백 년 동안 나뉘어서 다투던 중국을 처음으로 통일한 진시황의 권력은 하늘을 찌를 듯했어. 그 이전까지 임금을 '왕'이라고 했는데, 진시황은 왕이라는 호칭 대신 '황제(皇帝)'라는 호칭을 사용했어. 황제는 중국 신화에서 가장 높은 지위에 있는 하늘 신을 가리키는 말이었는데, 그걸 자기를 부르는 데 사용한 거지. 요즘 말로 하면 자신을 '부처님'이나 '하나님'이라고 부르게 한 것과 같지. 그 권력이 얼마나 대단한지 알 만하지?

진시황은 자신이 세운 권력과 나라가 영원히 계속되길 원했어. 그러나 진시황이 죽자 몇 년도 되지 않아서 진나라는 무너지고 말아. 후세 사람들이 이렇게 노래했어.

> 하늘을 찌를 듯한 진시황의 권력도
> **권불십년**(權不十年)이요, **화무십일홍**(花無十日紅)이라,
> 권력을 쥔 자들이여 진시황을 보라!
> 그대가 지닌 권력이 진시황만 못하거늘
> 어찌 **권불십년**(權不十年)이요, **화무십일홍**(花無十日紅)임을 잊는가?

학교 짱이라는 거, 부러워할 거 하나도 없어. 짱이 돼 봐야 오래 가지도 않고. 무엇보다 결코 좋은 자리가 아니야.

알아요. 그래도 싸움은 잘하고 싶어요.

아빠도 남자라서 네 마음 이해해. 그런데 살아보니까 싸움 잘하는 게 아무런 도움이 안 되더라. 차라리 잘 도망치는 게 훨씬 나아. 《손자병법》에 **삼십육계주위상계**(三十六計走爲上計)라는 말이 있어. 《손자병법》은 전쟁과 군대에 관련된 최고의 책인데, 36가지 계책이 담겨 있어. 36가지 계책 중에서 마지막 계책이 바로 **삼십육계주위상계**야. 36가지 계책 중에서 피하는 계책이 제일 좋다는 뜻이야. 싸움은 웬만하면 피하는 것이 낫다는 말이지. 조금 노골적으로 말하면 조금이라도 불리하다 싶으면 도망치는 것이 최선이야.

일본에도 비슷한 얘기가 있어. 일본 전국시대에는 3명의 뛰어난 장군이 있었어. 그 셋은 오나 노부나가, 도요토미 히데요시, 도쿠카와 이에야스인데, 이 중에서 오다 노부나가는 뛰어난 전략가로, 수백 년 동안 이어 온 일본의 전쟁을 거의 끝냈지. 오다 노부나가는 일본 제패를 눈앞에 두고 부하의 배신으로 죽음을 맞아. 다음으로 권력을 잡은 사람이 도요토미 히데요시인데, 이 사람이 임진왜란을 일으킨 장본인이야.

도요토미 히데요시는 일본 전체를 통일했는데, 도요토미 히데요시가 가장 무서워하고 경계했던 인물이 바로 도쿠카와 이에야스야. 노쿠카와는 실력이 뛰어났음에도 불구하고 늘 자신을 낮췄어. 히데요시가 도쿠카와의 아들을 죽이며 싸움을 도발할 때도 꾹 참고 복종을 하지. 히데요시가 자신보다 강하다는 걸 알았기 때문이야. 무모하게 싸우다 자신의 모든 것을 잃는 것보다는 굴욕이라도 꾹 참고 자기 세력을 보존하는 방법을 택했어. 히데요시가 죽자 마침내 도쿠카와는 그동안 준비했던 모든 힘을 폭발시켜서 순식간에 일본 전체를 장악해 버려. 자신이 불리하다 싶은 싸움은 철저히 피하고, 자신이 확실히 유리하다 싶은 상황에서 전쟁을 한 거지.

역사를 보면 자기보다 강한 상대를 만나 무모하게 도전했다가 죽은 이들이 수도 없이 많아. 아빠 친구 중에도 그런 사람이 꽤 있었어. 도망치는 것, 강한 상대와 싸움을 피하는 것은 비겁해보이지만 확실히 이기기 어렵다 싶으면 도망치는 것이 최고인 경우가 많아. 정말 억울하면 힘을 길러서 **권토중래**를 노려야지. 용기는 좋아. 그러나 이기지도 못할 싸움을 하는 것은 무모함일 뿐이야.

고사성어 메모지

:: **권토중래** [捲土重來]  '흙먼지를 일으키며 다시 쳐들어온다'는 뜻으로, 한 번 패했
다가 세력을 회복해서 다시 쳐들어온다는 말

:: **일도양단** [一刀兩斷]  '한 칼로 쳐서 둘로 쪼갠다'는 뜻으로, 단번에 결판낸다는
말.

:: **명실상부** [名實相符]  '겉으로 드러난 이름과 실제 능력이 서로 들어맞는다'는 뜻
으로, 겉과 속이 같은 실력을 갖추었을 때 사용함.

:: **삼일천하** [三日天下]  짧은 기간 권력을 쥐었다가 권력을 잃어 버리는 것을 뜻
함.

:: **부화뇌동** [附和雷同]  '천둥 소리에 맞춰 함께 움직인다'는 뜻으로, 뚜렷한 생각 없
이 남이 하는 대로 따라가는 줏대 없는 행동

:: **권불십년** [權不十年]  권력이 10년 가지 못함.

:: **화무십일홍** [花無十日紅]  '열흘 동안 붉게 핀 꽃이 없다'는 뜻으로, 아무리 좋아보여도
영원하지 않다는 말

:: **삼십육계주위상계** [三十六計走爲上計]  36가지 계책 중에서 피하는 것
이 제일 좋은 계책이라는 뜻으로, 싸움은 웬만하면 피하라
는 말

32. 도움의 가치를 발견할 때

33. 희생의 의미를 생각할 때

34. 미래의 내 모습을 생각할 때

35. 지혜로운 삶을 꿈꾸며

8부

가치

# 도움의 가치를 발견할 때

 엄마, 아빠 결혼기념일 축하해.

말로만?

 지금 별로 경제 사정이 안 좋아서……. 히히. 선물은 못하지만 은혜만은 뼛속 깊이 새기고 있어.

하하, 우리 딸이 **각골난망**(刻骨難忘)이라고 하네. 뼛속까지 은혜가 깊이 새겨져 있다면 절대 잊지 않겠군. 효도 많이 해라. 우리 딸이 어떻게 효도하는지 기대하마.

엄마아빠, 난 뼛속이 아니라 부모님 은혜를 죽어도 잊지 못할 거예요.

하하, 우리 아들은 **백골난망**(白骨難忘)이구나. 백골(白骨), 그러니까 죽어 시체가 된 뒤에도 은혜를 잊지 못하겠다는 거네. 하하. 이거 오늘 우리 아들딸의 말잔치가 풍성하구나.

말로만 고맙다고 하면 뭐하니. 실제로 은혜를 갚아야지. **결초보은**(結草報恩)이라고 했어. 이 말은 '풀을 맺어 은혜에 보답한다'는 뜻으로, 죽어서 혼령이 되어도 은혜를 잊지 않고 갚는다는 말이야. **결초보은**에 이런 뜻이 생긴 것은 다음과 같은 얘기 때문이야.

춘추시대 위무자는 젊은 첩을 두었어. 본처는 이미 죽었고, 젊은 첩을 얻어서 즐겁게 살았지. 위무자는 평소에 첩과 행복하게 지내다가 어느 날 병이 들자 본처에서 얻은 아들인 '위과'를 불러.

"아들아, 내가 죽거든 너의 작은어머니가 다른 남자 만나서 결혼하게 해주어라."

자기 죽으면 젊은 첩, 위과의 작은어머니가 새롭게 결혼하도록 도우라고 부탁을 한 거지. 위무자는 자기 예감대로 병이 점점 악화되었어. 목숨까지도 위험한 상황이 되었지. 그때 위무자가 다시 아들을 불렀어. "내가 죽으면 작은어머니를 나와 같이 묻어주어라. 죽어서 작은어머니랑 같이 있고 싶구나."

살아 있는 자기 젊은 첩을 죽여서 자기랑 같이 묻어달라는 얘기였어. 옛날엔 권력자들이 죽으면 권력자를 모시던 사람들을 같이 죽여서 묻기도 했는데, 이를 '순장'이라고 해. 위무자가 아들에게 젊은 첩의 순장을 요구한 거야. 위과는 아버지의 둘째 유언을 가만히 듣기만 했어.

얼마 뒤 위무자가 죽었어. 주위 사람들은 '위과'가 위무자의 첩을 죽여서 같이 묻을 줄 알았지. 그러나 '위과'는 그리하지 않았어.

"사람이 병이 깊어지면 정신이 혼란해지기 마련입니다. 아버지께서 맑은 정신이실 때 재혼을 시키라 하시더니, 정신이 혼란해지니 같이 묻어달라고 했습니다. 전 아버지께서 맑은 정신일 때 하신 말씀대로 작은어머니가 재혼하도록 돕겠습니다."

'위과'는 아버지의 첫 유언에 따라 아버지의 젊은 첩이 재혼하도록 도왔어.

얼마 뒤, 옆 나라에서 대군이 쳐들어 왔어. 위과도 장수로서 나라를 구하기 위해 싸움에 나섰지. 위과는 전투 중에 두회라는 적군의 장수와 붙었는데, 두회는 정말 엄청나게 강한 장수였어. 그 힘이 어찌나 강한지 위과는 제대로 싸워보지도 못하고 밀리기만 했지. 위기일발(危機一髮)의 순간, 두회의 앞발에 이상한 노인이 나타나더니 풀을 묶었어. 정신없이 싸우던 두회는 묶인 풀에 걸려 넘어졌고, 위과는 그 틈을 놓치지 않고 두회를 사로잡았어. 두회는 적군 중에 가장 강한 장수였기 때문에 두회를 사로잡은 것은 대단한 공이었지. 이로 인해 적의 군대를 물리치게 돼.

두회를 사로잡은 날 밤 한 노인이 꿈에 나타나. 그 노인은 두회 발 앞에 풀을 묶었던 그 노인이었어.

"나는 당신이 죽이지 않고 살려준 작은어머니의 아버지되는 사람입니다. 당신이 내 딸을 죽이지 않고 살려준 덕택에 내 딸은 결혼해서 아주 잘살고 있습니다. 당신의 은혜에 정말 감사합니다. 당신의 은혜를 갚고자 풀을 묶어 은혜를 갚았습니다(결초보은, 結草報恩). 다시 한 번 은혜에 감사드립니다."

그러니까 그 노인은 이미 죽은 영혼인데 자기 딸을 잘살게 해준 위과의 은혜를 갚기 위해서 혼령의 몸으로 위과를 도운 거야. 그래서 **결초보은**은 혼령이 되어서도 은혜를 갚는다는 말이야.

엄마 걱정 마. 낳고 길러주신 은혜에 **결초보은**할 거니까.

**결초보은** 정도까지는 바라지도 않고, 너희 둘이 **상부상조**(相扶相助)하면서 잘 지내면 좋겠어. **상부상조**는 서로서로 돕는 것을 말해. 같은 피를 나눈 남매끼리 친하게 지내고, 서로 잘 도우면 그보다 더한 효도가 없어.

동생이 좀 얄밉기는 하지만 그러지 뭐. 그리고 솔직히 평소에는 내가 야단도 치고 구박도 하지만 동생이 어려운 일을 당하면 잘 도와줘.

그것은 동의해요. 전에 숙제는 많고, 몸은 아파서 너무 고생하는데 누나가 도와줘서 숙제를 제대로 해 갔어요.

**환난상부**(患難相扶)구나. 어려움이 생겼을 때 서로 도와주는 것은 정말 꼭 필요하지. 피를 나눈 남매 사이에서는 꼭 필요한 자세야.

아빠는 둘이 잘 지내는 것 못지않게 가난한 이들을 돕는 마음을 잊지 말라는 부탁을 하고 싶어. 많이 소유해야 돕는 것은 아니야. 작은 것이라도 이 사람 저 사람이 힘을 합치면 큰 도움이 돼. **십시일반**(十匙一飯)이라고 했어. **십시일반**이란 열 사람이 한 숟가락씩 보태면 한 사람 분의 밥이 나온다는 말이야. 여럿이 한 사람을 돕기는 쉬워. 그러니 내가 가진 걸 조금씩 나누겠다는 마음으로 살기를 바래.

 고사성어 **메모지**

:: **각골난망** [刻骨難忘]　'뼛속까지 은혜가 깊이 새겨져 있다'는 말

:: **백골난망** [白骨難忘]　'죽어 시체가 된 뒤에도 은혜를 잊지 않는다'는 말

:: **결초보은** [結草報恩]　'풀을 맺어 은혜에 보답한다'는 뜻으로, 죽어서 혼령이 되어

　　　　　　　　　　　　도 은혜를 잊지 않고 갚는다는 말

:: **상부상조** [相扶相助)]　서로서로 도움.

:: **환난상부** [患難相扶]　어려움이 생겼을 때 서로 도움.

:: **십시일반** [十匙一飯]　'열 사람이 한 숟가락씩 보태면 한 사람 분의 밥이 나온다'는

　　　　　　　　　　　　말로, 여러 사람이 힘을 합쳐 가난한 한 사람을 돕는다는 말

# 희생의 의미를 생각할 때

오늘 봉사활동 정말 힘들었어. 여덟 시간 동안 쉬지 않고 고생했어. 비가 오듯이 땀이 쏟아졌다니까! 이런 봉사활동은 처음이야.

뒤로 빼지 않고 **견마지로**(犬馬之勞)를 다했구나. **견마지로**는 '개나 말의 고생스러움'을 뜻하는데, 자신을 최대한 낮추어 개나 말처럼 정성과 수고를 다해 노력한다는 말이야.

옛날 어떤 사람이 길을 가는데 거의 죽어가는 말 한 마리를 보았어. 말은 온몸이 상처투성이였어. 아마 전쟁터에서 다쳤거나 일하다 크게 다치니까 주인이 버렸나 봐. 그 사람은 말을 불쌍히 여겨 집으로 데려 와서 열심히 말을 치료하고 보살폈어. 말은 점점 건강이 좋아지자 새 주인을 위해 일을 했지. 어찌나 열심히 일을 하는지 말을 보는 사람들마다 감탄할 정도였어. 말은 자기를 구해 준 주인의 은혜를 보답하고자 했던 거야. 말이 부지런히 일해 준 덕분에 주인은 그 전보다 풍족해졌지.

또 어느 날 이 사람이 길을 가다가 쓰러져 있는 강아지 한 마리를 구했어. 그 사람은 강아지를 데려다 정성껏 보살피고 치료했지. 목숨을 구한 강아지는 그 집에서 함께 지냈어. 어느 날 주인이 없을 때 그 집에 도둑이 들었는데, 강아지가 도둑을 발견하고는 죽을 힘을 다해 도둑과 싸웠어. 결국 도둑은 강아지 때문에 붙잡혔지. 강아지는 도둑과 싸우느라 상처투성이가 되었어. 주인은 강아지를 꼭 껴안아줬지.

"네가 온 힘을 다해 나를 위해 싸워주었구나. 고맙다."

이렇게 말과 개가 주인을 위해 온몸을 던져 고생하는 것을 **견마지로**라고 해.

**견마지로**보다 더 강한 말이 **대의멸친**(大義滅親)이야. 대의를 위해서 친족도 희생시킨다는 뜻으로, 국가나 사회의 큰 이익을 위해 부모형제도 돌보지 않거나 희생시키는 자세를 말해.

춘추시대 때 오나라의 합려는 무자비한 정치를 하던 임금을 내쫓고 왕이 되었어. 그때 태자였던 '경기'는 위나라로 도망쳐 복수를 준비했지. 경기의 세력이 점점 커지자 합려는 경기가 두려웠어. 합려는 자객을 보내 경기를 죽여야겠다고 결심했어. 합려는 '요리'라는 자객에게 경기를 암살하라고 명령했지.

"경기를 암살해라. 그는 너무나 무서운 적이다. 암살 외에는 방법이 없다."

자객 요리는 합려에게 이렇게 말했어.

"경기는 무예가 뛰어나고 힘이 천하장사입니다. 아무래도 제가 싸워서 경기를 죽이기는 어렵습니다."

"그럼, 어떻게 하면 좋겠느냐?"

"경기에게 가까이 접근해서 쥐도 새도 모르게 죽여야 합니다."

"그에게 가까이 접근하려면 어떻게 해야 하느냐?"

"경기의 신뢰를 얻어야 합니다. 그러려면 저를 희생해야 합니다. 전 나라를 위해서 저와 제 가족을 희생할(대의멸친, 大義滅親) 준비가 되어 있습니다."

얼마 뒤 오나라에 합려를 비방하는 글이 붙었어. 조사를 해보니 '요리'가 한 짓이었지. 합려는 즉시 요리와 그의 가족들을 붙잡았어. 요리는 잘못을 빌기는커녕 합려에게 온갖 욕을 해댔지. 합려는 크게 화를 내며 요리의 한쪽 팔을 잘라 감옥에 가두었지. 며칠 뒤 요리는 감옥의 감시가 느슨한 틈을 타 탈옥을 했어. 합려는 요리가 탈옥하자 그의 가족을 모조리 죽였어. 이 소문은 오나라 전체에 퍼졌고 경기가 있는 이웃 나라에도 퍼졌지.

요리는 위나라로 도망가서 경기를 만났어.

"내 가족을 죽이고, 내 팔을 자른 철천지원수 합려를 죽여주십시오. 제가 견마지로를 다해 돕겠습니다."

"나도 내 아버지를 합려에게 잃었다. 우리는 같은 배를 탄 사이니 함께 힘을 합치자."

이때부터 경기는 요리를 믿고 가까이 두었어.

몇 년 뒤 경기는 수많은 군대를 이끌고 오나라를 공격했어. 자객 요리는 자신과 경기만 있을 때 뒤에서 경기를 찔러 죽이지. 경기는 아무런 힘도 쓰지 못하고, 요리가 자신을 왜 죽이는지도 모른 채 죽어 갔어.

요리는 합려와 오나라를 위해 자신을 희생하고, 가족을 희생하는 **대의멸친**을 함으로써, 합려의 오나라를 구해.

으~윽. 아무리 그래도 전 '요리'처럼 그렇게 가족을 희생시키고, 자신의 팔을 버려 가면서까지 나라를 위해 살고 싶지는 않아요.

솔직히 나도 '요리'의 행동이 별로 마음에 안 들어. 자기 팔은 자기가 결심했으니까 그렇게 하더라도 자기 가족은 왜 희생시키냐고? 진짜 아니라고 봐. 나는 자기 희생이라고 할 때 문경지교(刎頸之交)의 유래가 된 '인상여'와 '염파' 이야기가 훨씬 더 마음에 와 닿아.

인상여가 자신을 혼내주겠다고 벼르고 있는 염파를 계속 피한 얘기 기억나지? 인상여의 부하가 염파를 계속 피하기만 하는 인상여가 창피하다면서 떠나려고 할 때 인상여가 그 부하에게 염파 장군과 진나라 소양왕 중에서 어느 쪽이 더 무섭냐고 물으니, 그야 당연히 소양왕이 훨씬 무섭다고 말했다는 부분 말이야. 그때, 인상여는 부하에게 이렇게 말하지.

"나는 염파 장군보다 훨씬 무서운 소양왕도 두려워하지 않고 세치 혀로 혼을 내준 사람이야. 그런 내가 어찌 염파 장군 따위를 두려워하겠는가? 그럼에도 내가 염파 장군을 피하는 이유는 진나라 때문이야. 진나라가 우리나라를 계속 노리면서도 염파 장군과 내가 있기 때문에 쳐들어오지 못하네. 만약 염파 장군과 내가 다툼을 벌이면 누가 좋아하겠는가? 당연히 진나라는 기회는 이때다 하고는 쳐들어올 것이고, 우리나라는 큰 위험에 처할 거야. 내가 염파 장군을 피하는 것은 개인적인 원한은 버리고 국가의 편안함을 먼저 생각했기 때문이네(선공후사, 先公後私). 난 염파 장군이 무서워서 피하는 것이 아니야."

자신의 감정이나 이익보다는 나라의 이익, 전체의 이익을 우선했기 때문에 자존심을 버리고 염파를 피한다는 얘기야. **선공후사**(先公後私), 공적인 일을 먼저 하고, 개인적인 일을 나중으로 미룬 것이지. 인상여의 **선공후사** 얘기를 들은 염파는 감동해서 인상여에게 깊이 사죄하고 인상여와 **문경지교**를 맺지.

**멸사봉공**(滅私奉公)도 **선공후사**와 같은 말이야. 개인적인 욕심을 없애고 공적인 이익을 먼저 위한다는 말이지.

🐟 　요즘 우리는 그냥 봉사활동하고, 가난한 사람을 도와주면 충분하다고 생각하는데, 옛날 사람들은 정말 수준이 다르다.

👧 　대의멸친과 비슷한 말이 **고육지계**(苦肉之計)야. **고육지계**는 제 몸을 괴롭혀 어려움을 해결한다는 말이야.

　삼국지에서 조조는 수십만 대군을 이끌고 천하를 통일하기 위해 유비와 손권을 공격해. 그 당시 유비는 형주라는 고을을 다스렸고, 손권은 강동 땅을 지배했지. 둘 다 조조에 비하면 힘이 매우 약했어.

　조조는 오나라를 치기 위해 양자강에 수천 척의 배를 띄우고, 거기에 수십만 대군을 집결시켜 오나라 공격을 준비했어. 그 유명한 적벽대전 얘기야. 오나라 장수 주유와 제갈공명은 불로 공격하는 방법을 준비하지. 그렇지 않으면 조조의 수십 만 수군과 싸우기가 불가능했거든. 너무나 숫자가 많았으니까.

　불로 공격하려는 작전을 위해 여러 가지 계책이 나오는데 그 계책 중의 하나가 **고육지계**야.

　작전 회의를 하는 중에 '황개'라는 징수기 갑자기 항복하자는 말을 해

　"조조는 백만대군이고, 우리는 기껏해야 10만 명도 되지 않소. 이번 싸움은 도저히 이기기 어렵습니다. 항복해야 합니다."

　"아니, 뭐 저런 역적 놈이 있나!"

　주유는 버럭 화를 내며 황개에게 욕을 퍼붓더니 곤장을 수십 대나 때리게 했어. 곤장을 수십 대나 맞으니 살갗이 벗겨지고, 피가 튀었지.

　이 일이 있고 난 뒤에 황개는 조조에게 항복하겠다는 편지를 몰래 보내. 황개가 겪은 일을 잘 알고 있던 조조는 항복한다는 황개의 편지를 진짜라고 믿지.

　며칠 뒤, 황개는 항복하러 간다며 자기 부하들과 함께 배를 타고 조조의 수군이 있는 곳으로 가. 배에 화약과 유황 같은 인화물질을 잔뜩 싣고서. 평소 같

으면 가까이 다가가지 못했겠지만 황개가 항복하러 온다고 알았기 때문에 조조 군대는 화약과 유황을 잔뜩 실은 황개의 배가 조조 군대에 가깝게 다가오도록 놔두지. 조조의 수군에 바짝 다가간 황개의 군대는 갑자기 배에 불을 붙였고, 엄청난 폭발과 함께 조조의 수군에 불이 붙어. 때맞춰 동남풍이 불면서 불은 삽시간에 조조 군대 전체로 번져 나가고, 적벽대전에서 조조 군대는 참패를 당하지.

황개가 자기 살과 피를 내어주며 쓴 계책이 바로 **고육지계**야.

**고육지계**도 끔찍하네. 그렇게 자기를 희생하다니, 대단하기보다는 무섭다는 생각이 들어.

옛날 사람들은 옳은 일을 위해서는 자기 목숨도 버릴 줄 알아야 한다고 생각했어. **살신성인**(殺身成仁)은 최고 수준이지. '자신을 죽여서 인을 이룬다'는 뜻으로, 자기 목숨을 바쳐서라도 옳은 일을 이룬다는 말이니까.

공자가 한 말씀인데, 이 말을 배운 옛 선비들은 임금이 옳지 못한 일을 하면 자기 목숨을 내걸고 바른 말을 했지. 조선시대 때는 임금이 옳지 못한 일을 한다고 생각하면 선비들이 도끼를 들고 궁궐 앞으로 나아갔다고 해.

"전하! 제 말을 들어주시든지, 아니면 이 도끼로 저의 목을 치십시오."

이렇게 나서서 옳은 소리를 하니 정말 대단하지. 우리는 텔레비전이나 영화에서만 정의의 용사를 보지만, 옛날에는 옳은 일을 위해 목숨을 건 사람들이 참 많았어. 독립운동가들은 일제 식민지에서 벗어나기 위해 목숨을 걸고 싸웠지. 그 분들이 바로 **살신성인**하신 거야. 그 분들이 희생하셨기에 오늘날 우리가 이렇게 살아가는 거야.

 물론 독립운동가들을 존경하지만, 난 그냥 내 작은 이익을 위해 살래.

**사소취대**(捨小就大)라고 했어. **사소취대**, 작은 것을 버리고 큰 것을 취하라는 뜻이야. 작은 것에 욕심을 부리면 안 돼.

난 작은 게 좋아.

 **소탐대실**(小貪大失), 작은 것을 탐하다보면 진짜 큰 것을 잃는다는 말이야.

진나라 혜왕은 촉나라를 공격하기로 결심했어. 그런데 촉나라로 가는 길은 무척이나 험하고 길이 좁아서 대군이 쳐들어가기에는 어려웠지. 촉나라는 국력은 약했지만 험난한 지형을 이용해 다른 나라의 침입을 아주 쉽게 막았어. 강력한 진나라 군대라도 어렵기는 마찬가지였어. 이때 혜왕은 촉나라 임금이 욕심이 많은 것을 이용해 촉나라를 점령할 계획을 세워.

혜왕은 훌륭한 조각가로 하여금 큰 소를 하나 조각하라고 해. 조각한 소 안에 황금과 비단을 가득 넣고, 겉은 황금으로 도금을 하지. 그러고는 이 소를 촉나라 임금에게 선물로 준다는 소문을 내고, 촉나라 임금에게 편지를 보내.

"제가 오래 전부터 촉나라 임금님을 존경했습니다. 존경의 의미로 황금소를 보내드리려 합니다. 그런데 소가 너무 커서 촉나라로 운반하기가 어렵습니다. 부디 소가 지나갈 만한 넓은 길을 닦아주시면 제 부하들을 시켜서 황금 소를 바치겠습니다."

촉나라 임금은 진나라 혜왕의 편지를 받고 너무나 기뻤어. 황금소가 얼마나 대단한지 소문으로 들었거든. 촉나라 임금은 황금소가 지나갈 만큼 넓은 길을 만들어. 원래 비좁은 길을 이용해 적을 방어한 촉나라인데 큰 길을 만들어 버렸으니 이를 어째.

촉나라가 큰 길을 놓자 진나라 혜왕은 황금소와 함께 수만 명의 군대를 촉나라로 보내. 촉나라 임금은 신하들과 함께 황금소를 받으려고 나오지. 그때 갑자기 진나라 병사들이 촉나라를 공격했고, 촉나라는 제대로 싸워보지도 못하고 무너지고 말아.

촉나라 임금은 황금소라는 작은 이익에 눈이 멀어 황금소보다 귀한 나라를 잃어 버리고 말았어. 사람이 작은 것에 눈이 멀면 큰 것을 잃기 쉬워. **소탐대실**이지. 이것은 아빠가 살아오면서 얻은 인생의 경험이야. 작은 이익을 버리면 오히려 큰 이익이 와. **대의멸친**이나 **멸사봉공**까지는 아니지만 작은 이익을 버릴 줄 아는 자세는 정말 필요하다고 생각해. **소탐대실**이거든.

고사성어 메모지

:: **견마지로** [犬馬之勞]  '개나 말의 고생스러움'이라는 뜻으로, 자신을 최대한 낮추어 개나 말처럼 정성과 수고를 다해 노력함.

:: **대의멸친** [大義滅親]  '대의를 위해서 친족도 희생시킨다'는 뜻으로, 국가나 사회의 큰 이익을 위해 부모형제도 돌보지 않거나 희생시킨다는 말

:: **선공후사** [先公後私]  공적인 일을 먼저 하고, 개인적인 일을 나중으로 미룸.

:: **멸사봉공** [滅私奉公]  개인적인 욕심을 없애고 공적인 이익을 먼저 위함.

:: **고육지계** [苦肉之計]  제 몸을 괴롭혀 어려움을 해결함.

:: **살신성인** [殺身成仁]  자신을 죽여서 인을 이룬다는 뜻으로, 자기 목숨을 바쳐서라도 옳은 일을 이룬다는 말

:: **사소취대** [捨小就大]  작은 것을 버리고 큰 것을 취함.

:: **소탐대실** [小貪大失]  작은 것을 탐하다보면 진짜 큰 것을 잃음.

# 미래의 내 모습을 생각할 때

 이제 고등학생인데 미래가 너무 걱정이야.

**유비무환**(有備無患), 충분히 준비를 했으면 근심할 필요가 없어.

임진왜란 때 우리나라 임금과 벼슬아치들은 일본의 침략에 전혀 대비하지 않았어. 당파 싸움을 하기에만 바빴지. 그러나 이순신 장군은 날마다 병사들을 훈련시키고, 새로운 무기를 만들고, 거북선도 개발했어. 이렇게 철저히 준비를 했기 때문에 임진왜란이 일어났을 때 단 한 번의 패배도 없이 모두 승리할 수 있었던 거야.

이순신 장군은 전투를 하기 전에 준비를 철저히 하기로 유명해. 우리 군대를 철저히 준비시키고, 적이 어떻게 움직이는지, 어디서 싸우는 것이 좋은지 등을 파악한 뒤에 전투에 임했지. 그랬기 때문에 단 한 번도 패하지 않고 전부 승리한 거야.

이순신 장군을 보면 **유비무환**이라는 말이 정확히 들어맞는다는 생각이 들어.

 이순신 장군은 앞날을 미리 내다본 거네요.

맞아. **선견지명**(先見之明), 앞일을 미리 내다보는 뛰어난 지혜가 있었지. **선견지명**이 있었기 때문에 전쟁을 철저히 준비했고, 싸움에서 승리해 조선을 구해 낸 거야. **선견지명**으로 가장 유명한 사람은 제갈공명이야. 삼국지를 읽어보면 제갈공명은 앞날을 귀신같이 예측해서 작전을 짜. 제갈공명의 **선견지명**을 보여주는 얘기는 많은데 그중에서 하나만 말해줄게.

제갈공명이 죽은 뒤에 위나라 군대가 촉나라로 쳐들어와. 그때 위나라는 두 갈래로 쳐들어가는데 한 군대는 제갈공명의 제자인 강유가 막았지만, 또 다른 위나라 군대는 험한 산길을 타고 넘어 와. 험한 산길을 넘고 넘어 거의 평지에 도달하기 직전에 어떤 조그만 성이 하나 있는 거야. 성은 험한 길을 띡하니 가로막고 있어서 만약 그 성에 군대가 조금이라도 남아 있었다면 자신들이 무슨 방법을 쓰더라도 뚫고 나가기 어려워 보였어. 다행히 성은 비어 있고, 잡초만 무성했지. 위나라 군대를 이끌던 장수는 그 마을 사람들에게 저 성이 뭐냐고 물어 봐.

"저 성은 제갈공명께서 생전에 쌓아 두었던 성입니다. 제갈공명께서는 자신이 죽은 뒤에도 저 성에 1,000명의 군대만 계속 남겨 두면 촉나라는 위태로운 일이 없다는 유언을 남기셨습니다."

위나라 장수는 가슴을 쓸어내렸어. 만약 그 성에 촉나라 군대가 있었다면 자기들은 꼼짝 못하고 여기서 죽을 수밖에 없었거든. 뒤는 산이요, 앞은 성이라 식량은 부족하고, 싸움은 하기 어려운 상태! 제갈공명의 말대로 1,000명의 군대만

저 성에 있었어도 자신들은 완전히 죽은 목숨이었어.

"아니, 그런데 왜 지금은 단 한 명의 군사도 없는 것입니까?"

"그러게 말입니다. 어리석은 임금이 간신들의 말을 듣고는 이런 산골에 왜 군대를 두느냐면서 철수시켜 버렸거든요. 제갈공명의 말씀대로 군대를 그대로 두었다면 아마 당신들은 모두 여기서 죽었을 것입니다."

위나라 장수는 제갈공명의 **선견지명**에 감탄을 하고, 촉나라 임금과 신하들의 어리석음을 비웃었어. 산을 넘어 온 위나라 군대는 곧바로 촉나라 수도로 쳐들어갔고, 촉나라는 그대로 무너지고 말지.


솔직히 저도 제갈공명 같은 **선견지명**을 갖추고 싶어. 미래에 어떤 직업이 좋은지, 어떻게 길로 가야 잘 사는지 척~ 하고 알면 좋겠어.


**전도유망**(前途有望), 앞으로 잘될 희망이 있는 직업을 얻고 싶구나. 하긴 지금까지 세상과 앞으로 세상이 그대로 똑같을 리가 없으니 지금 잘 나가는 직업이 미래에도 잘 나간다고 보기는 어렵지. 정말 세상이 빠르게 변하니까.


몇십 년 전과 지금을 견주어보면 정말 **상전벽해**(桑田碧海)야. **상전벽해**는 '뽕나무밭이 바다로 바뀐다'는 뜻으로, 세상이 알아보기 어려울 정도로 바뀌는 것을 말해.

어떤 마을 놀이터에서 노인들이 누가 나이가 많은지 말 싸움을 했어.

"내 나이는 100세가 넘었네."

첫 번째 노인이 말했더니, 두 번째 노인이 반박을 했어.

"허허, 기껏 100년밖에 안 살아 놓고……. 나는 저 뒷산이 하늘처럼 높았을 때부터 살았네. 바람에 깎이고, 비가 내리더니 저렇게 낮은 산이 되었네 그려. 예전에는 정말 높은 산이었는데."

이렇게 뻥을 쳤지. 그랬더니 세 번째 노인이 이렇게 말해.

"저쪽에 가면 바다가 있지? 원래는 거기가 뽕나무 밭이었어. 내가 살면서 보니까 뽕나무 밭이 바다가 되었어(상전벽해. 桑田碧海). 한참 지난 뒤에는 다시 바다가 육지가 되었고 뽕나무가 자라났고, 얼마 뒤에는 다시 바다가 되었지. 이러기를 계속 반복하기에 나는 **상전벽해**일 때마다 가지를 꺾어서 집에다 쌓았는데 글쎄 그 나뭇가지가 벌써 집 열 채에 가득 찰 정도가 되었네. 그러니 도대체 내가 얼마나 오래 살았는지 모르겠구만."
이라고 했다는 뻥~ 얘기야.

아무튼 컴퓨터, 인터넷, 스마트폰, 유전공학 등 아빠 어릴 적에는 생각지도 못했던 첨단제품과 기술들이 쏟아져 나오는 세상이니, 정말 **상전벽해**가 따로 없지.

나도 너희 세대를 볼 때마다 **격세지감**(隔世之感)을 느껴. **격세지감**, 짧은 기간에 세상이 바뀌어 세대 차이가 많이 나는 느낌을 말해. 너희들을 볼 때마다 느끼는데 정말 **격세지감**이야.

당연히 엄마 세대와 지금 세대는 정말 많이 달라. 앞으로 어떻게 달라질지, 달라진 사회에 대비해서 어떻게 준비할지 궁금한데, 모르니까 불안해.

아빠도 잘은 모르겠지만 남들이 다 가는 길은 아니라고 봐. **전인미답**(前人未踏), '앞선 사람들이 아무도 가지 않던 길'이라는 뜻이야. **전인미답**의 길을 가면 새로운 기회가 열리지 않을까 싶어. 대표적인 사람이 바로 세상을 바꾸고 죽은 '스티브 잡스'지.

스티브 잡스는 남들이 가는 길을 가지 않았어. 늘 무언가를 바꾸려고 하고,

새로운 것을 창조하려고 했어. 남이 사는 대로 사는 삶은 재미가 없다고 생각했지. 스티브 잡스는 세상이 어떻게 바뀔지를 고민하지 않았어. 자신이 세상을 어떻게 바꿀 것인지를 고민했지.

제갈공명이 살아돌아오고, 노스트라다무스가 다시 살아돌아와도 세상이 어떻게 변할 것인지 예측하기는 힘들어. 결국 핵심은 내가 세상을 변화시키겠다고 마음먹는 거야.

 그야말로 배짱 좋게 생각하는 거네.

 그것이 바로 **호연지기**(浩然之氣)지. 하늘과 땅 사이에 넓고 가득 찬 큰 기운! 높은 산에 올라가 드넓은 세상을 보며 큰 꿈을 키우는 것, 거대한 바다를 보며 바다보다 넓은 가슴을 키우는 것, 광대한 우주를 보며 우주만큼 큰 희망을 키우는 것! 그것이 바로 **호연지기**야. 작은 꿈을 꾸지 않으면 좋겠어. 큰 꿈을 꾸고, 큰 희망을 품으면 그만큼 큰 사람이 되리라 믿어. 쫀쫀한 꿈을 꾸지 말고 **호연지기**가 가득한 꿈을 꿔.

'태양을 겨냥한 화살이 멀리 난다'고 했어. 어떻게 먹고 살까 하는 작은 꿈에 머물지 말고 세상을 바꾸겠다는 넓고 큰 꿈을 꾸면서 살면 네가 스티브 잡스처럼 되지 말라는 법은 없지.

흠. 맞아! 큰 꿈이라! 어떤 것이 큰 꿈일까?

**경세제민**(經世濟民), 세상을 다스리고 백성을 구하는 것! 많은 사람들이 잘 살고, 행복한 세상을 만드는 것! 그것이 가장 큰 꿈이지. 그런 면에서 보면 스티브 잡스는 세상을 바꾸었지만 더 행복하게 했는지는 모르겠어. 마더 테레사나 간디

302

같은 분들이 **경세제민**의 삶을 살았지.

경세제민은 단군신화에 나오는 **홍익인간**(弘益人間)과 같은 말이네. 널리 인간을 이롭게 하라!

맞아. 나의 미래를 걱정하며 사는 것이 아니라 모두의 미래를 위해 사는 삶! 그것이 네가 품어야 할 꿈의 핵심이고, 너의 삶을 가장 아름다운 삶으로 만들어 줄 **화룡점정**(畵龍點睛)이야. **화룡점정**은 용을 그릴 때 눈동자를 그려 넣는다는 뜻으로, 사물이나 일의 가장 중요한 부분을 완성하니 전혀 다른 차원으로 수준이 높아지는 것을 말해.

'장승요'라는 화가는 그림을 실물과 똑같이 그리기로 유명했어. 한 번은 장승요가 안락사라는 절의 주지로부터 용을 그려달라는 부탁을 받았어. 장승요는 절의 벽에 곧 날아오를 듯한 용을 네 마리 그렸지. 용은 마치 살아 있는 듯했어. 툭 건드리면 움직일 듯 생생했지. 그런데 네 마리 용 모두 눈이 없었어. 안락사 주지스님이 장승요에게 물었지.

"아니, 왜 용의 눈에 눈동자가 전부 없습니까?"

"눈동자를 그려 넣으면 용이 살아나 하늘로 날아가 버릴까 걱정해서요."

주지 스님은 허허 웃었어.

"말도 안 되는 소리. 그림이 어떻게 살아서 하늘로 날아간단 말이오."

주지의 비웃는 말에 자존심이 상한 장승요는 한 마리 용에 눈동자를 그려 넣기로 했어. 장승요는 붓을 들어 한 마리 용의 눈에 '점'을 하나 찍었어(화룡점정. 畵龍點睛). 그러자 갑자기 번개가 치고, 천둥 소리가 요란하게 울리더니 한 마리 용이 벽에서 튀어나와 하늘로 올라가 버리는 거야.

주지 스님을 비롯해 절에 있던 모든 사람은 깜짝 놀랐지. 정말 장승요의 말대로였거든. 그래서 지금도 안락사라는 절에 가면 벽에 용이 세 마리만 남아 있다고 해.

내 인생의 **화룡점정**은 바로 우리 딸이야.

히히, 당연하지!

흠, 흠. 언제는 내가 **화룡점정**이라며?

고사성어 **메모지**

:: **유비무환** [有備無患]　　충분히 준비를 하면 근심이 없음.

:: **선견지명** [先見之明]　　앞일을 미리 내다보는 뛰어난 지혜

:: **전도유망** [前途有望]　　앞으로 잘될 희망

:: **상전벽해** [桑田碧海]　　'뽕나무밭이 바다로 바뀐다'는 뜻으로, 세상이 알아보기 어려울 정도로 바뀌었다는 말

:: **격세지감** [隔世之感]　　짧은 기간에 세상이 바뀌어 세대 차이가 많이 나는 느낌

:: **전인미답** [前人未踏]　　앞선 사람들이 아무도 가지 않던 길

:: **호연지기** [浩然之氣]　　하늘과 땅 사이에 넓고 가득 찬 큰 기운

:: **경세제민** [經世濟民]　　세상을 다스리고 백성을 구하는 것

:: **홍익인간** [弘益人間]　　널리 인간을 이롭게 함.

:: **화룡점정** [畫龍點睛]　　'용을 그리는 데 눈동자를 그려 넣는다'는 뜻으로, 사물이나 일의 가장 중요한 부분을 완성하니 전혀 다른 차원으로 수준이 높아진다는 말

# 지혜로운 삶을 꿈꾸며

🙂 제가 쓴 글인데 한번 봐주세요.

🙂 음, 제법 잘 썼네. 이제 내 힘으로 **퇴고**(推敲)를 해봐.

🙂 퇴고가 무슨 뜻이에요?

🙂 퇴고는 '밀고, 두드린다'는 뜻으로, 글을 쓸 때 문장이나 표현을 여러 번
생각해서 고친다는 말이야.

　당나라 때 시인인 '가도'가 말을 타고 가다가 시를 지었어.

이웃이 드물어 한가하고

풀숲 오솔길은 황원에 통하는데

새는 연못가 나무에 잠자고

중이 달 아래 문을 민다.


시를 다 지어놓고 생각해보니 '중이 달 아래 문을 민다'에서 민다(퇴, 推)고 해야 좋을지, 두드린다(고, 敲)고 하는 게 좋을지 헷갈렸어. '퇴(推)? 고(敲)? 민다? 두드린다?'

계속 중얼거리면서 가다가 큰 길에서 아주 높은 벼슬아치와 '꽝'하고 부딪치고 말았어.

"아니, 어떤 놈이냐? 이게 어디서 우리 주인님 가시는 길을 막아서는 거냐?"

"이분이 누구신지 아느냐? 썩 무릎을 꿇고 사죄하라."

가도는 졸지에 하인들에게 붙잡혀서 무릎이 꿇렸지. 행차의 주인은 아주 유명한 시인이던 '한유'였어.

"어인 일로 나와 부딪쳤는고?"

"아이고, 죄송합니다. 제가 이러저러한 시를 짓다가 마지막 표현을 퇴(推)로 할지, 고(敲)로 할지 고민하다 부딪치고 말았습니다. 죄송합니다."

한유는 가도를 나무라지 않고 가만히 생각하더니 이렇게 말했어.

"내 생각에는 '민다'보다는 '두드린다'는 표현이 좋겠네."

"네, 그렇군요. 감사합니다."

그 일이 있은 뒤부터 가도와 한유는 절친한 친구가 되었다고 해.

**퇴고**는 글쓰기에 꼭 필요한 과정이기도 하지만, 인생을 살아가는 데도 꼭 필요한 말이지. 자신이 한 행동, 자신이 한 말을 되돌아보며 반성하고, 새롭게 고쳐나가는 자세는 살아가면서 꼭 필요하니까.

🐤 반성하고 되돌아보며 살기에는 요즘 세상이 너무 빨리 변해.

👩 온고지신(溫故知新)이라고 했어. 온고지신은 '옛것을 익혀 새것을 안다'는 말이야.

공자는 온고지신을 특히 강조했는데, 옛날 찬란했던 문화와 전통을 되살리는 것이 오늘날의 문제를 해결하는 데 반드시 필요하다고 보았지. 물론 엄마는 공자의 생각에 모두 동의하지는 않아. 세상이 워낙 빠르게 변하고, 새로운 세상은 새로운 지식과 지혜가 필요해. 엄마는 온고지신을 역사 공부가 왜 필요한지에 대한 답으로 생각해.

😄 역사는 싫어요. 너무 외울 것이 많아서…….

👩 요즘 학교의 역사 공부는 그렇지. 무조건 외우게만 하니까. 그러나 진짜 역사 공부는 옛 사람들이 어떻게 살았는지를 아는 거야. 옛 사람들의 삶을 알아야 하는 이유는 그것이 바로 미래를 대비하게 해주기 때문이지.

이미 수많은 사람들이 수없이 많은 문제로 고민하며 세상을 살았어. 망하기도 하고, 성공하기도 하고, 행복하기도 하고, 갈등하기도 했지. 그것이 역사야. 우리가 앞으로 살아갈 날도 마찬가지일 거야. 역사는 수많은 사람들이 살았던 경험이니, 그것을 통해 미래에 비슷한 상황에서 어떻게 될 것인지 예측이 가능해. 역사를 배우면 선견지명(先見之明)의 지혜를 얻게 돼.

역사 공부야말로 온고지신이지.

👴 요즘 애들은 어른들의 말을 지나치게 무시하는 경향이 있어. 그냥 고리타분한 잔소리로만 여기지. 노마지지(老馬之智), '늙은 말의 지혜'라는 뜻이야. 노마지

**지**는 '아무리 하찮은 존재에게서라도 배움을 얻는다'는 말로 쓰거나 나이 든 사람의 지혜를 배우라는 의미야. 늙은 말은 전쟁을 하는데 아무튼 쓸모가 없지만, 오랜 세월 전쟁터를 누비면서 쌓은 경험이 많아. 그 경험에서 나온 지혜는 그 누구도 따라오기 어렵지.

춘추시대 환공 때 얘기야. 한번은 환공이 군대를 이끌고 전쟁을 치렀는데, 돌아오는 길에 길을 잃고 말았어. 한겨울에 산속에 갇혔기 때문에 이러지도 저러지도 못하는 상황에 빠졌지. 잘못하다가는 그 많은 군대가 산속에서 길을 잃고 얼어 죽을 판이야. 그때 관중이 말하지.

"이런 때 늙은 말의 지혜(노마지지, 老馬之智)가 필요합니다."

관중의 말을 듣고 환공은 군대에서 가장 늙은 말을 자유롭게 풀어 놓았어. 늙은 말이 앞서서 걸어가니 모든 병사들이 그 뒤를 따랐어. 얼마 뒤 큰 길이 나타나고, 환공의 군대는 무사히 돌아왔지.

솔직히 엄마아빠에게서는 배울 게 참 많아. 그렇지만 다른 어른들에게선 대부분 별로 배울 게 없어. 내가 나 아는 얘기만 하고, 고리타분한 소리밖에 안 해. 선생님들도 대부분 그래. 어른들은 10대들이 세상이나 인생을 잘 모른다고 생각하지만, 우리들도 알 것은 다 알아. 우리는 어린애가 아니야.

네 말에 동의해. 그리고 **천려일실**(千慮一失) 때문에 남의 말을 귀담아 들어야 해. **천려일실**은 '천 가지 생각 가운데 한 가지 실수'라는 뜻으로, 지혜로운 사람이라도 많은 일을 하다보면 하나쯤은 실수한다는 말이야. 그러니 아무리 뛰어난 사람이라도 겸손해야 해.

한신이 조나라를 칠 때 얘기야. 조나라에는 '이좌거'라는 훌륭한 장수가 있었어. 이좌거는 한신이 쳐들어온다는 소식을 듣고는 임금에게 군사 3만 명을 달라고 해. 그러면 자신이 조나라로 들어오는 좁은 길목을 막을 것이고, 그럼 아무리 한신이라도 조나라를 공격하지 못할 거라고 했지.

조나라 임금은 이좌거의 말을 듣지 않았어. 한신도 조나라를 치기 위해서는 좁은 길목을 아무도 지키지 않아야 한다는 걸 알았어. 혹시나 해서 첩자를 보내 보니 이좌거의 말을 조나라 임금이 무시했다는 말이 들리는 거야. 기회는 이때다 싶어 한신은 군대를 이끌고 곧바로 조나라로 쳐들어오고, 조나라는 단번에 한신의 군대에 의해 무너져.

"이좌거를 죽이지 말고, 고이 모셔오너라."

조나라를 점령한 한신은 부하들에게 이렇게 말해. 이좌거가 붙잡혀오자 한신은 잔치를 베풀고, 이좌거를 극진히 대접해. 잔치가 깊어질 때쯤 한신이 이좌거에게 묻지.

"이제 연나라와 제나라를 점령해야 합니다. 어떻게 하면 좋겠습니까?"

이좌거는 몇 번이나 대답하기를 거부하다가 한신의 정성에 감동해 자기 생각을 말해.

"지혜로운 사람이라도 많은 생각을 하다보면 하나쯤 실수하기 마련이고(천려일실. 千慮一失), 어리석은 사람이라도 그중에는 좋은 생각이 반드시 있기 마련입니다. 제가 비록 어리석지만 한 말씀드리면, 장군의 군대는 너무 오랫동안 싸움을 했습니다. 지금은 병사들을 푹 쉬게 하고, 힘을 기르십시오. 사기가 오른 장군의 군대라면 연나라와 제나라를 점령하기는 아주 쉽습니다."

한신은 이좌거의 충고를 받아들였고, 이좌거를 옆에 두고 많은 지혜를 구했다고 해. 중국 역사상 최고의 장군으로 꼽히는 한신도 **천려일실**을 걱정해 다른 사람의 도움을 받는 거야.

😊 맞아, 누나! 누나는 진짜 겸손해져야 해.

아이고, 이제 컸다고 누나한테 잔소리까지. 네네, **천려일실**을 고려해 받아들입죠. 그런데 아빠는 사람이 살아가면서 가장 필요한 게 뭐라고 생각해?

아빠는 **역지사지**(易地思之)의 자세가 꼭 필요하다고 봐. **역지사지**는 처지를 바꾸어 생각해본다는 말이야. **역지사지**는 다른 사람에게 행동할 때 꼭 생각해봐야 하는 원칙이야. **역지사지**와 비슷한 말은 동서양 곳곳의 유명한 글이나 책에 많이 나와.

자신이 대접받고 싶은 대로 다른 사람을 대우하라.
내가 싫은 것은 다른 사람에게 하지 마라.
내가 원하는 것을 다른 사람에게 하라.
다른 사람에게 받기를 원하는 것을 내가 먼저 주어라.

아빠 생각에는 처지를 바꿔서 생각해볼 줄 아는 능력, 즉 **역지사지**하는 능력이야말로 사람에게 가장 필요해.

**역지사지**와 정반대인 것이 **아전인수**(我田引水)야. 아전인수는 '자기 논에 물대기'라는 뜻으로, 모든 것을 자기 식대로 해석하고, 자기한테 유리하게만 하는 것을 말해. 지독히도 이기적인 태도가 아전인수지.

아전인수 안 하고, **역지사지**하고 싶지만 내가 다른 사람 마음을 이해하기가 쉽지는 않아요. 아무리 친한 친구라도 무슨 생각을 하는지, 어떤 마음을 먹고 있는지 전혀 모를 때가 많아요.

당연한 얘기. 남의 마음을 내가 다 헤아리기는 정말 어려워. 어쩌면 불가능할지도 모르고. 중요한 것은 남이 나처럼 똑같이 귀하다고 느끼는 거야.

장자가 어느 날 꿈을 꾸었어. 자신이 나비가 되어 날아다니는 꿈이었지. 꽃향기가 가득하고, 하늘은 푸르고, 바람은 맑게 흔들려. 장자는 나비의 행복을 만끽하지. 그러다 문득 잠에서 깨. 그런데 꿈에서 깬 듯, 만 듯했지.

그때 장자는 자신이 꿈 속에서 나비가 되었는지, 나비가 꿈을 꾸다 장자가 되었는지 잠깐 헷갈려. 나비 꿈이 워낙 생생했기 때문이지. 나비가 꿈이고 장자가 현실인지, 나비가 현실이고 장자가 꿈인지 구별이 가지 않았어.

잠에서 완전히 깬 장자는 자기 몸을 둘러봤어. 몸은 분명히 장자였지. 장자는 지금이 과연 꿈일까, 현실일까 생각해봤어. 장자는 아무리 생각해도 지금이 꿈인지 현실인지 구분하기 어렵다는 결론을 내리지. 영화 〈매트릭스〉를 보면, 현실이라고 생각한 것이 전부 꿈이야. 꿈을 꾸는 사람들은 현실과 꿈을 전혀 구분하지 못해. 꿈인데 자신들이 현실을 산다고 믿지. 장자는 사실이라고 믿는 현실이 꿈일지도 모른다고 생각해. 어쩌면 자신은 나비인데 장자가 된 꿈을 꾸는 것일 수도 있다고 생각해.

나와 나비가 구별이 없고, 꿈과 현실이 구별되지 않는다! 그러니 '나와 다른 사람이 둘이 아니라 하나'이며, '나와 세상이 둘이 아니라 하나'라는 말이네요.

맞아. 그것이 바로 장자의 **호접지몽**(胡蝶之夢), 즉 나비 꿈에 담긴 의미지. 불교에서는 '나와 세상을 구별하기 어렵다'는 말을 예전부터 해왔어. 한 그루의 나무를 생각해봐. 나무는 어디까지가 독립적인 생명체일까? 뿌리와 줄기와 잎만 나무일까? 나무가 뿌리내린 흙과 흙에 담긴 영양분과 뿌리가 빨아들이는 물이 없이 나무가 존재할까? 그것 모두와 나무는 하나로 연결되어 있지. 나뭇잎이 떨어지고, 거름이 되어 나무를 자라게 하니 거름과 나무도 둘로 구분하기 어렵지. 햇빛과 비와 바람도 나무를 나무이게 하니 햇빛, 비, 바람도 나무와 떨어져 있지 않아. 이렇게 따지다보면 결국 나무와 세상은 둘이 아니라 하나로 엮여 있다는 것을 알게 돼. 사람도 마찬가지지. 나와 내가 아닌 것을 딱히 구분하기는 굉장히 어려워.

**호접지몽**은 바로 그러한 생각을 담은 말이야.

그러니까 **호접지몽**의 경지, 즉 나와 남이 둘이 아니라 서로 연결되고, 구분하기 어렵다는 점을 깨달으면 **역지사지**가 가능하다는 말이네요. 진짜 어렵다. 아빠는 **역지사지**가 가장 중요하다고 했는데, 엄마는 우리가 어떤 말을 품고 살면 좋겠어?

엄마는 **포정해우**(捕丁解牛)라는 말을 품고 살면 좋겠어. **포정해우**는 '포정'이라는 사람이 소를 잡는다는 말로, 한 분야에서 따라오기 어려울 정도로 뛰어난 경지, 그러니까 달인의 경지에 이른 사람을 뜻해.

포정은 소를 잡는 사람이었어. 옛날에 소를 잡는 사람은 백정이라 하여 매우 천한 직업으로 여겼지. 포정은 소를 매우 잘 잡아서 소문이 자자했어. 소문을 듣고 문혜군이 포정을 불러서 소를 잡아보라고 하지.

포정이 소를 잡는 모습을 본 문혜군은 감탄을 해. 손과 몸이 마치 춤을 추듯 움직이고, 칼은 거침없이 나아가는데, 칼날은 멈추지 않고 부드럽게 이어지며 나갔어. 포정의 칼이 지나가자 가죽과 뼈와 살과 비계가 마치 원래부터 떨어져 있던 것처럼 자연스럽게 분리되었지.

"정말 대단하구나. 어찌하면 소 잡는 기술이 그런 경지에까지 이르는가?"

포정이 대답했어.

"저는 소를 잡는 일을 도를 닦는 일로 생각합니다. 처음 소를 잡을 때는 어떻게 소를 잡아야 할지 알기 어려웠습니다. 3년이 지나자 소의 몸을 보지 않고도 소의 몸이 느껴지며, 눈을 감고 칼을 자연스럽게 지나가게 하여도 소의 몸과 골격을 따라 자연스럽게 칼이 흘러가게 되었습니다. 저는 이제 소를 눈으로 보지 않고 마음으로 봅니다. 마음으로 보니 소의 모든 것이 마음에 들어오고, 소의 몸이 생긴 그대로 칼을 흐르게 합니다. 저는 소를 잡으며 한 번도 칼이 단단한 뼈에 부딪치게 하지 않습니다. 그러니 제 칼은 19년이 되었지만 아직도 이제 막 간 듯 날카롭습니다."

대답을 들은 문혜군은 더욱 감탄을 하지.

"훌륭하다. 너의 소 잡는 기술에 인간이 도달해야 할 깨달음의 경지가 담겨 있구나."

사람이 태어나서 일을 한다면, 난 **포정해우**의 경지를 목표로 해야 한다고 봐.

고사성어 **메모지**

:: **퇴고** [推敲]      '밀고, 두드린다'는 뜻으로, 글을 쓸 때 문장이나 표현을 여러 번 생각해서 고친다는 말

:: **온고지신** [溫故知新]    옛것을 익혀 새것을 앎.

:: **노마지지** [老馬之智]    '늙은 말의 지혜'라는 뜻으로, 아무리 하찮은 존재에게서라도 배움을 얻는다는 의미로 쓰거나 나이 든 사람의 지혜를 배우라는 의미로 사용함.

:: **천려일실** [千慮一失]    '천 가지 생각 가운데 한 가지 실수'라는 뜻으로, 지혜로운 사람이라도 많은 일을 하다보면 하나쯤은 실수가 있다는 말

:: **역지사지** [易地思之]    처지를 바꾸어 생각해봄.

:: **아전인수** [我田引水]    '자기 논에 물대기'라는 뜻으로, 모든 걸 자기식대로 해석하고, 자기한테 유리하게만 한다는 말

:: **호접지몽** [胡蝶之夢]    '나비의 꿈'이라는 뜻으로, 나와 남이 둘이 아니라 서로 연결되어 있으며 나와 세상이 둘이 아니라 하나라는 말

:: **포정해우** [捕丁解牛]    '포정'이라는 사람이 소를 잡는다는 뜻으로, 한 분야에서 따라오기 어려울 정도로 뛰어난 경지, 즉 달인의 경지에 이른 사람을 뜻함.

# 내 마음에 새기는 고사성어

고사성어는 단순히 뜻만 담긴 한자어가 아니라 인생의 참 진리가 담긴 그 롯입니다. 고사성어의 뜻과 유래를 읽다보면 인생과 세상의 진리를 생각하게 하 는 내용이 참 많습니다. 고사성어를 공부할 때는 그냥 뜻만 기억하지 말고, 그 말 에 담긴 인생과 세상의 진리를 생각하기 바랍니다. 필자도 고사성어에서 인생의 의미와 가치를 깨닫는 경우가 종종 있습니다.

몇 년 전, 도시에서 살다가 시골로 이사를 갔습니다. 한적한 시골에서 자연 과 더불어 살기를 원했기 때문입니다. 그러다가 한 친구를 사귀었는데, 친구의 동네에 골프장이 들어선다는 사실을 알게 되었습니다. 처음에는 골프장이 들어 서는 것이 어떤 의미인지 전혀 몰랐기 때문에 그냥 지켜보기만 했는데, 우연한 기회에 골프장이 농촌에 어떤 악영향을 끼치는지 알게 되어 골프장 반대 운동 에 뛰어들게 되었습니다.

어느 날, 친구네 집에서 밥을 먹다가 벽에 붙은 네 글자의 붓글씨를 보고 친구에게 물었습니다. 친구는 붓글씨를 매우 잘 쓰는 서예가입니다.

포정해우 捕丁解牛

친구는 포정해우에 관한 이야기를 저에게 들려주었습니다. 그러고는 친구가 이런 말을 덧붙였습니다.

"지난 5년 동안 골프장 반대 운동을 하면서 절실하게 기다렸어. 포정해우의 능력을 지닌 사람을……. 힘 없고 아는 것 없는 시골 사람인 우리들이 돈 많고, 힘 있는 골프장 건설 회사에 맞서 싸우기는 정말 힘들었거든. 난 포정해우라는 붓글씨를 쓰면서 빌고, 또 빌었어. 그런 사람을 보내달라고. 어쩌면 넌 내 기도의 결과로 여기에 오게 됐는지도 몰라."

그날 이후 제 마음 속에는 '포정해우'라는 네 글자가 떠나지 않았습니다. 저는 글을 쓰는 재주를 이용해 열심히 골프장 반대 운동을 했습니다. 전혀 모르던 법을 뒤지고, 전문 지식을 공부하고, 시청에 항의하고, 골프장 사업자들과 재판을 벌이기도 했습니다. 그러나 아쉽게도 졌습니다.

친구는 제게 포정해우를 바랐지만 전 포정해우의 경지에 전혀 다다르지 못했습니다. 지금도 후회가 됩니다. 그때 조금만 더 잘할 것을, 지금 다시 하면 그렇게 하지 않을 텐데……

저는 그 뒤로 어떤 일을 할 때마다 늘 포정해우의 경지에 이르러야 한다는 신념을 품게 되었습니다.

'대충 하지 말자! 이왕 하려면 포정해우의 경지에 이르도록 노력하자. 포정은 단지 기술이 뛰어난 사람이 아니다. 포정은 소를 잡는 일과 자신을 완전히 일치시켰다. 포정은 남이 어찌 보든 상관하지 않고 소 잡는 일에 열정을 바쳤고, 소 잡는 일에서 행복을 느꼈다. 그리하였기 때문에 누구도 따라오기 힘든 경지, 달인의 경지에 이르렀다.'

저는 지금도 포정해우를 꿈꿉니다. 제가 지금 하는 일에서 포정해우를 이루기를 원합니다. 이처럼 저에게 포정해우는 매우 특별한 의미가 있는 고사성어입니다. 그래서 이 책의 마지막 고사성어를 포정해우로 정했습니다.

고사성어를 공부하면서 단지 암기만 하지 말고, 지금 내 삶과 관련이 있는 고사성어를 생각해보시기 바랍니다. 그 고사성어를 가슴 깊이 간직하고 골똘히 생각해보시기 바랍니다. 그러면 단지 네 글자일 뿐인 고사성어가 여러분의 인생에 거대한 나무가 되어 자라날 것입니다. 풍성하고 보람찬 삶으로 여러분을 이끌어줄 것입니다.

저는 요즘 **謀事在人成事在天**(모사재인성사재천)이라는 말이 많이 와 닿습니다. 이 말은 "일은 사람이 꾸미지만 일을 이루는 것은 하늘이다."라는 뜻으로, 갑자기 내린 소나기 때문에 숙적인 사마중달을 죽이지 못하자 제갈공명이 하늘을 우러러 탄식하며 한 말입니다. 최선을 다한 뒤 하늘의 뜻을 기다린다는 **盡人事待天命**(진인사대천명)도 **謀事在人成事在天**과 비슷한 말입니다. 조금씩 나이가 들고, 삶을 경험하다 보니 세상일이라는 게 사람의 의지대로 되는 것이 아니라는 생각이 자꾸 듭니다.

'억지로 하지 말고, 하늘의 뜻에 따라 살자'
'결과가 어찌 되든 그것에 너무 얽매이지 말고 그저 내 할 도리를 다하고 살자'
이 책을 다 쓰고 난 뒤에 떠오른 생각도 **謀事在人成事在天**입니다.

여러분의 가슴에도 고사성어 하나가 깊이 자리잡기를 소망합니다.
여러분 모두 각자의 분야와 삶에서 *捕丁解牛*하시길!

국밥연구소 박기복 연구원

319

최소한의 고사성어300